供应链数字化运输

主　编　王艳丽　范　崩

副主编　高　磊　都继萌　田永宾

北京理工大学出版社
BEIJING INSTITUTE OF TECHNOLOGY PRESS

内 容 简 介

本教材共六个项目，均以供应链数字化运输的主要服务类型为基础进行设计。每个项目作为一个独立的单元模块，紧密对接岗位能力和工作任务，并按照完成该类运输业务的作业流程设计子任务。这种编排方式可使各项目既自成体系又相互关联，充分体现了模块化、实践化和实战化的教材编写特点。

本教材的六个项目分别为：项目一供应链数字化运输概述，项目二干线运输业务组织管理，项目三配送运输业务组织管理，项目四网络货运业务组织管理，项目五货运代理业务组织管理，项目六跨境物流运输组织管理。

本教材可供职业院校供应链运营、物流管理及其他相关专业教学使用，也可作为物流类从业人员工作和培训的参考书目。本教材配套开发的数字化教学资源可作为教师教学和学生自学的辅助资料。

图书在版编目（CIP）数据

供应链数字化运输 / 王艳丽，范崩主编. -- 北京：
北京理工大学出版社，2025. 1.
ISBN 978-7-5763-4693-0

Ⅰ. F252. 1

中国国家版本馆 CIP 数据核字第 2025UC2967 号

责任编辑：芈　岚　　**文案编辑**：芈　岚
责任校对：刘亚男　　**责任印制**：施胜娟

出版发行 / 北京理工大学出版社有限责任公司
社　　址 / 北京市丰台区四合庄路 6 号
邮　　编 / 100070
电　　话 / （010）68914026（教材售后服务热线）
（010）63726648（课件资源服务热线）
网　　址 / http://www.bitpress.com.cn

版 印 次 / 2025 年 1 月第 1 版第 1 次印刷
印　　刷 / 河北盛世彩捷印刷有限公司
开　　本 / 787 mm×1092 mm　1/16
印　　张 / 16.25
字　　数 / 335 千字
定　　价 / 88.00 元

前　言

在全球化的今天，企业的竞争就是资源配置的竞争，其本质是供应链之间的竞争，供应链已经成为企业和国家提升竞争力的关键所在。在数字化浪潮的推动下，供应链的数字化转型已成为大势所趋。随着物联网、大数据、人工智能等技术的快速发展，数字化运输为供应链运营带来了革命性的变化，也对供应链及相关行业的从业者提出了更高的要求。

为适应行业的发展变化，满足企业对既懂供应链运输又懂数字化技术的复合型人才的迫切需求，编者在深入企业调研的基础上，联合深圳市怡亚通供应链股份有限公司、中国邮政集团有限公司的专家和技术骨干，编写了本教材。

本教材的编写遵循以下原则。

1. 贯彻党的二十大精神，落实立德树人根本任务

将社会主义核心价值观、交通强国、数字中国、数字赋能、科技创新、低碳环保、励志榜样等内容融入教材，通过典型案例、知识拓展等形式培养学生良好的职业素养。

2. 内容选取紧密对接企业岗位能力需求

在充分梳理供应链数字化运输业务流程及相关岗位任职要求的基础上，与供应链龙头企业专家合作，共同设计教材大纲、教材体例、项目任务等，共同编写教材内容，突出教材的先进性、实用性和原创性，注重培养学生的职业能力、岗位胜任能力和迁移能力。

3. 构建了基于职业能力培养的模块化课程体系

本教材打破传统学科体系，以供应链数字化运输岗位技能培养为目标，以供应链数字化运输服务大类为主线，构建出六个项目共20个任务。每个任务的编写都是基于将OBE教育理念与工学知识相结合的思路，融入企业真实业务场景和运营流程，设计以任务为主线的能力导向模块化课程体系；每个项目都可以让学生完成一类运输业务组织的完整作业流程训练。

4. 是基于行动导向教学法的“项目任务式”新形态教材

本教材图文并茂，按照新形态教材体例进行编写，每个项目按照“**任务资讯、任务分析、知识储备、任务实施、任务评价**”进行编排设计，每次课程都让学生清楚“**做什么、需要什么、怎么做、是否已掌握**”，是基于行动导向教学法的、以学生为中心的项目任务式教材。

5. 建有配套的数字化教材资源

针对重要知识点和技能点，与专业物流运输公司以及供应链运营企业合作，制作了配套的视频、微课和动画，以二维码形式嵌入本教材，并编制了配套的试题库，便于教师教学和学生自主学习。

本教材共六个项目，包括供应链数字化运输概述、干线运输业务组织管理、配送运输业务组织管理、网络货运业务组织管理、货运代理业务组织管理、跨境物流运输组织管理，覆盖了供应链数字化运输的主要服务类型。

在本教材的编著过程中，编者曾先后前往中国邮政集团有限公司国际事业部、深圳市邮政分公司、河南省邮政分公司、安徽省邮政分公司、深圳市怡亚通供应链股份有限公司等企业调研，得到了各企业专家的指导和支持。本教材参考了大量的企业资料和案例，以及其他学者的论文、书籍等文献，编者在此表示最诚挚的谢意，有些资料在引用过程中没有注明材料出处，在此表示万分的歉意！

本教材由教育部课程思政教学名师、交通运输部青年科技英才王艳丽老师担任第一主编，深圳市怡亚通供应链股份有限公司运营总监范崩担任第二主编。

具体分工为：王艳丽和范崩负责制定教材大纲、统筹教材体例、确定编写分工及课程内容设计等。项目一由王艳丽、河北交投怡亚通供应链服务有限公司总经理黄强编写，项目二由高磊编写，项目三由王艳丽编写，项目四由田永宾、范崩编写，项目五由都继萌、王艳丽编写，项目六由王艳丽、侯维磊编写；王艳丽负责全书统稿、修改工作。此外，河北融维道企业管理咨询有限公司总经理王立如、百世供应链企业专家韩良浩、石家庄邮电职业技术学院张慧锋教授、广东财贸职业学院马翔教授、河北工业职业技术大学崔阶萱等对本教材的框架设计和内容选择给予了指导，为本教材的编写提供了很多资料，并对内容进行了把关。

本教材既可作为职业教育供应链运营、现代物流管理、快递运营管理及其他相关专业的教学用书，又可作为从事供应链管理、快递物流等方面工作的技术和管理人员的培训教材。

本教材的编写是教学改革实践的一种尝试，限于编者水平和时间紧迫，本教材在内容取舍、编写等方面，难免存在不妥之处，恳请读者不吝批评斧正！

目　录

项目一 供应链数字化运输概述

课堂笔记

项目概述

本项目旨在帮助学生掌握供应链数字化运输的相关概念。本项目内容从运输发展历程的不同阶段出发，分析并讲解运输与供应链的关系、供应链数字化运输的发展、供应链数字化运输的技术应用、供应链运输网络等相关知识。

本项目分为三个任务模块，分别为认识供应链数字化运输、供应链数字化运输技术、供应链运输网络，项目导航如图 1-1 所示。

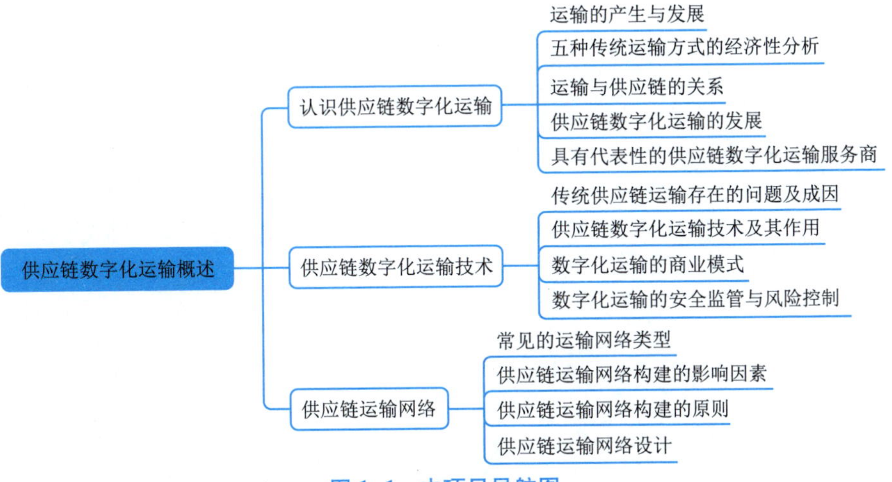

图 1-1　本项目导航图

学习目标

【知识目标】

◇ 了解供应链数字化运输的概念、环节、服务提供商；

◇ 熟悉供应链数字化运输技术的作用及发展趋势；

◇ 掌握搭建供应链运输网络和实现路线优化的策略及方法。

【技能目标】

◇ 能够掌握供应链数字化运输的相关知识；

◇ 能够熟悉供应链数字化运输技术的相关内容；

◇ 能够学会搭建供应链运输网络；

◇ 能够掌握路线优化的策略及方法。

【素养目标】

◇ 让学生意识到交通强国、智慧交通发展的重要性；
◇ 让学生树立运输过程绿色低碳、节能环保的意识；
◇ 让学生意识到数字化运输、数字化技术发展的重要性；
◇ 培养学生科技创新的意识和思维；
◇ 提升学生的沟通与合作能力、语言表达及逻辑思维能力。

课堂笔记

任务一
认识供应链数字化运输

任务资讯

小磊所在的上海迅捷供应链管理公司接到深圳某装备制造厂客户 B 运往欧洲的机械配件运输订单共 2 箱。要求自 2024 年 3 月 1 日起的 30 天内将配件从深圳运达德国汉堡某仓库，超时将赔付大额违约金。表 1-1-1 是货物包装信息。

表 1-1-1　货物包装信息

包装尺寸（长×宽×高）/米	包装类型	单箱数量/个	单箱毛重/吨①
1. 13×0. 8×0. 83	木箱	12	1

小磊对国内发往欧洲的航空运输、水路运输以及铁路运输进行了资料查询，三种运输方式如表 1-1-2 所示。他还通过大数据计算得出了每种运输方式的单箱运输成本和理论最短用时；运输途中由于天气原因而产生的不确定延误，即每发生一天不良天气则运输延期一天。查询结果如下。

表 1-1-2　三种运输方式的成本、用时等资料

<table>
<tr><th colspan="2">运输方式</th><th>运输成本/（元・箱$^{-1}$）</th><th>理论用时/天</th><th>运输能力</th><th>延迟原因</th></tr>
<tr><td colspan="2">空运</td><td>36 000</td><td>3</td><td>单架飞机限载 10 吨</td><td>机场遇台风、暴雨等恶劣天气</td></tr>
<tr><td colspan="2">海运</td><td>2 160</td><td>30</td><td>单艘货船限载 5 000 吨</td><td>海上遇台风、暴雨等恶劣天气</td></tr>
<tr><td rowspan="4">中欧班列线路</td><td>重庆—杜伊斯堡线</td><td>6 840</td><td>16</td><td rowspan="3">23 吨/列</td><td rowspan="4">新疆阿拉山口八级以上大风则无法进行装卸作业</td></tr>
<tr><td>郑州—汉堡线</td><td>6 120</td><td>17</td></tr>
<tr><td>义乌—巴黎线</td><td>5 640</td><td>20</td></tr>
<tr><td>“广货广出”线路（广州—杜伊斯堡）</td><td>5 000</td><td>14</td><td>20 吨/列</td></tr>
</table>

① 吨、千克、克等都是质量单位，本书遵照供应链数字化运输行业的习惯用法，以“重量”代替“质量”。

本任务要求：根据本次跨境运输任务的货物特点，在综合考虑运输成本和运输时间及天气等影响因素的基础之上，通过分析各运输方式的特点，帮小磊选择最佳的运输方式，并说明理由。

任务实施流程图：

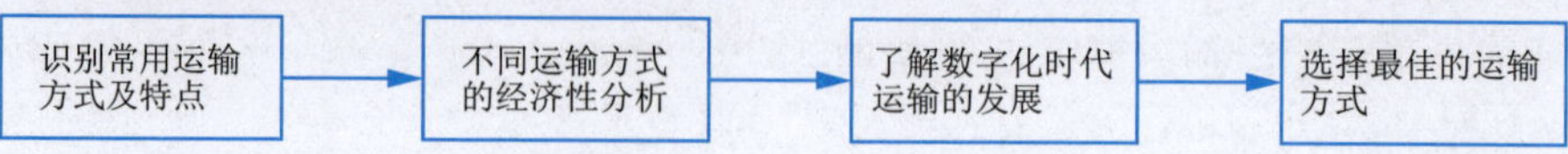

任务分析

课程教育：
“广货广出”，
让中国制造
走向世界

不同于传统的运输技术，对供应链数字化运输相关内容的了解和掌握需要先从深入认识各种运输方式开始。公路运输、航空运输、水路运输、铁路运输、管道运输是常见的五种主要运输方式，其特点各不相同。为完成本任务，还需要了解运输与供应链的关系、供应链数字化运输发展的背景及趋势，并结合运输成本、运输时间、其他影响因素等选择最佳的运输方式。

知识储备

一、运输的产生与发展

自从有了人类，运输就产生了。早期的人类主要依靠人力进行运输活动，即将自己的身体作为运输工具，以步行、肩扛、背驮、手提、头顶或人抬等作为运输方式。随着社会的进步，人类逐渐学会了利用畜力、自然力从事运输活动。人类驯养牛、马、骆驼、狗、象等动物驮运或拉曳重物；利用水的浮力，把砍倒的原木做成独木舟、木筏或木船载运货物；后来又造出能利用风力行驶的帆船，学会了利用轮子制成车辆，并用牲畜加以拖曳。人类社会进入中世纪后，运输工具并没有得到大的改进。到了近代，机械运输开始出现，运输技术获得进步，虽然运输工具的种类和数量增加了，但马车等以人力或牲畜为动力的运输工具仍然是交通运输的主要工具。直到 19 世纪初，随着蒸汽机被应用于水路运输，现代运输才开始发展起来。

（一）水路运输的发展

继 1765 年瓦特改良蒸汽机之后，1807 年美国的富尔顿在哈德逊河上试航了他发明的汽船，开创了以机械为动力的现代交通运输的新纪元。1833 年，加拿大“皇家威廉”号汽船首次横渡了大西洋。此后，汽船的技术得到不断改进：船身由木制变成铁造，后又变成钢制；螺旋桨推动器取代了早期的边轮推进器；20 世纪蒸汽涡轮取代了蒸汽机，被先后应用于客轮、货轮；船用柴油机的试用成功又进一步提高了轮船的功率与速度。目前，我国水路运输已初步形成干支衔接的水运网，建成了以“两横一纵两网十八线”为主体的内河航道体系。2020 年年底，全国内河航道通航里程达 12.8

课堂笔记

万千米。

（二）铁路运输的发展

1804 年，英国的特里维西克制成了能在铁轨上牵引货车行驶的蒸汽机车。1825 年，英国在斯托克顿和达林顿之间修建的世界上第一条公共铁路建成通车。19 世纪伊始，已实现工业化的欧美国家相继掀起修建铁路的高潮。从 19 世纪后期起，铁路运输成为最重要的运输方式，几乎垄断了当时的陆上运输。第二次世界大战以后，比较先进的内燃机车和电力机车逐步取代了传统的蒸汽机车，在重载、高速和运营组织管理技术等方面也取得了新的突破，使得铁路运输在陆路运输中发挥着更加重要的作用。目前，我国多层次的铁路网已基本形成，建成了横跨东西、纵贯南北的大能力通道，物流设施同步完善，逐步实现了货物运输直达化、快捷化、重载化。截至 2023 年年底，全国铁路营业里程达到 15.9 万千米，其中高铁营业里程 4.5 万千米，电气化率达到 73.8%。铁路复线率为 59.6%。全国铁路路网密度为 161.1 千米/万平方千米。

百年中国

一说到铁路，就让人不由想起由詹天佑总工程师设计并主持修建的京张铁路。它始自北京丰台区，经八达岭、居庸关、沙城、宣化等地至河北张家口，全长约 200 千米。京张铁路于 1905 年 9 月开工修建，于 1909 年建成，是中国首条不使用外国资金及人员，由中国人自行设计并投入营运的铁路。这条铁路工程艰巨，是清政府不顾英国、俄国等殖民主义者的阻挠，委派詹天佑以京张铁路局总工程师（后兼任京张铁路局总办）的身份修建的。京张铁路是中国人自行设计和施工的第一条铁路干线，是中国人民和中国工程技术界的骄傲，也是近代史上中国人民反帝斗争的一个胜利，其所蕴含的民族精神值得中国人永远铭记。作为工业文明进入中国的象征，京张铁路的发展与变迁映射着中国百余年的历史发展进程。

（三）公路运输的发展

1887 年，德国人哥德利普·戴姆勒首次尝试将四行程引擎应用在汽车上并取得成功。8 年后，美国开始发展汽车业。但直到 20 世纪初，随着工业国家逐步建成公路系统，客运汽车和载货汽车才得以迅速发展。世界各国纷纷建立起庞大的公路系统，公路运输也在国家的社会生活和国民经济中发挥着越来越重要的作用。据国家统计局统计，多年来我国的公路运输量占总运输量的比重最大。截至 2023 年年底，我国公路总里程 544.1 万千米，其中高速公路是 18.4 万千米。

（四）航空运输的发展

美国莱特兄弟在研制成功了可装在滑翔机上的轻型汽油发动机之后，于 1903 年利用螺旋桨做动力实现了第一次成功的飞行。随着飞机设计技术的不断进步和机场的不断完善，航空运输也在不断发展，特别是在第一次世界大战后得到迅速发展。第二次世界大战后，随着喷气式飞机的出现，飞机的飞行速度以及操作和保养的经

济性都得到较大提升。中国的民航事业起步于1929年，改革开放以后发展迅速。据中国民航局统计，截至2023年11月底，全行业货机机队规模增至255架，当年中国民航全行业共完成货邮运输量661万吨，货邮运输规模恢复至2019年同期的96.9%。

（五）管道运输的发展

美国开发宾夕法尼亚州油田后不久，于1865年开始实验用管道运送石油并获得成功，但之后管道运输发展缓慢。进入20世纪以来，随着大量油田被发现，管道运输才得到重视并发展起来，运输的货物也由最初的原油逐渐扩展到成品油、天然气、矿砂和煤浆等。中国于1958年修建了第一条长距离原油管道，于1963年修建了第一条输气管道。截至2022年年底，全国长输天然气管道总里程11.8万千米，长输油气管网总里程约18万千米，形成了覆盖全国31个省（区、市）的原油、成品油和天然气三大主干网络以及“西油东送、北油南运、西气东输、北气南下、海气登陆”的油气输送网络。

【想一想】运输行业发展过程中信息化的发展进程是怎样的呢？

交通强国

“十三五”时期，我国综合交通运输体系建设取得了历史性成就。我国交通运输基础设施网络日趋完善，“十纵十横”综合运输大通道基本贯通，综合交通网络总里程突破600万千米；铁路营业里程15.9万千米，其中高速铁路4.5万千米；全国公路总里程544.1万千米，其中高速公路18.4万千米；内河航道通航里程12.8万千米，其中高等级航道1.7万千米；拥有港口生产性码头泊位近2.2万个，其中万吨级码头2 883个；民航运输机场达到259个，其中年旅客吞吐量超千万人次的机场38个。超大特大城市轨道交通加快成网，港珠澳大桥、北京大兴国际机场、上海洋山港自动化码头、京张高速铁路等超大型交通工程建成投运。

二、五种传统运输方式的经济性分析

知识拓展：《交通运输部 科学技术部关于科技创新驱动加快建设交通强国的意见》交科技发〔2021〕80号

按照不同的分类标准，运输方式可以划分为不同的类型。按照运输工具的不同，运输方式可以划分为以下五种基本类型。

（一）公路运输

公路运输是主要使用汽车或其他运输工具（如拖拉机、人力车等）在公路上载运货物的一种运输方式。公路运输具有较高的灵活性和速度，是唯一一种可实现“门到门”运输的方式。然而，从经济性角度来看，公路运输的成本相对较高，适合中短距离、小批量货物的运输，或与铁路、航空、水路运输方式衔接，进行支线运输和二次运输。这是因为公路运输需要投入大量资金用于车辆购买、维护以及道路建设等方面。此外，公路运输还受到交通拥堵、天气等因素的影响，运输效率相对较低。

课堂笔记

（二）铁路运输

铁路运输即利用列车载运货物的一种运输方式，与公路运输共同组成陆路运输。铁路运输具有较高的载重量和速度，从经济性角度来看，铁路运输的成本相对较低，适合大批量、中长距离的货物运输。这是因为铁路线路的建设和维护成本相对较低，而且火车的载重量大，单位运输成本低。此外，铁路运输还具有环保、节能等优点，因此在国内外贸易中得到了广泛应用。

（三）航空运输

航空运输即使用飞机或其他航空器载运货物的一种运输方式。航空运输的成本较高，适合体积小、价值高的贵重物品运输，以及紧急且时间性强的鲜活、易腐和季节性商品等特殊物品的运输。这是因为航空运输的速度快，但载重量相对较小，单位运输成本高。此外，航空运输还需要投入大量资金用于飞机购买、维护以及机场建设等方面。因此，航空运输通常用于高价值、急需的货物或旅客运输。

（四）水路运输

水路运输即利用船舶及其他航运工具，在江河、湖泊、海洋上载运货物的一种运输方式。水路运输主要通过船舶进行，具有较高的载重量，但速度较慢。从经济性角度来看，水路运输成本相对较低，适合对运送时间要求不高的大宗货物的长距离运输。这是因为船舶的载重量大，单位运输成本低，而且海洋运输的路线相对固定，运营成本低。因此，水路运输在大宗商品的国际贸易中占据重要地位。

（五）管道运输

管道运输即利用管道输送气体、液体和粉状固体的一种运输方式，其目前已成为陆上油、气运输的主要途径。从经济性角度来看，管道运输的成本相对较低，适合单向、定点、大量、连续的流体和粉状货物的运输。这是因为管道运输具有高度的可靠性和连续性，可以减少运输过程中的损耗和浪费。然而，管道运输的建设成本较高，且一旦建成，改造和维护的难度也较大。

综上所述，不同的运输方式都能实现货物的位移，达到运输的目的，但它们在运输速度、运输能力、运输能耗及成本，运输的通用性、便利性、安全性与可靠性等方面表现出不同的经济特性。在实际应用中，需要根据具体情况选择合适的运输方式，可以综合考虑货物的性质、运输距离、时间要求及成本等因素来做出决策。

三、运输与供应链的关系

中欧班列累计开行超 **8.2** 万列

（一）运输和供应链的含义

1. 运输的含义

中华人民共和国国家标准《物流术语》（GB/T 18354—2021）中对运输的定义是：利用运载工具、设施设备及人力等运力资源，

使货物在较大空间上产生位置移动的活动。

运输可实现空间效用和时间效用的创造。一方面，企业生产的产品通过运输发生了地点与位置的改变，实现了价值增加，这便是运输产生的空间效用；另一方面，在顾客需要的时候提供运输服务并在相应的时间内实现人或物的位移，这就是运输的时间效用。

2. 供应链的含义

根据中华人民共和国国家标准《物流术语》（GB/T 18354—2021），供应链是指生产及流通过程中，围绕核心企业的核心产品与服务，由所涉及的原材料供应商、制造商、分销商、零售商直到最终用户等形成的网链结构。

供应链的概念是从扩大生产概念发展而来的，它将企业的生产活动进行了前伸和后延。日本丰田公司的精益协作方式中就将供应商的活动视为生产活动的有机组成部分并对其加以控制和协调。《供应链管理实务》一书的作者哈里森将供应链定义为："供应链是执行采购原材料，将它们转换为中间产品和成品，并且将成品销售给用户的功能网链。"美国的史蒂文斯认为："通过增值过程和分销渠道控制从供应商到用户的流就是供应链，它开始于供应的源点，结束于消费的终点。"因此，供应链就是通过计划、获得、储存、分销、服务等这样一些活动，在顾客和供应商之间形成一种衔接，从而使企业能满足内外部顾客的需求。

（二）运输与供应链的关系

运输在供应链中扮演着至关重要的角色，可以说是供应链的"动脉"，使库存在供应链中实现从节点到节点的移动。运输与供应链的关系可具体体现在以下方面。

1. 运输是制约供应链响应速度和成本效率的关键因素

通过选择不同的运输方式及组合，可以在响应速度和成本效率之间取得平衡。例如，空运可以快速地将货物从一地运往另一地，但成本较高；汽车运输成本较低，但响应速度较慢。因此，根据具体需求和条件选择合适的运输方式，对供应链的整体性能有着重要影响。

2. 运输网络的设计也是供应链管理的重要部分

运输网络的设计包括决定运输是从供应源直接运到需求地，还是会经过中间集散地；是独立配送，还是共同配送等。这些因素都会影响到供应链的效率和成本。同时，在运输过程中使用清洁能源车辆、减少空驶和重复运输等，可实现供应链的可持续发展。

3. 运输与供应链上的其他环节关系密切

运输与货物的采购活动、生产活动、库存管理等密切相关。原材料和零部件需要通过运输在各个环节之间流动，产品需要通过运输从生产地点运送到销售地点或最终消费者手中，并通过运输在需要时提供及时的售后服务。

运输与供应链中的各个环节都紧密相连，共同构成了一个完整的供应链体系。为了优化供应链的整体性能，需要综合考虑运输与供应链其他活动的相互作用和影响，制定出合理的运输策略和方案。这将有助于提高供应链的响应速度、成本效率和可持续性，为企业创造更大的价值。

四、供应链数字化运输的发展

动画：认识供应链数字化运输

（一）供应链数字化运输的含义及作用

供应链数字化运输是指利用数字化技术和数据分析手段，对供应链运输过程中的各个环节进行数字化管理和优化，以提高运输效率、降低运输成本、提升运输安全性和服务质量的一种新型运输模式。这包括对运输工具、人员、货物、基础设施等各方面的信息进行采集、传输、处理和应用，实现运输过程的智能化和高效化。

数字化运输的核心在于利用大数据、物联网、人工智能等数字化技术，对运输过程中的各个环节进行全面、实时、智能化的管理和监控。在供应链数字化运输中，所有的作业数据都被量化和数字化，人们可以通过大数据技术和 AI（Artificial Intelligence，人工智能）技术对之进行分析、优化、KPI（Key Performance Indicator，关键绩效指标）化、预测等。

数字化运输能够帮助供应链管理者更好地理解运输过程中的瓶颈和问题，从而制定更有效的运输策略，提高运输效率、降低运输成本。同时，通过实时的监控和管理，可以及时发现和处理运输过程中的安全隐患，减少事故的发生，提升运输的安全性，提高服务质量，提升客户的满意度。

（二）供应链数字化运输发展的背景

1. 全球化发展进程中企业面临的竞争压力

随着全球化的深入发展，企业面临的供应链环境日趋复杂。运输作为供应链的关键环节，其效率成本和可控性直接影响到企业的竞争力。因此，企业需要借助数字化手段，及时应对市场变化，优化运输流程、提升运输效率，还需要关注竞争对手的动态，以制定合适的竞争策略。

2. 技术进步及革新

互联网、物联网、大数据、人工智能和区块链等新一代信息技术的迅猛发展，为供应链数字化运输提供了强大的技术支撑。这些技术为供应链提供了实时数据，使得运输过程的信息收集、整理、分析和应用变得更加便捷和高效。

3. 企业面临的成本压力

在竞争激烈的市场环境中，企业面临着巨大的成本压力。通过数字化手段优化运输环节，可以有效降低运输成本，提升企业的利润空间。不合理的货运网点及配送中心布局，会导致货物迂回运输，既增加了车辆燃油消耗，又加剧了废气污染和噪声污染；过多的在途车辆增加了对城市道路面积的需求，加剧了城市交通的阻塞。数字化技术能够优化运输路径，减少运输时间和成本，提高物流效率。通过智能调度和路径规划，可以确保货物以最快、最安全的方式到达目的地。

4. 货物运输的安全性和可靠性需求

绿色运输的实现方式动画

数字化技术可以帮助企业实现运输过程的透明化和可视化，通过实时监控和预警系统，还可以及时发现和应对潜在风险，提高供应链的安全性和可靠性，确保货物按时、按质到达目的地，提高客户满意度。

5. 环保和可持续性发展的需要

交通运输排放约占我国碳排放总量的 10%。国务院印发的《2030 年前碳达峰行动方案》提出，要加快形成绿色低碳运输方式。随着新能源的发展，数字化运输可以帮助企业实现运输过程的优化和节能减排，满足环保和可持续性发展的需求。

绿色低碳

碳中和是指通过植树造林、节能减排等形式，抵消自身产生的二氧化碳或温室气体排放量，实现正负相抵，达到相对“零排放”。

在碳中和的背景下，大家都很关注中国的实体经济，特别是制造业的绿色转型问题。于 2021 年 2 月召开的中央经济工作会议指出，我国二氧化碳排放力争于 2030 年前达到峰值，努力争取 2060 年前实现碳中和。

2021 年，国务院印发《2030 年前碳达峰行动方案》，提出将交通运输绿色低碳行动纳入“碳达峰十大行动”，构建绿色高效交通运输体系。此后，国家发改委、国家能源局发布《关于完善能源绿色低碳转型体制机制和政策措施的意见》，强调完善交通运输领域能源清洁替代政策，推进交通运输绿色低碳转型。

（三）数字化时代下运输业的发展趋势

随着数字技术的不断演进，运输业正迎来其数字化发展的新阶段。这不仅体现在现有业务的优化和升级，而且体现在对未来运输模式和商业模式的深度探索与创新。

1. 跨界融合与创新

通过与电商、制造业、物流业等其他行业的合作，运输业可以实现更加高效、便捷的供应链服务。同时，数字化技术还将催生更多的创新商业模式，如基于区块链技术的物流追踪系统、基于物联网技术的智能仓储等，还可以整合各类运输资源，形成高效协同的物流网络。

2. 智能化和自动化

随着物联网、大数据、人工智能等技术的快速发展，智能化和自动化成为运输业数字化技术发展的两大核心趋势。无人驾驶车辆、智能调度系统、自动化仓库等技术的应用，将极大地提高运输的效率和安全性。例如，无人驾驶车辆能够在复杂的交通环境中自主导航、规避障碍；智能调度系统可以根据实时交通数据，为货物选择最优的运输路径；物联网技术可以与智能调度系统相结合，实现货物的实时追踪和调度，提高物流信息的透明度和可追溯性。

3. 绿色与可持续发展

随着民众环保意识的日益增强，绿色和可持续已成为运输业的重要发展趋势。我国运输业正积极推广新能源车辆、绿色仓储等绿色运输方式，以降低运输过程中的碳排放，减少对环境的污染。数字化技术可以帮助企业实现更加环保的运输方式，如通过优化运输路径减少碳排放，或者推广使用新能源车辆。此外，数字化技术还可以帮助企业更好地管理资源、减少浪费，实现更加可持续的发展。

4. 信息化

案例：云铝物流“散改集”运输模式

交通运输领域在不断推广应用大数据、云计算、物联网、移动互联网等先进信息技术，条形码（条码）射频标识、无线射频识别、全球卫星导航系统（GNSS）等技术也得到了推广和应用，如铁路客运联网售票系统、高速公路电子不停车收费系统（ETC）、港口电子数据交换系统（EDI）、船舶交通管理系统（VTS）、船舶自动识别系统（AIS）、民航商务信息系统等。

五、具有代表性的供应链数字化运输服务商

供应链数字化运输服务商有很多，这些服务商在全球范围内提供各种数字化运输解决方案和服务。以下是一些知名的供应链数字化运输服务商。

（一）国外代表性企业

1. Flexport

全球科技物流巨头 Flexport（飞协博）是一家总部位于美国的供应链技术公司，成立于 2013 年，是全球物流的技术驱动平台，为买家、卖家及其物流合作伙伴提供技术和服务并助其进一步发展与创新，提供全球范围内的数字化货运代理服务。

2. FourKites

FourKites（四只风筝）创办于 2013 年，总部位于美国芝加哥，是供应链可视化领域的先行者，主要通过“运输可视化、场站可视化、航运可视化”实现在单一平台的端到端可视化。截至 2023 年，FourKites 可监控卡车约 42 万辆，零担运输约 34 亿英里①，以及全球 800 个港口和 98%的集装箱运输；拥有较高准确率的 ETA（Estimated Time of Arrival，预计到达时间）算法，借助物联网、大数据分析技术和先进的跟踪技术，可有效地帮助供应链企业降低因停留与滞留而产生的成本，改进生产计划与库存备货，最大限度地提高场站管理的合规性；为客户提供货物在途跟踪、预测到达时间以及异常预警等服务；缩短物流信息更新时间，促进运货商、第三方物流公司、代理商和重载汽车运输公司更好地合作。

3. C. H. Robinson

C. H. Robinson（CH 罗宾逊全球货运有限公司）总部位于美国，是全球最大的

① 此单位非法定计量单位，1 英里 = 1 609. 34 米。

第三方物流公司之一，是美国《财富》500 强的上榜企业。公司提供全面的供应链解决方案，包括运输管理、货运代理、咨询和物流服务等。

4. UPS

UPS（United Parcel Service，美国联合包裹运送服务公司）是一家全球性的物流和运输服务提供商，成立于 1907 年。公司提供包裹递送、货物运输、物流管理和供应链解决方案等服务。

5. MAERSK

MAERSK（A. P. MOLLER-MAERSK GROUP，马士基集团）是全球最大的航运公司之一，提供海运、物流、码头运营和供应链管理等服务。

6. DHL

DHL（Deutsche Post DHL Group，德国敦豪集团）是全球领先的物流和供应链解决方案提供商。它们的服务包括国际专线快递、国内配送、货运代理、供应链管理等。

（二）国内代表性企业

中国的供应链数字化运输服务商众多，以下介绍部分有代表性的企业。

1. 全球最大公路货运平台满帮集团

满帮集团创建于 2017 年，由江苏满运软件科技有限公司（运满满）与贵阳货车帮科技有限公司合并组成，依托大数据与人工智能，降低货车驾驶员的空驶率，提升货运效率，致力于为公路运输物流行业提供高效的管车配货工具，同时为车找货（配货）、货找车（托运）提供全面的信息及交易服务。2021 年 6 月 22 日，以全球最大的数字货运平台为名，满帮集团正式登陆纽约证券交易所，成为“数字货运第一股”，总市值 233. 58 亿美元（约合人民币 1 500 亿元）。

2. 全球最大同城货运平台货拉拉

货拉拉创立于 2013 年，从事同城/跨城货运、企业版物流服务、搬家、零担、汽车租售及车后市场服务。货拉拉致力于依托移动互联网大数据和人工智能技术，搭建方便、科技、可靠的货运平台，为个人、商户及企业提供高效的物流解决方案。截至 2021 年 10 月，货拉拉业务范围已覆盖 352 座中国国内城市，月活驾驶员达 66 万，月活用户达 840 万。截至 2021 年 12 月，货拉拉的交易总额超过 200 亿元，市场份额也达到 60%左右，稳居行业第一。

3. 全球最大数字快递平台菜鸟物流

菜鸟物流成立于 2013 年，是一家数字基础设施公司，加速数字化基础设施建设是菜鸟最重要的战略。菜鸟业务已覆盖全球物流、消费者物流、供应链服务、全球地网、物流科技五大服务板块，全球运营地网设施面积超过 1 000 万平方米，日均服务跨境包裹量超过 500 万件，已成为全球新四大跨境包裹网络之一。

4. 全球最大综合物流平台之一京东物流

京东于 2007 年开始自建物流，2017 年正式成立京东物流，成为全球少数拥有中小件、大件、冷链、B2B（Business-to-Business，企业对企业）、跨境和众包（达达）、航空等物流网络的企业。京东物流借助垂直一体化的物流更深入地向生产前端赋能，不断推进数智化社会供应链。通过数智化技术，为不同行业提供整体供应链解决方案的设计和落地运营。

5. 全球最大即时物流平台美团配送

美团创立于2010年，业务囊括餐饮外卖、到店、团购等。2021年美团交易用户数量近7亿人，其中外卖用户4.4亿人，是全球业务规模最大的即时物流平台。通过不断数字化，美团拓宽赛道，推出即时零售电商品牌“美团闪购”，自营买菜平台“美团买菜”，以及社区电商平台“美团优选”，深嵌城市居民日常生活。

此外，还有其他一些供应链数字化运输服务商，如唯智、上海科箭软件科技有限公司、Flux（富勒）、G7易流、汇通天下、德邦快递、顺丰速运等。这些企业都在不断探索和创新，力求通过大数据、云计算、人工智能数字化技术提升供应链运输的效率和服务质量。

查一查

上网搜索感兴趣的供应链数字化运输服务商，说一说它的业务特点、企业优势、发展前景等。

任务实施

案例：数字化货运调度平台运满满

请以小组为单位进行合作探究，仔细阅读“任务资讯”中的背景材料，结合本任务所学知识，考虑本次运输任务的货物特点、运输成本、运输时间以及天气等影响因素，帮小磊选择最佳的运输方式，并完成以下三个任务。

任务1：分析常用的五种运输方式的特点，说明小磊选择水路运输、铁路运输以及航空运输三种运输方式进行初筛对比的原因

任务2：对比分析三种运输方式的成本、运输时间以及天气等影响因素，帮小磊选择最佳方式并说明理由

任务3：设计从深圳到德国汉堡的运输路线图

任务评价

本任务采用自我评价、组间评价、教师评价相结合的方式，主要从团队协作、任务完成的数量和质量、任务分析的逻辑性和完整性、任务实施的正确性、专业知识的掌握程度和灵活运用等方面进行评价。任务完成后，请填写任务考核评价表（表1-1-3）。

课堂笔记

表 1-1-3　任务考核评价表

任务名称：________ 专业：________ 班级：________ 第________小组

组长：________ 小组成员（姓名、学号）：________

成员分工					
评价维度	评价内容	分值	自我评价（20%）	组间评价（30%）	教师评价（50%）
内容	能全面分析常用的五种运输方式的特点；对小磊选择水路运输、铁路运输以及航空运输三种运输方式进行初筛对比的原因描述合理、逻辑清晰、有理有据	20			
	能综合分析对比三种运输方式的成本、运输时间以及天气等影响因素；能给出选择某种运输方式的理由，且理由充分完整、有理有据	20			
	能选择最佳的运输方式并说明理由，理由充分完整、有理有据	20			
格式排版	严格按照规范格式要求进行排版，有封面、目录，行距、字体、字号等符合要求，错一项扣 1 分	10			
小组汇报	PPT 的制作逻辑清晰、排版美观、内容完整；汇报声音洪亮，表述清楚，回答问题准确、熟练，能反映本小组的设计思路及特点	20			
团队协作	团队分工明确，任务完成过程中的协同性好，按时提交方案	10			

课堂笔记

【课后小测】

一、单选题

1. 将山西大同的 1 万吨煤炭运往北京，选择（　　）方式比较合适。

A. 铁路运输　　B. 公路运输　　C. 航空运输　　D. 水路运输

2. （　　）通常用于高价值、急需的货物或旅客运输。

A. 公路运输　　B. 管道运输　　C. 航空运输　　D. 铁路运输

3. 铁路运输具有较高的载重量和速度，从经济性角度来看，铁路运输的运输成本相对较低，适合（　　）的货物运输。

A. 大批量、中长距离　　B. 小批量、中长距离

C. 大批量、短距离　　D. 小批量、短距离

4. 供应链数字化运输是指利用数字化技术和数据分析手段，对供应链运输过程中的各个环节进行数字化管理和优化，以（　　）、降低运输成本、提升运输安全性和服务质量的一种新型运输模式。

A. 减少运输环节　　B. 提高运输效率

C. 避免运输损耗　　D. 缩短运输时间

5. 下面（　　）不属于数字化时代下运输的发展趋势。

A. 跨界融合与创新　　B. 智能化和自动化

C. 绿色与可持续发展　　D. 碎片化

二、多选题

1. 铁路运输的经济性表现在哪些方面？（　　）

A. 铁路运输的载重量较大，适合大批量货物的运输

B. 铁路线路的建设和维护成本相对较低

C. 铁路运输的运输成本相对较高

D. 铁路运输具有环保、节能等优点

2. 以下哪些描述适用于水路运输？（　　）

A. 适合对运送时间要求不高的大宗货物的长距离运输

B. 船舶的载重量大，单位运输成本低

C. 具有较高的运输速度

D. 在大宗商品的国际贸易中占据重要地位

3. 以下哪些说法正确地描述了运输与供应链的关系？（　　）

A. 运输是决定供应链响应能力和效率的关键因素

B. 运输网络的设计不影响供应链的效率和成本

C. 运输与货物采购活动、生产活动、库存管理等密切相关

D. 供应链中所有环节都与运输无关

4. 供应链数字化运输的发展背景包括哪些方面？（　　）

A. 全球化发展中企业的竞争压力　　B. 技术进步及革新

C. 企业的成本压力　　D. 对传统运输模式的满意度

5. 运输方式的选择应该综合考虑哪些因素？（　　）

A. 货物的性质　　B. 运输距离

C. 时间要求　　D. 运输人员的数量

三、简答题

1. 对五种传统运输方式的经济性进行简要分析。
2. 简述运输与供应链的关系。
3. 简述供应链数字化运输发展的背景。
4. 列举五个供应链数字化运输服务商并简述其特点。

四、案例分析题

河南大宗网络货运有限公司，总部位于郑州市，是一家集智慧物流、智能配送、企业云服务、大数据、生态配套服务业务于一体的专业数字物流服务商。公司运营网络货运品牌“大纵联运”，依托数字化网络技术，专注于大宗商品承运，致力于打造面向大宗商品全产业链服务的数字物流服务平台，助力推动企业绿色运输的数字化转型。公司的数字物流服务平台建设分为三个部分。

第一，打通货源与车源之间的信息壁垒，提升车货匹配效率，降低物流成本、提高流通效率。

第二，借助新基建技术的赋能，为企业提供全流程系统数字服务，实现运力匹配智能化、运单管理线上化、车辆进场自动化、货物监管可视化等全流程数字化精准管控，帮助企业真正实现降本增效。

第三，跨界融合链接金融、保险、新能源重卡、充换电站等相关行业，为驾驶员提供线上接单及结算、税务合规等全方位服务，提高物流交易的透明度、安全性、简单性和效率，降低驾驶员的运输成本。

请根据材料简述河南大宗网络货运有限公司是如何迈向数字化转型的。

课堂笔记

任务二 供应链数字化运输技术

任务资讯

接续任务一，小磊所在的上海迅捷供应链管理公司接到深圳某装备制造厂客户B运往欧洲的机械配件运输订单后，经过详细考察对比中国发往欧洲的航空运输、水路运输以及铁路运输方案，并运用大数据分析了每种运输方式的单箱运输成本、理论最短用时、途中天气影响因素等，小磊最终选择了“广货广出”线路的运输方案，决定把货物先通过汽车运输到广州集装箱码头，经广州—杜伊斯堡中欧班列运输至杜伊斯堡，然后再通过汽车运输至汉堡市的目的地仓库。

经过分析，小磊发现公司现有的组织运输方式还处于传统阶段，存在以下问题：由于涉及多个环节和参与方，货物在运输途中存在信息不对称、信息传递不畅、被盗等风险；同时，运输过程中的天气、交通等因素也可能对运输安全造成影响。

为提高运输效率和透明度，更精准地把控运输时间，更有效地应对运输过程中的突发事件，小磊建议公司加大对供应链运输技术的投入，运用物联网、大数据、人工智能等先进技术，对供应链运输过程进行数字化改造和升级，实现运输过程的可视化、智能化和高效化，创新数字化运输模式。

但是，货运运营部门负责人刘经理认为数字化运输技术是新兴事物，在公司以往的运输业务中尚未有先例，不清楚如何切入和实施，同时还担心数字化运输过程中可能存在安全风险。

本任务：小磊需要结合本次运输任务的实际情况和供应链数字化运输技术的相关知识，为刘经理出具一份可行性报告，包括分析传统供应链运输存在的问题及成因，供应链数字化运输的优点，可以在哪些环节应用何种供应链数字化技术，以及可能存在的风险和解决方案。

请你结合本次运输订单实际情况和以上要求，帮小磊出具一份简要的可行性报告，说服刘经理选择供应链数字化运输方案。

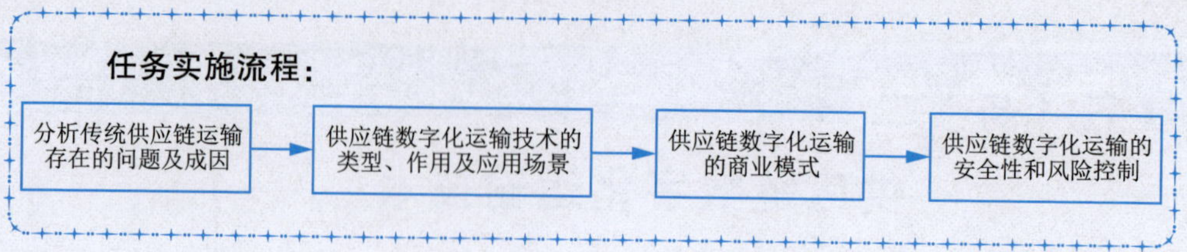

任务分析

传统供应链运输存在各种各样的问题与限制，而供应链数字化运输的发展为此种情况提供了优化的可能。但数字化运输也不是无可挑剔的，其实施过程中也存在着如何应对数据安全风险等问题。请帮助小磊分析供应链数字化运输可能存在的风险及相应的解决方案。

知识储备

知识拓展：牛鞭效应

一、传统供应链运输存在的问题及成因

（一）传统供应链运输存在的问题

1. 运输效率低下

传统供应链运输过程涉及多个环节和参与方，如供应商、生产商、物流服务商、分销商等，由于信息传递不畅、协调不足等原因，可能会导致运输效率低下，从而影响整个供应链的运作效率。

2. 运输成本高昂

在传统供应链运输过程中，受运输距离、运输方式、运输工具等因素的影响，运输成本往往较高。同时，运输过程中的损耗、延误等问题还可能产生额外的成本。

3. 运输风险较高

传统供应链运输涉及多个环节和参与方，因此可能存在信息不对称、欺诈、盗窃等风险和问题。此外，运输过程中的天气、交通等因素也可能对运输安全造成影响。

4. 缺乏透明度

传统供应链运输过程中，由于信息不透明、不共享，难以追踪货物的实时位置和状态，因此难以保证货物的安全和质量。

5. 缺乏协同性

传统供应链运输过程中的各个环节和参与方之间缺乏沟通，难以实现信息共享、资源优化和协同作业，导致整个供应链的运作效率较低。

（二）传统供应链运输存在问题的原因分析

供应链运输较为复杂，导致出现上述问题的原因很多，主要原因包括如下几点。

课堂笔记

1. 信息不对称

传统供应链运输过程中的信息不对称问题导致供应商无法准确了解市场需求，从而可能出现产品过剩或缺货的情况。同时，制造商也可能因无法及时获得原材料的变动情况而影响生产进度。这种信息不对称使得供应链各环节无法有效协同工作，进而影响了整体效率和盈利能力。

2. 跨区域运输成本高昂

供应链往往涉及跨国或跨区域的运输活动，这些运输活动的成本是非常高昂的，包括运输费用、关税以及清关手续费等。这些成本会增加企业的运营成本，降低其盈利能力。此外，在全球化竞争日益激烈的背景下，国际贸易政策的变动也会给跨区域物流带来一定程度的风险。

3. 库存管理困难

库存管理是供应链中非常关键的环节之一，但由于需求的波动性和供应链中各参与方之间的信息交流不畅，会导致库存管理变得复杂而困难。例如，制造商在生产过程中会受到多种因素的影响，包括市场需求转变、原材料价格波动等，在没有准确信息的情况下上述影响因素可能会造成过度生产或库存不足。

4. 供应链整体不平衡

整体需求与供应的不匹配可能导致全局性的生产过剩与库存短缺并存，无论是新产品还是成熟产品都可能遇到这种情况，这成为企业需求预测需要应对的一大挑战。企业需要提高预测的准确度，做到尽量精准、尽快纠偏，以驱动整个生产和供应的动态平衡。

5. 库存设置不合理

即使整体需求与供应匹配，但如果库存设置不合理，也会导致局部的生产过剩与库存短缺并存。这是库存计划的问题，主要发生在前置仓，可以通过设置合理的安全库存以及补充订货来解决。

6. 产品、业务、需求的复杂度增加

业务全球化，需求差异化、碎片化以及产品多元化增加了供应链计划的难度。产品种类如此之多，没有人可以仅凭判断来做计划，必须更多地运用数据分析才能做好需求预测和库存计划。

数字化供应链与传统供应链的区别

为了解决这些问题，许多企业开始采用数字化运输手段和先进的供应链管理技术和方法，如物联网、大数据、人工智能等，以提高供应链运输的效率和透明度，降低运输成本和风险，增强供应链的协同性和竞争力。

政策前沿

交通运输部制定印发《数字交通发展规划纲要》

《数字交通发展规划纲要》（以下简称《纲要》）明确，到 2025 年，我国将

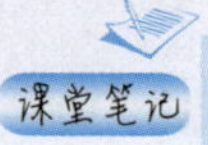

基本形成数字化采集体系和网络化传输体系，实现出行信息服务全程覆盖、物流服务平台化和一体化进入新阶段。到 2035 年，我国将实现交通基础设施完成全要素、全周期数字化，天地一体的交通控制网基本形成，按需获取的即时出行服务广泛应用，成为数字交通领域国际标准的主要制订者或参与者，数字交通产业整体竞争能力全球领先。

《纲要》明确，将构建数字化的采集体系，推动交通基础设施全要素、全周期数字化；布局重要节点的全方位交通感知网络；推动载运工具、作业装备智能化。构建网络化的传输体系，推动交通运输基础设施与信息基础设施一体化建设，促进交通专网与“天网”“公网”的深度融合，推进车联网、5G、卫星通信信息网络的部署应用，完善全国高速公路通信信息网络，形成多网融合的交通信息通信网络，提供广覆盖、低时延、高可靠、大带宽的网络通信服务。

此外，构建智能化的应用体系，打造数字化出行助手；推动物流全程数字化；推动行业治理现代化。培育产业生态体系，健全网络和数据安全体系，完善标准体系等。

二、供应链数字化运输技术及其作用

（一）供应链数字化运输技术

供应链数字化运输技术是指利用先进的数字技术，如物联网、大数据、人工智能等，对供应链运输过程进行数字化改造和升级，实现运输过程的可视化、智能化和高效化。

1. 物联网技术的应用：从“黑盒子”到“智能物流”

物联网技术的飞速发展为供应链管理带来了新的可能，物联网技术的应用如图 1-2-1 所示。通过传感器、RFID（Radio Frequency Identification，无线射频识别）技术以及数据分析，运输过程中的货物和车辆可以被实时跟踪和监控，确保运输安全和效率；可以让企业更合理地去调度和安排其平台上的物流车辆，保障以低廉的物流成本达到更加高效的运转效率；物联网设备可以实时获取货物的位置、温度、湿度等关键数据，用于监测货物的状态和环境条件；物联网技术可以实现运输设备的自动化控制，如自动化装卸、自动化仓储等，提高运输效率。

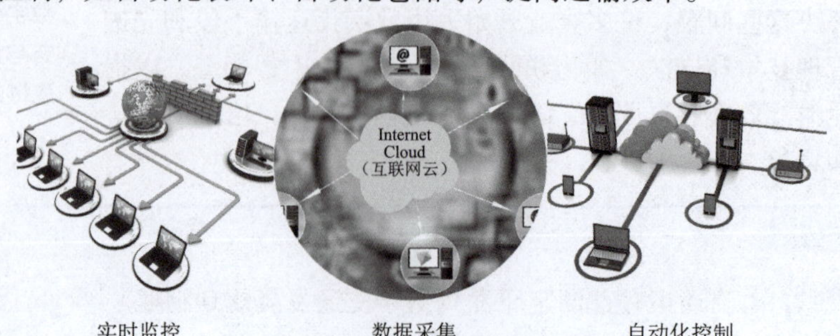

图 1-2-1　物联网技术的应用

2019 年 7 月，顺丰科技正式开始建设“智慧物流与供应链标准化物联网平台”，将物联网技术全面应用于“收派—中转—运输”各环节，面向设备、人、车、货、场等对象，由点及面，探索物联网技术在物流场景下的规模化应用。2023 年 6 月，顺丰科技发布全新智慧供应链系列产品——丰智云，可提供全场景、全可视、一站式的智慧供应链服务，为万物互联赋予“智慧大脑”。

2. 区块链技术的应用：确保供应链透明与可追溯

区块链技术提高了供应链管理的安全性和透明度，也为供应链信息共享奠定了坚实基础。通过区块链记载每一个环节的物流追踪数据，可以提供详细的物流信息，让各方了解货物的状态和位置，信息真实可靠且完全透明；可以用于防伪追溯，确保产品的质量和来源可靠；通过分布式账本和智能合约，供应链中的每一个环节都可以被准确记录和追溯，消除不必要的风险，自动执行合同条款，提高合同的执行效率。区块链技术在供应链运输中的应用如图 1-2-2 所示。

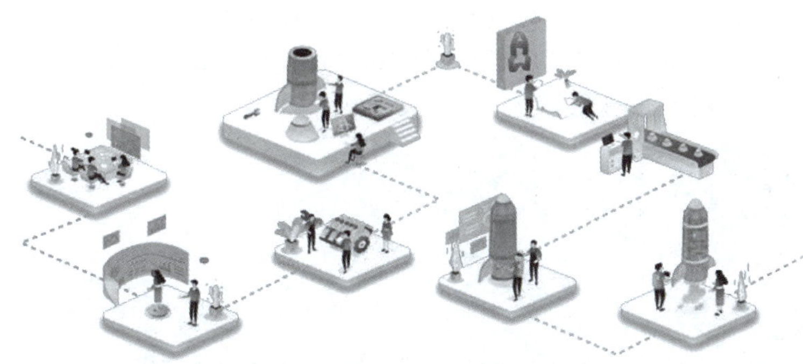

图 1-2-2　区块链技术在供应链运输中的应用

2020 年开始建设的“粤港澳大湾区港口物流及贸易便利化区块链平台”以区块链技术为核心，将港口、海关、船公司、船代、驳船、内河码头、金融机构等口岸生态中相关各方的作业系统连接起来。通过改革创新现行水—水中转货物通关监管模式，将传统的转关模式变为跨港调拨模式，企业直接在支线港口“一站式”完成报关申报、查验等海关通关手续以及提箱、还箱等物流手续；大力推广复制组合港通关模式，将货交组合港视为货交深圳港，使出口贸易中转时效由原来的平均 4.5 天降低至 2 天以内，湾区内流转时间节省 50%，通关效率可比肩自由贸易港。

3. 云计算助力协同与共享：打破信息孤岛

云计算重构了货物运输流通产业中的路线规划、车货匹配、在途运输这三个环节，逐步实施运力和货物的精准匹配连接、智能路线规划、在途监控、无人驾驶等智能解决方案，通过数据的连接、流动、应用与优化组合，实现大宗物流资源与生产要素流动的高效配置和良性互动。

本地即时配送平台达达集团旗下的达达快送不断探索业务和技术的双重升级。2020 年，达达与京东云携手搭建业务的高可用跨云双活架构，将算力和存储需求全部迁移至云上，从而实现了计算资源高弹性、成本压缩与业务的稳定。更重要的是，在向京东云迁移的过程中，达达快送对原有的技术架构进行了全面梳理与革新，完成了与京东到家、京东物流业务系统的全线打通，实现了由传统架构向云原生体系的升级。

4. 人工智能引领预测与优化：精准供需匹配

人工智能为物流行业的客户提供精准的货车交通信息，让物流车辆能根据交通信息规划更加优质的路线，形成最优路径规划，充分保障物流车辆能够快速准确到达任意目的地。人工智能可以用于智能调度，自动匹配货物和车辆，提高运输效率；还可以实现运输设备的自动化驾驶，提高运输的安全性。

人工智能的应用让供应链管理更加智能化和灵活化。利用机器学习和数据挖掘技术，通过对历史订单进行学习分析，让供应链可以根据历史数据和市场趋势准确地预测需求变化；协助供应商及时调整生产计划和库存管理策略，通过优化调度和库存管理实现精准供需匹配，减少库存积压和缺货现象的发生。人工智能技术在智能调度中的应用如图 1-2-3 所示。

图 1-2-3 人工智能技术在智能调度中的应用

百度 AI 技术的主要发力点是无人驾驶。作为中国拥有最多无人驾驶专利的数字企业，百度也把无人驾驶技术悄然接入物流赛道。百度与公路物流企业狮桥联合打造了货运智能驾驶科技企业 DeepWay（深向）。

2021 年 9 月 17 日，DeepWay 推出了首款全正向设计研发的智能新能源重卡——星途 1 代。DeepWay 宣布将快速接入狮桥干线物流网络，通过实际载货运营，推动 L4 级自动驾驶技术在货运场景的商业化落地。

DeepWay 推出了高速干线智慧物流的全新模式——H2H（HUB-to-HUB，转运中心到转运中心）模式。在 HUB 中心，星途与人工驾驶卡车完成货厢交接，随后进入高速，实现自适应巡航，运用根据地理信息节能驾驶、避障、变道、超车、编队行驶、转换闸道、自动过 ETC（Electronic Toll Collection，电子不停车收费）等技能，直至到达距离目的地最近的 HUB 中心，再次与人工驾驶卡车完成货厢交接，最终由人工驾驶卡车将货物运输至目的地。

课堂笔记

5. 大数据驱动供应链优化：洞察市场需求与风险

物流运输作为链接传统生产制造的过渡地带，天然就是数字化技术推进的好“场所”。大数据可将整个公路物流全链条的生产要素数字化，用“数据”量化、追踪、管理所有运营要素。通过对供应链各环节数据的收集和分析，企业可以预测运输需求、运输路径和运输时间，优化运输计划；可以为运输企业提供决策支持，帮助企业做出更科学、更合理的决策；可以优化运输企业的运营，提高运输效率、降低成本。大数据技术在供应链物流中的应用如图 1-2-4 所示。

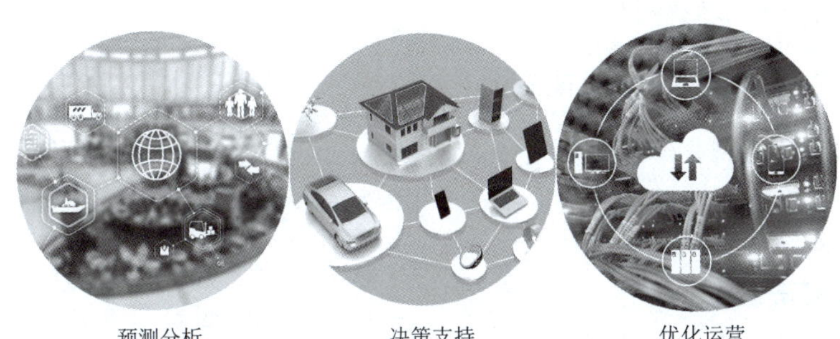

图 1-2-4　大数据技术在供应链物流中的应用

菜鸟网络由天网、地网、人网三部分构成：天网是开放的数据网络平台；地网是以节点形式布局的仓储和产业园实体物理网络；人网是社会化物流末端网络。菜鸟网络通过三网融合，以大数据为载体，提供物流基础设施建设，赋能社会化物流合作伙伴，整合电商物流供应链，使之更加协同高效。

菜鸟网络的物流数据平台汇集商家、物流公司以及来自第三方的数据资源，通过对阿里平台上海量的商品、交易和用户等信息以及社会物流网络信息的深度挖掘，实现物流过程的数字化、可视化。平台对全国各大物流公司进行“中转站—路线—网点”的整个包裹流转链路的运输预测和运输预警，让物流公司实时掌握整张物流网络每个环节的“未来包裹量预测”和“繁忙度实况预警”，也让商家能够了解物流公司的状况，选择合适的物流公司进行商品配送，实现智选物流的目标。

（二）供应链数字化运输的作用

1. 提升运营效率

就物流市场现状而言，数字物流在平台运营方面表现得更加协调、高效。通过大数据、区块链、物联网等技术的共同发力，整体的运输链可控能力更强；与物流企业的深入对接可以更加高效地采集运输数据，提高运输服务数据的精准度、安全性。有了数字物流的推动，物流行业的发展会更加智能化、专业化、精细化。

2. 提升运输安全性

数字物流结合大数据技术对运输全程实施监控监管，运输过程中的安全性得以大幅提升；在监管车辆货物的同时，还能约束驾驶员的违规操作，路线优化方案也

能更加符合行业运输规范。

3. 推动行业转型升级

数字物流的发展是物流业变革的必然趋势，能推动物流行业从分离走向联合、从无序走向集约、从劳动力走向智能化，实现全行业的转型升级，有利于优化全社会的资源配置效率，为物流经济注入新活力、增加新动能。

可以看出，相较于传统物流，数字物流的发展趋势呈现出透明化、智能化、标准化、信息化的特征。数字物流充分利用现代信息技术，打破了物流供应链中运输环节独立于生产环节的行业界限。

三、数字化运输的商业模式

数字化运输的商业模式主要基于人工智能、区块链、云计算、大数据和 5G 等现代技术，将传统的运输模式转变为数字化模式，从而大幅度提高运输效率。这种商业模式主要涵盖以下几个方面。

1. 共享经济模式

共享经济模式是一种利用现代科技手段，将运输服务与共享经济理念相结合的新型经济形态。在数字经济时代，运输行业正经历着深刻的变革，以数字化、互联化、智能化和平台化为特征的新型经济形态正在逐渐形成。数字化运输的共享经济模式典型的体现方式有车辆共享、货物运输共享、出行共享平台等。例如，通过智能手机应用软件，乘客可以轻松预订共享车辆；通过在线平台，货主可以寻找可用的空闲运输资源；提供货物运输服务的物流公司也可以利用共享经济模式提高货运利用率、降低成本。

2. 平台化模式

平台化模式通过构建物流平台，整合运输资源和服务，为客户提供一站式物流服务，这种模式可以降低客户在物流方面的成本和风险，同时提高物流服务的效率和质量。例如，网络平台将货主、驾驶员和物流公司三方紧密地联系在一起，货主可以在平台上发布货运信息，驾驶员可以通过平台抢单，物流公司可以提供全程物流服务，实现了信息的实时共享和透明化，提高了运输的效率和可靠性。

3. SaaS 协同管理服务

SaaS（Software-as-a-Service，软件即服务）协同管理服务利用人工智能、区块链、云计算、大数据等创新科技，为企业提供包括定位监控、运力交易、客户管理、跨企业协同、调度管理、运输管理、结算支付等全方位的服务。这种服务模式能够帮助企业更好地管理运输过程，提高运输效率和服务质量。例如，某物流公司使用 SaaS 协同管理服务，通过平台实现了对运输车辆的实时监控和调度管理。在运输过程中，平台能够自动计算最优路径，减少运输时间和成本。同时，平台还提供了客户管理功能，帮助公司更好地了解客户需求和订单情况，提高客户满意度。在运输结束后，平台能够自动完成费用的结算和支付，提高资金使用效率。

4. 智能物流模式

智能物流模式通过运用物联网、大数据、人工智能等先进技术，实现物流过程的自动化、智能化和信息化。这种模式可以提高物流服务的效率和质量，降低物流成本，同时也可以帮助企业更好地管理和控制物流过程。例如，在仓库管理中，使用 RFID 标签和读写器，运用物联网技术，可以实现货物的自动识别和跟踪，系统可以自动记录货物的进出库信息，实时掌握库存情况；结合人工智能算法，智能规划货物的存储位置，提高仓库的存储效率；在物流运输环节，利用大数据分析和人工智能技术，可以实时分析交通路况、天气等因素，为运输车辆规划出最优路径。

5. 数据服务

数字化运输的商业模式还包括提供数据服务，即基于物流大数据资源，为各级政府管理部门、工商企业、物流企业、咨询机构、科研院所、社会公众，提供专业的物流地理、货流时空分布等基础数据分析服务。这种服务能够帮助企业和政府更好地了解运输市场的运行情况，为决策提供科学依据。

科技创新

车联网技术通过车载模块，将 GPS（Global Positioning System，全球定位系统）定位、行驶速度、燃油消耗、驾驶员行为、订单信息等上传到互联网平台，后台人员可通过平台进行查询，及时掌控订单，包括车辆行驶里程、效率、油耗、驾驶员违章行为等信息，为优化管理提供有效的技术措施。这项技术也适用于道路运输和厂内叉车运输。车联网技术已经十分成熟，在货物运输及旅客运输方面应用广泛，包括网上下单、在途查看、在线结算等功能都给人们带来很大便利。无人驾驶技术还需要进一步研发测试，以适应复杂的道路环境，实现从辅助驾驶向无人驾驶的跃升。

四、数字化运输的安全监管与风险控制

数字化运输依赖各种先进的技术和系统，涉及大量的数据交换和共享，数据的泄露或被滥用可能会带来严重的后果，技术的安全性也会直接影响到数字化运输的整体安全，因此建立完善的安全和风险控制机制至关重要。企业可从以下几方面强化数字化运输的安全监管与风险控制，确保运营的安全平稳。

（一）确保数据安全

一是强化数据安全意识。企业和管理者需要深刻认识到数据安全的重要性，强化全员的数据安全意识。二是制定并执行严格的数据安全政策，包括数据访问控制、数据备份、数据恢复等，并要确保这些政策得到严格执行。三是采用先进的数据加密技术，对于敏感数据应采用高强度的加密算法进行加密，以防止数据在传输和存储过程中被非法获取或窜改。四是建立数据安全审计和追溯机制。对于数据的访问、修改等操作，应建立详细的审计和追溯机制，以便在数据出现问题时能够迅速定位问题原因和责任人。

（二）加强网络安全防护

一是部署防火墙和入侵检测系统，防止恶意攻击和非法入侵。二是定期对网络系

统进行安全检测，及时发现并修复安全漏洞，防止黑客利用这些漏洞进行攻击。三是加强员工的网络安全培训，提高员工的网络安全意识，降低人为因素带来的安全风险。

（三）加强隐私保护

一是对涉及个人隐私的数据进行匿名化处理，避免泄露个人信息。二是严格控制对敏感数据的访问权限，确保只有经过授权的人员才能访问。三是制定明确的隐私政策，告知用户收集、使用和保护个人信息的原则和措施。

（四）引入专业的数据安全解决方案

可以引入专业的数据安全解决方案，如数据泄露防护（DLP）系统、网络安全态势感知系统等，提高数据安全防护能力。

（五）建立风险评估与预警机制

通过识别和评估运输过程中的潜在风险，建立风险评估体系，并据此建立预警机制，及时发现和应对潜在的安全风险。

数字物流

党的二十大报告提出，要“加快发展数字经济，促进数字经济和实体经济深度融合”“以数字化撬动社会经济效率变革”。《“十四五”现代物流发展规划》首次将现代物流发展上升为国家战略，数字物流、智慧物流作为现代物流的重要组成部分，已成为我国重要的新型基础设施之一。

数实融合是大势所趋，产业赋能潜力巨大。在以满帮为代表的数字货运平台的示范带领下，数字经济与货运物流行业实现深度融合，广大中小企业也在加快数字化转型。随着数实融合的深入推进，协同共生、和谐健康的数字物流生态圈正在形成。

任务实施

为完成刘经理交代的任务，小磊需要结合本运输任务实际和供应链数字化运输技术的相关知识，分析传统供应链运输的缺点、供应链数字化运输的优点，可以在哪些环节应用何种供应链数字化技术，以及可能存在的风险和解决方案。

请以小组为单位进行合作探究，仔细阅读“任务资讯”中的背景材料，结合本任务所学知识，为小磊向刘经理出具一份可行性报告，报告可细分为以下三个任务。

任务 1：传统供应链运输存在的问题及成因分析

小磊通过深入调研，根据本任务运输方式选择的分析过程和结果，对传统供应链运输存在的问题及成因进行总结。

任务 2：本企业供应链数字化技术的应用及解决方案

结合所学知识，运用发散思维，以创新的方式思考问题并提出可行的解决方案。可上网查找相关技术的应用及原理。

任务 3：可能存在的风险和解决方案

小磊通过调研和查询资料，发现目前数字化运输的风险主要是源于数据信息的泄露或者滥用，这也是大数据网络时代的一个通病。为此，小磊提出了解决方案。

任务评价

本任务采用自我评价、组间评价、教师评价相结合的方式，主要从团队协作、任务完成的数量和质量、任务分析的逻辑性和完整性、任务实施的正确性、专业知识的掌握程度和灵活运用等方面进行评价。任务完成后，请填写任务考核评价表（表 1-2-1）。

表 1-2-1　任务考核评价表

任务名称：________　专业：________　班级：________第________小组

组长：________　小组成员（姓名、学号）：________

成员分工					
评价维度	评价内容	分值	自我评价（20%）	组间评价（30%）	教师评价（50%）
内容	对传统供应链运输存在的问题及成因的分析合理，表述完整且逻辑清晰	10			
	熟练掌握相关知识，了解数字化运输技术的应用场景，能结合本任务提出方案，方案有理有据、内容贴切	20			
	能结合本任务实际以及提出的方案分析数字化运输技术可能存在的风险及应对措施，总结到位、表述完整、逻辑清晰	20			
格式排版	严格按照规范格式要求进行排版，有封面、目录，行距、字体、字号等符合要求，错一项扣 1 分	10			
小组汇报	PPT 的制作逻辑清晰、排版美观、内容完整；汇报声音洪亮、表述清楚，回答问题准确、熟练，能反映本小组的设计思路及特点	30			
团队协作	团队分工明确，任务完成过程中的协同性好，按时提交方案	10			

【课后小测】

一、单选题

1. 以下哪项不是供应链数字化运输技术之一？（　　）

A. 人工智能　B. 区块链　C. 机器人　D. 物联网

2. 区块链技术在供应链数字化运输中的作用包括（　　）。

A. 提高运输效率　B. 促进信息共享

C. 加速货物装卸　D. 减少运输成本

3. 以下哪项不是数字化运输的商业模式之一？（　　）

A. 共享经济模式　B. 传统物流模式

C. 平台化模式　D. 智能物流模式

4. 下列哪项不是数字化运输的作用？（　　）

A. 提升运营效率　B. 提升运输安全性

C. 推动行业转型升级　D. 提升供应链的不透明度

5. 数字化运输的商业模式中，SaaS 协同管理服务主要利用哪些技术？（　　）

A. 传统物流技术

B. 区块链技术

C. 人工智能、大数据、区块链等创新科技

D. 机械工程技术

二、多选题

1. 传统供应链运输存在的问题主要包括（　　）。

A. 运输效率低下　B. 运输成本高昂

C. 运输安全风险　D. 运输信息透明度高

2. 供应链数字化运输技术包括（　　）。

A. 物联网技术　B. 云计算技术

C. 供应链区块链技术　D. 人工智能技术

3. 数字化运输的商业模式包括（　　）。

A. 共享经济模式　B. 传统物流模式

C. 平台化模式　D. 无人驾驶模式

4. 数字化运输的安全监管与风险控制方法包括（　　）。

A. 加强数据安全　B. 加强网络安全防护

C. 弱化隐私保护　D. 引入专业的数据安全解决方案

E. 建立风险评估与预警机制

5. 供应链数字化运输的作用包括（　　）。

A. 提升运营效率　B. 提升运输安全性

C. 推动行业转型升级　D. 规范行业标准

三、简答题

1. 简述传统供应链运输存在的问题及成因。

2. 简述常见的供应链数字化运输技术及其作用。
3. 简述数字化运输的商业模式。

四、案例分析题

随着电子商务的蓬勃发展，电商企业对供应链数字化运输的需求日益增长。以京东物流为例，其建立了包含仓储网络、综合运输网络、配送网络、大件网络、冷链物流网络及跨境物流网络在内的高度协同的六大网络，具备数字化、广泛和灵活的特点。

近年来，京东物流正在持续提升自身在自动化、数字化方面的能力，大量采用智能调度系统和实时监控技术，通过大数据分析和人工智能算法，实现了对货物运输过程的全程监控和实时调度。此外，其在配送过程中还大量使用新能源车辆，减少碳排放，实现了绿色运输。

然而，随着供应链数字化运输的应用，也带来了诸如客户隐私泄露、运输成本控制等一系列挑战和问题。

请回答下列问题：

1. 数字化运输如何确保货物运输过程中的数据安全和隐私保护？
2. 供应链各环节之间的信息共享和协同的渠道是否畅通？如何进一步优化？
3. 企业应如何制定数字化运输的安全监管及风险控制措施？

任务三 供应链运输网络

任务资讯

近来，小磊所在的上海迅捷供应链管理公司的业务越来越多。他了解到，公司目前的国内业务量增长很快，且分散于各大中城市。与此同时，公司发往欧洲的物流运输业务也比较分散，三个主要目的地国家的业务占比分别为：15%发往英国，20%发往德国，17%发往意大利。

公司目前采用的是直接发运网络，即产品由供应商或制造商直接发送给最终消费者或零售商，也就是由国内某个城市直接运往欧洲某个国家。这样做虽然减少了中间环节、缩短了运输时间、降低了库存成本，但随着运输业务范围的扩大，直接发运网络的成本逐渐增高。在这种情况下，刘经理安排小磊草拟一份供应链运输网络的设计方案，以满足当前公司的业务发展需求。

本任务：小磊需要结合目前公司全国业务量增多的特点，为公司设计出一套效率高、成本低的供应链运输网络方案。

任务分析

企业供应链运输网络（以下简称“运输网络”）中线路与节点之间的连接方式不同，构成的网络结构类型也不同。企业运输网络构建的任务是依据企业内部和外部的环境因素及其变化，结合企业总体发展战略及物流发展战略，运用定性及定量的分析和决策方法，为企业建设一套高效且适应性强的供应链运输网络。运输网络的设计是网络构建过程中至关重要的一环，它涉及一系列基础设施的规划与建设，会影响运输日程和线路安排等操作层面相关运输决策的制定。因此，要做出正确的运输决策，就必须清楚选用哪种方式设计运输网络才可使得供应链能以较低的成本达到理想的响应水平。

课堂笔记

知识储备

一、常见的运输网络类型

企业运输网络中线路与节点之间不同的连接方式，构成了不同的网络结构类型。一般来说，企业运输网络结构可以分为以下四种类型，如图 1-3-1 所示。

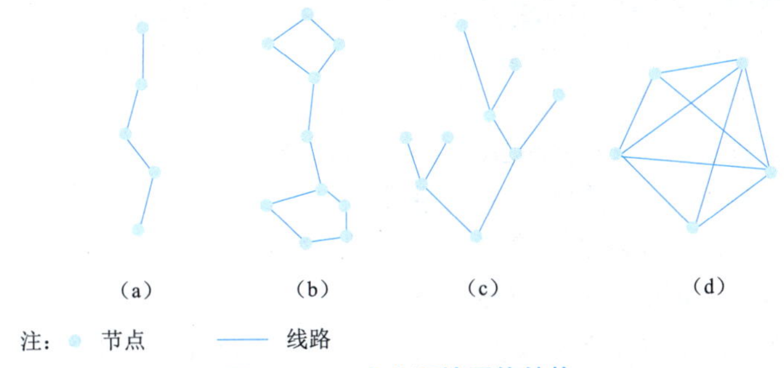

图 1-3-1　企业运输网络结构

(a) 线状结构；(b) 圈状结构；(c) 树状结构；(d) 网状结构

(一) 线状结构

线状结构是由节点和连接这些节点的线组成的简单网络，其中两个节点之间只有一条线且没有连成圈，如图 1-3-1 (a) 所示。这种结构适用于简单的物流运输，以及企业规模较小、生产地点集中、运输需求相对简单的情况。例如，农民将自产的农副产品拿到市场上销售，也可能在沿途就卖给顾客。另外，运输石油或天然气的管道沿着特定的线路从产地输送到消费地也是典型的线状结构。

线状结构的优点是运输路径明确，管理简单；缺点是运输灵活性较差，难以满足复杂的运输需求。

(二) 圈状结构

圈状结构是由多条运输线路组成的环形网络，每条运输线路都连接着企业的关键节点。圈状结构是由至少包含一个连接成圈的线组成的物流网络，但同时至少有一节点没有包含在圈中。这种结构适用于企业有多个生产基地或销售中心，需要通过环线运输实现资源共享和降低成本的情况。例如，一个工业品制造商在两个市场区域各设置一个物流中心，每个物流中心在各自的市场区域按照循环路线送货，两个物流中心通过干线被连接起来，其各自货物可以相互调剂，这就形成一个圈状结构，如图 1-3-1 (b) 所示。

圈状结构的优点是运输效率高，能够实现资源的快速调配；缺点是管理复杂度较高，需要协调多个运输环节。

(三) 树状结构

树状结构是一种无圈但能够连通的网络，在这种结构中，有一个根节点，其他节点都与根节点相连，形成类似树的形态，如图 1-3-1 (c) 所示。这种结构适用于

企业有多个分支机构或销售点，需要通过分级管理实现物流运输的情况。例如，某汽车制造商在不同的市场区域分别建有物流中心或配送中心，按市场区域设置分销网络和配送网络，且相互独立、互不交叉，直至将货物分发到各个销售点或终端用户。

树状结构的优点是管理层次清晰，能够实现运输资源的有效分配；缺点是运输灵活性较差，对核心节点的依赖性较强。

（四）网状结构

网状结构是由多条运输线路和多个节点组成的复杂网络，具有高度的灵活性和可扩展性，如图 1-3-1（d）所示。这种结构适用于企业规模较大、生产地点分布广泛、运输需求复杂多样的情况。例如，快递公司或大型物流企业一般采用网状结构，这种结构具有多对多的连接关系、强大的冗余性、去中心化和高度的复杂性等特点，能够针对复杂、分散的系统和关系进行运输调配。

网状结构的优点是运输路径多样，能够满足复杂的运输需求；缺点是管理难度较高，需要高效的协调机制和信息化支持。

在实际应用中，企业需要根据自身的规模、生产布局、运输需求等特点，综合考虑运输成本、运输时间、运输可靠性、运输灵活性等因素，选择合适的运输网络结构。同时，随着企业规模的扩大和市场竞争的变化，企业也需要不断调整和优化运输网络结构以适应新的形势。

绿色邮政

车流滚滚的六盘水市街头，一辆辆绿色电动邮车和电动三轮投递车在不停地走街串巷。当了 15 年投递员的黄勇说：“原来用摩托车，邮包装在摩托车两边，下雨容易被淋湿，现在使用电动三轮车，邮件放在三轮车车厢里面，更加安全和方便。单位的智能充电桩还免去了我们去加油站排队的时间，原来摩托车每月需要 400~500 元油费，电动三轮车每月仅需 100 元充电费用，更加环保、节约。”

中国邮政六盘水市分公司不断加快县乡村三级物流体系建设，建成建制村村级站点 726 个，覆盖率达 100%；推动盘州三级物流体系示范县建设，启动水城交邮融合示范县工程；积极推动绿色运输与乡村振兴协同发展，有效提升了绿色运输的覆盖面，以实际行动落实乡村振兴战略。

二、供应链运输网络构建的影响因素

企业运输网络构建的任务是依据企业内部和外部的环境因素及其变化，结合企业总体发展战略及物流发展战略，运用定性和定量的分析及决策方法，为企业建设供应链运输网络。

供应链运输网络构建影响因素

（一）企业的外部环境因素

1. 国家及地区的政治、经济、法律、文化等因素

例如，稳定的社会政治环境能够为企业创造有利的发展环境，有利于企业在当地建立分支机构或设置仓库等；某个地区的经济发达，就能够为物

流运输企业提供运输市场需求，带来更大的运输量；优惠的财政、税收政策则有利于企业减少运营成本，这种情况下企业可以考虑扩张业务，构建复杂的网络布局。

2. 社会基础设施条件

社会基础设施条件包括公路、铁路的建设情况，交通枢纽及港口、机场、车站等设施的建设情况等。例如，一个地区公路、铁路密度高，交通发达，就可以为物流及运输提供良好的条件。

3. 市场竞争状况

市场竞争状况包括竞争对手的数量、规模、分布、竞争实力、竞争策略等，这些因素会影响物流运输企业对节点设置数量、规模的选择及决策，以及企业未来的经营规模及盈利水平等。

（二）企业的内部环境因素

1. 企业的发展战略

企业的发展战略主要包括企业发展整体战略、物流发展战略、运输战略以及其他相关分战略等。例如，一家企业要在若干年内发展成为国际性的外贸物流运输企业，需要拓展欧洲、北美地区市场，这必将要求其发展相应的物流及运输业务，因而需要在相应的地区考虑运输方式、运输线路的选择以及分支机构和仓储设施的建设。

2. 企业产品的市场状况

企业产品的市场状况主要包括：产品的市场覆盖范围，涉及产品的数量、品种及销售地的客户分布；客户对某种产品的需求量，涉及产品的订货周期、订单频率、季节波动、运输距离、时间和批量。这些因素会直接影响到运输方式和运输线路的选择，以及节点设置的数量、规模和密度等。

3. 企业的管理能力

如果一家企业的综合管理能力很强，可以管理和控制较大范围的、强大的运输网络，当然就可以考虑建立相应的物流网络。

4. 资金和技术方面的实力

如果企业的资金雄厚，设备及信息系统非常先进，就能够建立起较为强大的运输网络。

5. 企业物流及运输服务的内容和标准

一般来说，客户的服务需求水平越高，企业服务设施与客户的距离就要越近，反之，与客户的距离可以远些；在较大的市场范围内，响应客户服务需求的时间要求越短，就越需要建立更多的服务设施，反之，服务设施可以少些。客户服务需求水平与企业服务设施的关系如图 1-3-2 所示。

依据客户服务需求水平，企业应该综合考虑其发展战略、管理水平、资金及技术能力、成本等多方面因素，确定服务设施的选址及数量。如果确定较大的服务范围和较高的服务标准，企业就需要配置较多的、规模较大的服务设施。

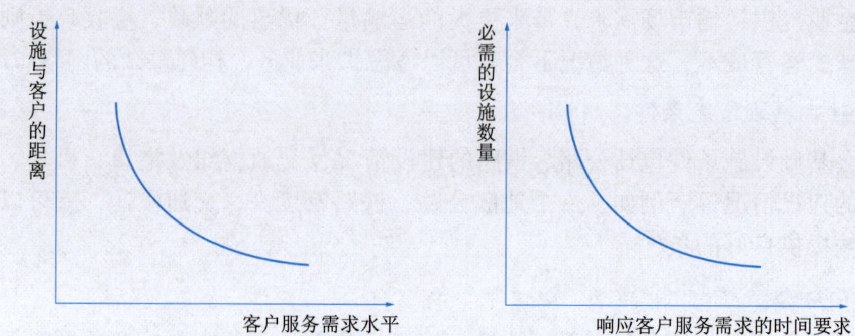

图 1-3-2 客户服务需求水平与企业服务设施的关系

6. 广成本因素

广成本应属于总成本的范畴，即除了运输成本，还有与收费相关的节点建设费用，以及仓储、加工、信息处理等成本。广成本的主要考虑因素一方面是运输网络线路及节点的变化所带来的成本变化，另一方面是建立整体物流及运输网络的总成本水平。例如，企业做出的扩充运输网络、在某地设置新仓库的决策，可能会将原来的直达运输改为中转运输，这就需要考虑决策实施前后运输成本及相关成本的变化，如果是增加了成本而没有节约成本，这样的决策就需要慎重考虑。

三、供应链运输网络构建的原则

构建企业运输网络应同时遵守适应性原则、战略性原则、一致性原则、经济性原则、系统性原则和总成本最小原则。

（一）适应性原则

适应性原则即企业运输网络应该与前述的外部因素或条件相适应。

（二）战略性原则

战略性原则即企业运输网络的构建应具有战略眼光，具有前瞻性。既要考虑目前企业生产经营及物流的实际需要，又要考虑企业未来发展的可能需要。企业运输网络的构建应纳入企业总体物流及运输发展战略。

（三）一致性原则

一致性原则即企业运输网络应该同企业总体发展战略和目标、目前生产经营计划和目标、市场营销目标、目前及以后物流发展目标相一致。

（四）经济性原则

经济性原则即坚持节省的原则，应尽可能降低网络的建设费用、经营费用。例如，在进行运输线路选择、仓库选址时，尽量优化选择，节省各种费用。

（五）系统性原则

系统性原则即把运输网络作为一个完整的系统来考虑，进行系统设计的同时，还应该把运输网络作为企业物流系统，以及企业整体管理系统的子系统来进行设计，使得运输网络系统与企业生产经营系统及物流系统相协调。

课堂笔记

（六）总成本最小原则

总成本最小原则即遵循效益悖反原理，既要尽量降低网络的建设费用，又要尽量降低经营费用；既要考虑降低运输费用，又要考虑降低如仓库设置、节点管理、信息处理等其他相关方面的费用，使得总成本最小。

在对运输网络及节点选址进行动态改变时，除考虑前述影响因素及原则，还要考虑运输网络节点从一种布局形式转换到另一种布局形式需要支付一定的转移费用。当采用新的选址方案所带来的节约成本大于转移成本时，企业就应该考虑更换新的选址。

交通强国

1988 年 10 月 31 日，是中国公路人永远铭记的一个日子：这天，我国国内首条高速公路沪嘉高速建成通车，实现了新中国又一个零的突破。截至 2021 年，中国高速公路总里程已达 16 万千米，居世界第一，覆盖了 98.6% 的人口超 20 万的城市，日均流量超 3 010 万辆次。

道路通，百业兴。高速公路网的日益发达，为经济社会发展提供了基础性保障，更是促进区域平衡发展的不二法门。

“目前，我国高速公路已实现‘一张网’运行，大大缩短了时空距离，大幅提升了运输效率，为经济社会发展、重大战略实施等提供了基础性保障。”

四、供应链运输网络设计

供应链运输网络路线设计与优化

供应链运输网络设计是要在运输网络中建立一些基础设施，它们会影响运输日程和线路安排等操作层面的运输决策。因此，要做出正确的运输决策，就必须清楚选用哪种运输网络设计方案才能有助于供应链以较低的成本达到理想的响应水平。

（一）直接发运网络

直接发运网络是一种相对简单的运输网络设计方式，是指产品由供应商或制造商直接发送给最终消费者或零售商（买方所在地），如图 1-3-3 所示。这种网络结构减少了中间环节、缩短了运输时间、降低了库存成本，能实现快速响应客户需求。通常适用于产品体积大、运输成本相对较低的情况，如原材料或大宗商品的运输。

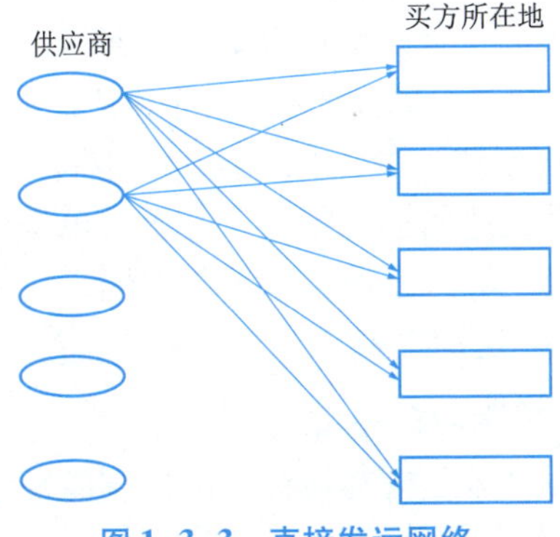

图 1-3-3　直接发运网络

在采用直接发运网络时，供应链决策者只需要决定装运量和采用的运输方式就可以了，企业需要在运输费用和库存成本之间进行抉择，需要判断各供应商对每个地区的最佳补货批量是否与载运工具的最大装载量接近。如果买方需求量很大，足以使每个供应商对每个地区的最佳补货批量接近于载运工具的最大装载量，这种情况下采用直接发运网络就非常有效。但是如果买方的需求量很小，采用直接发运网络的成本就会很高。例如，各零售连锁店每天都会有补货的需求，但有时补货批量很少，如果仅仅是因为这些很少的补货批量就要采用一次直接发运网络进行运输，成本就很高。对于零售商而言，在直接发运网络中，由于每批货物都是单独运送，所以进货成本也会很高。

（二）利用巡回运送直接发运

巡回运送有两种方式：一种是从一个供应商处选取货物送给多个零售商（买方所在地），最后回到出发点，是一对多的关系，路径如图 1-3-4（a）所示；另一种是从多个供应商处选取货物，巡回取货后运送给一个零售商（买方所在地），最后回到出发点，是多对一的关系，路径如图 1-3-4（b）所示。

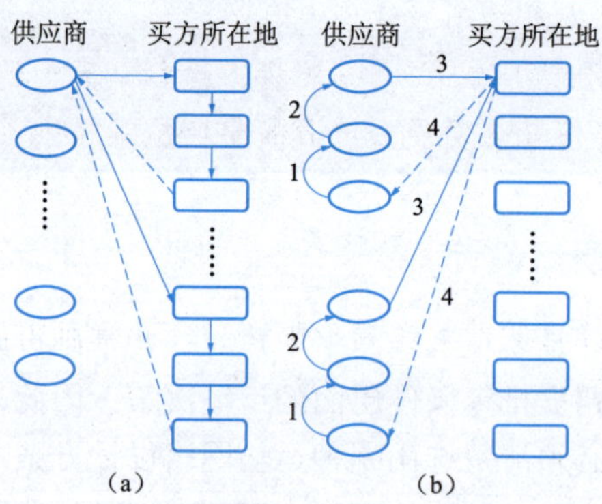

图 1-3-4　利用巡回运送直接发运（注：虚线表示返回路线）

（a）一对多；（b）多对一

巡回运送通过将同一供应商的货物聚集到一起运往多个零售商，或将几家供应商的货物聚集到一起运往同一个零售商，有效降低了运输成本，提高了载运工具的利用率。如果企业需要定期进行小批量频繁送货，这时采取巡回运送方式可以明显降低运输成本。正如在直接发运网络里提到的零售连锁店的补货批量可能很小，如果采用直接运输成本就会很高，这时就可以采用巡回运送来降低成本。

例如，丰田公司在日本和美国都有对来自多个供应商的供货采取巡回运送的策略，以支持其即时制（JIT）生产系统。在日本，丰田公司有许多装配厂都分布在供应商周围的邻近地区，因此公司采取巡回运送策略，主要由单个供应商对多个装配厂送货。而在美国，丰田公司也是采取巡回运送策略，但是由多家供应商向一家装配厂送货。

沃尔玛越库配送案例

（三）所有货物通过配送中心发运

所有货物通过配送中心发运是指货物首先由供应商发送到配送中心，然后由配送中心发送给最终客户（买方所在地），如图 1-3-5

所示。配送中心在这里起到了集中、分类和合并货物的作用，可以实现规模经济并优化运输路线。这种方式适用于需要对多个来源的货物进行整合，或者需要进行额外处理（如贴标签、包装等）的情况。

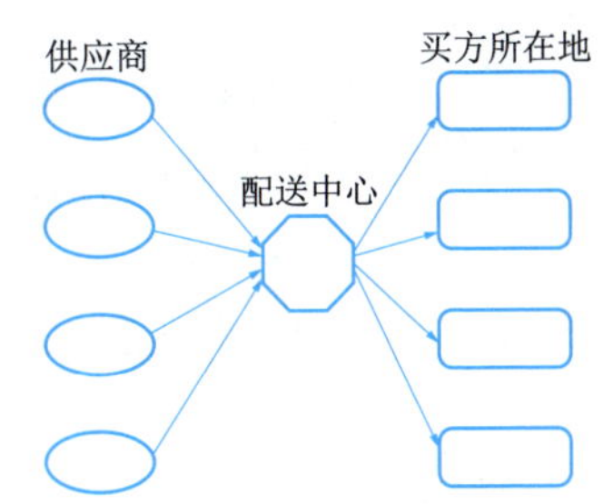

图 1-3-5 所有货物通过配送中心发运

（四）通过配送中心的巡回运送

通过配送中心的巡回运送是指配送中心按照预定的路线，依次向多个客户点（买方所在地）进行送货，并在完成送货后返回配送中心，如图 1-3-6 所示。这种方式通常适用于固定路线和固定时间表的情况，可以实现较高的运输效率和较低的运输成本。然而，它对配送中心的布局和路线规划要求较高，以确保运输效率和服务水平。

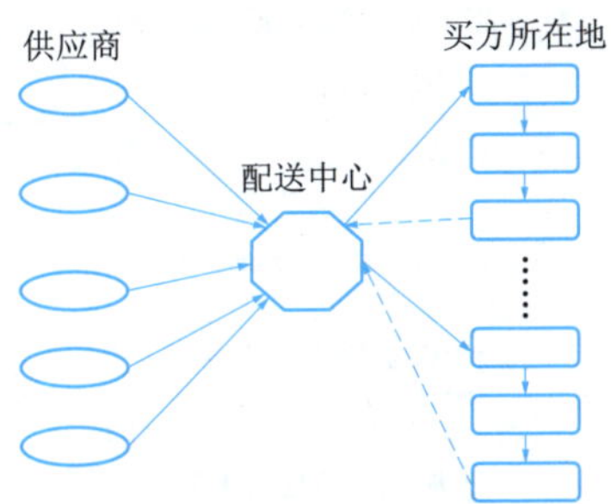

图 1-3-6 通过配送中心的巡回运送（注：虚线表示返回路线）

如果企业送货量很大，可以采用所有货物通过配送中心发运的运输网络设计，但是当每个买方的订货批量很小时，采用上述运输网络则会造成成本的增加，这时供应商就可以采用通过配送中心的巡回运送策略给买方送货。

（五）剪裁式网络

剪裁式网络（Tailored Network）是指根据具体的客户需求、运输条件和成本效益分析，定制特定的运输网络。这种网络可能结合上述多种模式，以适应不同的客户群体、产品特性和市场环境。剪裁式网络的设计需要综合考虑多种因素，包括客户需求、运输成本、库存成本、时间敏感性等，以实现整体物流系统的最优性能。

剪裁式网络的优势有以下几点。

1. 灵活性

剪裁式网络能够根据市场需求和产品特性进行调整，发挥供应链的灵活性和适应性。

2. 降低成本

通过优化中间环节的数量和位置，可以降低运输成本，提高供应链的整体效率。

3. 提高服务质量

剪裁式网络能够更好地满足客户需求，提高服务质量和客户满意度。

然而，选用剪裁式网络也存在如下的挑战。

1. 复杂性

剪裁式网络涉及多个中间环节，可能导致供应链的复杂性增加，管理难度加大。

2. 库存成本

多个中间环节可能导致库存成本的增加，需要企业进行合理的库存管理和控制。

3. 协调难度大

剪裁式网络需要多个环节之间的紧密协作和协调，以确保供应链的顺畅运行。

企业在选择合适的运输网络设计方案时，应考虑其特定的业务需求、资源条件和市场环境。表 1-3-1 概括了各种运输网络的优缺点。企业通过综合分析和评估，选择最适合自己的运输网络方案，可以提高物流效率、降低成本并提升客户满意度。

表 1-3-1　各种运输网络的优缺点

网络结构	优点	缺点
直接发运网络	无中转仓库、易协调	高库存、接收成本高
利用巡回运送直接发运	小批量送货的运输成本、库存成本较低	协调难度大
所有货物通过配送中心发运	通过聚集降低了内向运输成本	库存成本增加， 配送中心的搬运成本增加
通过配送中心的巡回运送	为小批量送货降低外向运输成本	协调难度进一步加大
剪裁式网络	运输方案与单个产品或店铺的 需求实现了最优匹配	协调难度最大

任务实施

深圳市跨越速运有限公司案例

请以小组为单位进行合作探究，仔细阅读“任务资讯”中的背景资料，结合本任务所学知识，分析公司目前全国业务量增多的原因及特点，帮小磊为公司草拟一份效率高、成本低的供应链运输网络设计方案。

任务 1：分析公司当前的运输需求与特点

根据当前公司运营的实际情况，小磊了解到公司目前的国内业务量明显增多，且分散在各大中城市。请阅读“任务资讯”，围绕以下要点进行梳理（不限以下提示，可以扩展）。

（1）该公司面向欧洲的业务主要发往哪些国家？各占比多少？

（2）客户分布是相对集中还是分散？

课堂笔记

（3）目前该公司主要采用哪种网络发运方式？该方式是否能满足企业现有业务发展？有哪些问题？

（4）其他信息。尽可能详细，为后面运输网络方案设计提供参考依据。

任务 2：为该公司设计运输网络备选方案

请根据当前公司运营的实际情况，设计两种以上运输网络备选方案，绘制出运输网络图，并予以简要说明。

任务 3：确定最优运输网络方案

通过对所有备选方案的比较，请讨论选择一种最优的运输网络设计方案，并说明理由。

任务评价

本任务采用自我评价、组间评价、教师评价相结合的方式，主要从团队协作、任务完成数量和质量、任务分析的逻辑性和完整性、任务实施的正确性、专业知识的掌握程度和灵活运用等方面进行评价。任务完成后，请填写任务考核评价表（表 1-3-2）。

表 1-3-2　任务考核评价表

任务名称：________ 专业：________ 班级：________第________小组

组长：________ 小组成员（姓名、学号）：________

成员分工					
评价维度	评价内容	分值	自我评价（20%）	组间评价（30%）	教师评价（50%）
方案设计	正确分析公司当前供应链运输的需求与特点，要求分析详细、有理有据，4 个点以上满分，少一个扣 5 分	20			
	根据当前公司运营的实际情况，设计两种以上运输网络备选方案，绘制出运输网络图；要求网络图内容合理、绘制清晰	20			
	给出最优运输网络设计图并阐释理由，理由有理有据、合情合理	10			
格式排版	严格按照规范格式要求进行排版，有封面、目录，行距、字体、字号等符合要求，错一项扣 1 分	10			
小组汇报	PPT 制作逻辑清晰、排版美观、内容完整；汇报声音洪亮、表述清楚；回答问题准确、熟练，能反映本小组设计思路、特点	30			
团队协作	团队成员分工明确，任务完成过程中的协同性好，按时提交设计方案	10			

【课后小测】

一、单选题

1.（　　）通过将同一供应商的货物聚集到一起运送往多个零售商，或将几家供应商的货物聚集到一起运往同一个零售商，实现了更低的运输成本，提高了载运工具的利用率。

A. 所有货物通过配送中心发运　　B. 剪裁式网络
C. 巡回运送　　D. 直接发运网络

2. 快递公司或大型物流企业一般采用（　　），这种结构具有多对多连接关系、强大的冗余性、去中心化和高度的复杂性等特点，能够针对复杂、分散的系统和关系进行运输调配。

A. 线状结构　　B. 圈状结构　　C. 树状结构　　D. 网状结构

3. 企业运输网络设计应遵守（　　），尽可能降低网络的建设费用、经营费用。

A. 适应性原则　　B. 经济性原则
C. 一致性原则　　D. 总成本最小原则

4. 企业运输网络构建的原则中，经济性原则的主要目标是（　　）。

A. 实现运输路径的多样化
B. 最大程度地降低网络建设费用和经营费用
C. 提高运输效率
D. 实现系统性原则

5.（　　）的运输网络设计方案通常适用于需要对多个来源的货物进行整合的情况。

A. 直接发运网络　　B. 利用巡回运送直接发运
C. 所有货物通过配送中心发运　　D. 通过配送中心的巡回运送

二、多选题

1. 企业内部环境因素中影响运输网络构建的因素包括（　　）。

A. 企业发展战略　　B. 供应商的位置
C. 企业产品市场状况　　D. 企业管理能力

2. 剪裁式网络是一种综合性策略，利用（　　）等多种策略，目的是针对特定情况选取合适的方案。

A. 单车直送　　B. 越库配送
C. 巡回运送　　D. 整车和零担承运

3. 企业运输网络结构可以分为（　　）类型。

A. 线状　　B. 圈状　　C. 树状　　D. 网状

4. 供应链运输网络设计的原则包括（　　）。

A. 一致性原则　　B. 灵活性原则
C. 适应性原则　　D. 总成本最小原则

5. 剪裁式网络的优势包括（　　）。

A. 灵活性高　　B. 降低成本

C. 复杂性低　　D. 服务质量下降

三、判断题

1. 构建企业运输网络时应遵守的适应性原则指企业运输网络应该与其外部环境因素或条件相适应。(　　)

2. 直接发运网络是指每个供应商都直接向各个买方所在地运送货物。(　　)

3. 线状网络即由节点和连接节点的线路组成的简单网络，其中两个节点之间只有一条线且没有连成圈。(　　)

4. 所有货物通过配送中心发运的方式不适用于需要对多个来源的货物进行整合的情况。(　　)

5. 剪裁式网络的优势之一是可以提高服务质量。(　　)

四、简答题

1. 简述运输网络构建的原则。

2. 简述运输网络的类型。

3. 简述常见的运输网络设计方案类型。

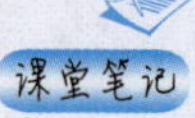

项目二 干线运输业务组织管理

项目概述

本项目以公路干线运输业务实施流程为主线，通过业务委托、业务审核、运输方案制定及执行的组织管理全过程，把干线运输的基本业务运作模块一一进行实例化展示。项目所采用的呈现方式为：以公路干线运输业务为主线，依托公路运输相关政策与文件，融入相应的干线运输技术与技能，通过设计若干教学任务，让学生掌握干线运输业务组织管理的全过程，加深其对相关知识点和技能点的掌握，从而有助于其日后干线运输工作的开展。

本项目分为四个任务模块，分别从客户需求分析、制定运输方案、运输成本核算、运输作业的组织管理四个方面展开讲述。

本项目导航如图 2-1 所示。

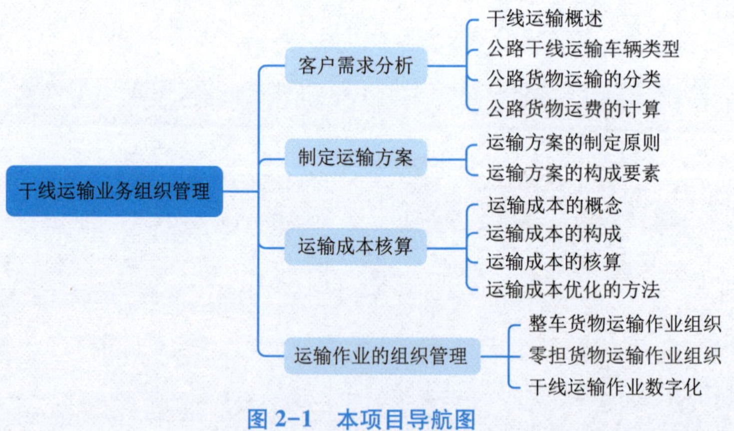

图 2-1　本项目导航图

学习目标

【知识目标】

◇ 熟悉干线运输的含义及特征；

◇ 熟悉客户需求分析的内容，掌握客户报价的方法；

◇ 掌握运输方案制定的流程及方法；

◇ 掌握运输成本核算的方法；

◇ 熟悉基于数字化系统的客户报价、成本核算的处理方法；

◇ 掌握运输作业的步骤及注意事项。

【技能目标】

◇ 具备进行客户需求分析、为客户提供合理报价的能力；
◇ 具备根据客户订单制定合理运输方案的能力；
◇ 具备合理规划运输成本的能力；
◇ 具备组织运输作业实施及异常情况处理的能力。

【素养目标】

◇ 引导学生树立依法办事的法治意识；
◇ 培养学生统筹规划的思维和持续优化的意识；
◇ 培养学生爱岗敬业、无私奉献的精神；
◇ 培养学生认真严谨、精益求精的工匠精神；
◇ 提升学生的沟通与合作能力、语言表达及逻辑思维能力。

情景导入

小磊在上海迅捷供应链管理公司货运运营部门勤勤恳恳工作了一年，深得领导的信任，部门领导刘经理准备对小磊进行更大力度的培养。在和小磊沟通谈话后，刘经理准备安排小磊进行轮岗实践，并将在任务执行的过程中给予小磊必要的支持与指导。

小磊轮岗实践的第一项任务是：干线运输业务组织。刘经理安排小磊去对接有干线运输需求的客户。

小磊接到这个任务后开始进行项目的分解工作，初步确定按如下步骤执行：

1. 联系客户，了解客户的运输需求，采集的信息包括货物名称、数量、重量、货物送达目的地等，填写运输需求表；
2. 对客户提供的货物运输需求进行分析并向客户报价；
3. 根据客户提供的货物运输需求，结合本公司的资源情况，制定运输方案；
4. 根据制定的运输方案进行运输成本核算；
5. 安排运输作业实施过程的管理工作。

对干线运输业务相关岗位任职人员能力的要求如表 2-1 所示。

表 2-1　干线运输业务相关岗位任职人员的能力要求

序号	核心岗位	核心技能
1	干线运输作业岗	能够驾驶相关的运输车辆并取得合法的驾驶执照
		熟悉干线运输的作业流程及各环节的单证处理
		能够执行货物的装卸搬运及运输，做到合理的货物积载

续表

序号	核心岗位	核心技能
2	干线运输管理岗	具备统筹管理干线运输业务的能力
		能够合理地进行运力（人、车、设备、货物）的调配
		能够指导货物的合理积载，处理运输过程中的异常情况
		具备供应链数字化素养，能有效控制运输成本

课堂笔记

任务一
客户需求分析

任务资讯

上海迅捷供应链管理公司正致力于扩展其干线运输服务，以满足客户需求。目前，公司着重为客户提供从广州至长沙的运输业务。该路线往返里程约为1 500千米，每周运输频率为3趟①，一个月累计12趟。所承运的货物为日常用品，每趟货物重量为9~10吨。上海迅捷供应链管理公司可提供整车货物运输和零担货物运输两种服务，以期能够在充分考虑客户不同需求的前提下，为客户提供个性化的运输解决方案，确保货物能安全、准时送达，并为客户提供全方位的物流服务。目前，上海迅捷供应链管理公司能为客户提供的干线运输方式如表2-1-1所示。

表2-1-1　上海迅捷供应链管理公司能为客户提供的干线运输方式

运输方式	适合业务对象
空运	高价值、时效安全要求高的电子类、通信类产品
汽运零担	低价值、时效要求不高的批量发运货物
卡航（汽运快线）	高价值、时效要求低于航空要求的批量发运货物
整车	超大型机柜、高价值大批量货物，装卸次数少
专车运输	适合零担和特种货物运输，提供灵活的小批量运输服务
特种货物	适合特种货物运输，提供安全、特殊包装的运输服务

目前，已知有2个客户A和B有意愿请上海迅捷供应链管理公司提供干线运输服务，客户信息和货物运输需求如表2-1-2所示。

表2-1-2　客户信息和货物运输需求

客户类型	客户名称	货物名称	尺寸（长×宽×高）/米	数量/件	重量/吨	目的地
整车运输客户	客户A	家具	2×1×1	50	10	长沙
		家电	1.5×1.5×2	30	9	长沙

① 本项目中的“趟”指运输过程的单次往返。

课堂笔记

续表

客户类型	客户名称	货物名称	尺寸（长×宽×高）/米	数量/件	重量/吨	目的地
零担运输客户	客户 B	服装	0.5×0.5×0.5	40	0.5	长沙
		电子产品	1×0.5×0.3	30	0.8	长沙
		食品	1×1×1	20	0.7	长沙

领导安排小磊去深入了解客户需求，为每个客户选择合适的干线运输方式，并给出初步的报价，为下一步制定详细的运输方案和签订合同做准备。请学生以小组为单位分别模拟小磊所在的上海迅捷供应链管理公司和有货运需求的客户 A 与客户 B，不同角色组需对本组扮演的角色进行人物刻画，各自准备相关资料，展开角色对话，完成本次客户需求分析任务。

任务分析

客户需求分析动画

有了客户才会有货源，有了货源才会产生运输行为，所以客户是运输行为产生的原动力。物流运输公司应非常重视寻找客户、维护客户、满足客户的需求，和小磊一起来实践一下吧！

任务实施流程图：

学习干线运输必备知识 → 分析客户干线运输需求 → 根据需求提供合适运输方式 → 依据运输方式进行有效报价

数字中国

2023 年 9 月，交通运输部印发《关于推进公路数字化转型 加快智慧公路建设发展的意见》（以下简称《意见》），提出要推动公路建设、养护、运营等全流程数字化转型，助力公路交通与产业链供应链深度融合，大力发展公路数字经济，为加快建设交通强国、科技强国、数字中国提供服务保障。交通运输部公路局局长吴春耕表示，可以预见，在不久的将来，高度数字化的公路网络将成为我国新发展格局中的一条条黄金通道，万亿级别的公路数字经济产业将蓬勃涌现，为推进中国式现代化注入交通新动能。吴春耕告诉记者，在役公路数字化，首先要解决好数据来源问题，充分应用建设期数据成果，整合既有的路面管理系统 CPMS、桥梁管理系统 BPMS 等各类数据资源，结合日常巡检、自动化智能检测设备、桥梁结构监测，以及养护工程、改扩建工程等，逐步实现数字化。

《意见》提出，到 2027 年，公路数字化转型将取得明显进展。构建公路设计、施工、养护、运营等“一套模型、一套数据”，基本实现全生命期数字化。到

课堂笔记

2035 年，全面实现公路数字化转型，建成安全、便捷、高效、绿色、经济的实体公路和数字孪生公路两个体系，为构建现代化公路基础设施体系、加快建设交通强国提供支撑。

知识储备

一、干线运输概述

干线运输在物流运输网络中起着骨干作用，是运输线路的主要部分。干线运输指连接不同城市、地区或国家之间的长途运输阶段，是将货物从生产地运输到最终目的地的过程。在供应链中，干线运输是连接不同环节的重要一环，承担着货物长距离、大批量的运输任务。将货物从生产地或供应地快速有效地跨省、区（市）运送到目的地或市场是其重要性所在。

在干线运输中，可以采用多种不同的运输方式，包括铁路、水路（内河航道、沿海航线）、航空和公路等。这些运输方式能够满足不同距离、速度和货物特性的需求。例如，铁路运输适合长距离、大批量的货物，航空运输则适合远距离、时效性要求高的货物，而公路运输则具有灵活和便捷的特性，适用于小批量、就近配送的货物。

干线运输一般连接不同地区，常常跨越较长的地理距离将货物从生产地或供应地运送到需求地或市场，其具有高效性、经济性、多样性，并在整个物流运输网络中起着骨干作用。

1. 高效性

干线运输通常采用高速、大容量的交通工具，能够快速、有效地运送货物，提高运输效率。

2. 经济性

通过批量化、规模化运输，干线运输能够降低单位货物的运输成本，提高物流成本效益。

3. 多样性

干线运输涵盖了多种运输方式，可以根据货物特性、时效性要求和成本考量等因素选择合适的运输方式。

4. 起着骨干作用

干线运输是整个物流运输网络的主要组成部分，起着连接各个地区、枢纽和集散中心的骨干作用，对整个物流系统的运转也起到重要的支撑和保障作用。

在物流运输中，干线运输的高效、安全与否直接关系到整个物流运输网络的运行效率和货物运输的顺畅程度，因此，合理规划和有效管理干线运输至关重要。

在实际货物运输中，公路干线运输最为常见，应用也最为广泛，所以本教材所指干线运输就是公路干线运输，不涉及铁路、水运和航空等干线运输方式。

二、公路干线运输车辆类型

（一）货车

1. 类型

常见的货车类型有平板车、集装箱货车、罐式货车、冷藏车、厢式货车等，如图 2-1-1 至图 2-1-4 所示。

图 2-1-1　平板车

图 2-1-2　集装箱货车

图 2-1-3　罐式货车

图 2-1-4　冷藏车

2. 特点

（1）平板车适用于运输超大型货物或无须封闭包装的货物，如建筑材料、大型机器设备等。

（2）集装箱货车专门用于运输集装箱，便于集装箱的装卸和运输。

（3）罐式货车主要用于运输液体、气体等散装货物。

（4）冷藏车具有保温、冷藏功能，适用于运输需要保持特定温度的货物，如食品、药品等。

（5）厢式货车具有封闭式车厢，适用于运输一般货物，如家具、电器、食品等，保护货物不受外界环境影响。

3. 货车的常见规格尺寸

货车车辆的常见规格有 4.2 米、6.8 米、7.6 米、9.6 米、13 米、17.5 米等多种长度，其尺寸、车身限高、载货体积、载货重量、车厢种类及应用场景如表 2-1-3 所示。应根据货主货物的重量和体积选择不同规格的车型，如图 2-1-5 至图 2-1-8 所示。

课堂笔记

表 2-1-3　常见货车车辆尺寸、车身限高、载货体积、载货重量、车厢种类及应用场景一览表

车辆类型	尺寸/米	车身限高/米	载货体积/立方米	载货质量/吨	车厢种类	应用场景
4.2 米货车	长 4.2 宽 1.6~1.8 高 1.6~1.8	3	≤13	≤5	厢式、低栏、高栏	主要用于城市短途配送
6.8 米货车	长 6.8 宽 2.4 高 2.6	4	≤40	≤10	厢式、低栏、高栏	用于省内城市中短途配送
7.6 米货车	长 7.6 宽 2.4 高 2.7	4	≤45	≤12	厢式、高栏、飞翼	用于省内城市长途配送
9.6 米货车	长 9.6 宽 2.4 高 2.7	4	≤60	≤16~18 （后四+后八）	低栏、厢式、飞翼、高栏	用于长途配送
13 米货车	长 13 宽 2.4 高 2.5	4	≤75	≤30	平板、飞翼、高栏	用于长途配送

图 2-1-5　4.2 米厢式货车

图 2-1-6　4.2 米高栏货车

图 2-1-7　6.8 米低栏货车

图 2-1-8　7.6 米飞翼货车

（二）拖挂车

1. 原理

拖挂车一般分为半挂和全挂。半挂车是车身通过牵引销与半挂车头相连接的一种重型的交通运输工具，车轴置于车辆重心（当车辆均匀受载时）后面，并且装有可将水平和垂直力传递到牵引车的联结装置的挂车。

半挂车一般是三轴半挂车，有 11 米仓栏半挂车、13 米仓栏半挂车、低平板半挂车等三个种类。

全挂车的荷载全部由自身承担，与机车仅用挂钩连接，机车不需要承担挂车荷载，只是提供动力帮助挂车克服路面摩擦阻力。全挂车主要用于码头、工厂、港口等场区内的运输。

2. 车型

常见的拖挂车有平板拖挂车、厢式半挂车、冷藏半挂车等，如图 2-1-9～图 2-1-11 所示。

图 2-1-9　平板拖挂车

图 2-1-10　厢式半挂车

图 2-1-11　冷藏半挂车

3. 特点

平板拖挂车类似于平板卡车，但可以搭载更多货物，适用于长途货物运输。

厢式半挂车适用于集装箱货物的长途运输，能够承载标准集装箱，提高了运输效率。

冷藏半挂车配有冷藏设备，适用于运输需要保持低温的货物，如冷冻食品、鲜花等。

以上是公路干线运输常见的车型及其特点，需要根据货主货物的特点、重量和体积选择不同的车型。

交通强国

我国公路总里程 10 年增长 112 万千米

截至 2022 年年底，我国公路总里程达到 535 万千米，10 年增长 112 万千米，高速公路通车里程 17.7 万千米，稳居世界第一。其中，京沪、京港澳、沈海、沪昆等国家高速公路主线分段实施扩容升级，国家高速公路六车道以上路段增加 1.84 万千米。普通国道二级及以上占比、铺装路面占比达到 80% 和 99%，较 10 年前分别提高约 10% 和 13%，路网结构进一步优化。

重大工程建设举世瞩目。集桥岛隧于一体的港珠澳大桥投入运营，南京五桥、芜湖二桥、武汉青山大桥等 10 余座跨越长江的通道相继建成，全长超 2 500 千米的京新高速公路全线贯通，雄安新区“四纵四横”对外骨干路网基本形成。

进入数字时代，推动人工智能、物联网等新一代信息技术与交通运输深度融合发展，成为加快建设交通强国的重要任务。从智慧建造、智能养护到出行服务，全生命周期数字化正让公路交通焕发出全新活力。

来源：《人民日报》

三、公路货物运输的分类

（一）按照货物性质进行分类

1. 普通货物运输

普通货物运输指货物在运输、配送、保管及装卸作业的过程中，没有特殊要求，不需要采用特殊措施和方法的货物运输。

2. 特殊货物运输

特殊货物运输指货物在运输、装卸、保管作业的过程中，需要采用特殊措施和方法的货物运输。特种货物运输又可分为危险货物运输、大型特型笨重货物运输、鲜活易腐货物运输和贵重货物运输四种。

（二）按照运输经营方式进行分类

1. 公共运输

公共运输指以整个社会为服务对象，专业经营汽车货物运输业务的方式，具体包括以下三种模式。

（1）定期定线，指不论装载多少货物，都在固定线路上按时间表行驶。

（2）定线不定期，指在固定线路上，视货载情况派车行驶。

（3）定区不定期，指在固定的区域内，视货载情况派车行驶。

2. 契约运输

契约运输指汽车运输企业按照承托双方签订的运输契约运送货物的方式。契约期限短的有半年或一年，长的可达数年。按照契约规定，托运人保证提供一定的货运量，承运人保证提供所需的运力。

3. 自用运输

自用运输指企业、机关自置车辆运送自己的物资的方式，一般不对外营业。

4. 汽车货运代理

汽车货运代理类的企业既不拥有货源也不拥有车辆，其以中间人的身份一面从货主处揽货，一面委托运输企业运送，借此收取手续费和佣金。

（三）按照营运表现方式进行分类

1. 整车货物运输

托运人一次托运货物计费重量在 3 吨以上，或虽不足 3 吨，但其性质、体积、形状需要一辆汽车运输的，为整车货物运输。

2. 零担货物运输

托运人一次托运货物计费重量在 3 吨及以下的，为零担货物运输。

3. 汽车集装箱运输

以集装箱为容器，使用汽车运输的，为汽车集装箱运输。

4. 租车货物运输

采用装有出租营业标志的小型货运汽车供货主临时雇用，并按时间、里程和规定费率收取费用的运输方式，为租车货物运输。

5. 搬家货物运输

为个人或单位搬迁提供运输和搬运装卸服务，并按规定收取费用的，为搬家货物运输。

（四）按照运送速度进行分类

1. 一般货物运输

一般货物运输指普通速度的货物运输，其运输期限自起运日起，按 200 千米为 1 日运距，用运输里程除以每日运距进行计算。

2. 快件货物运输

在规定的距离和时间内将货物运达目的地的，为快件货物运输。快件货物运输的具体要求是从货物受理日的 15 时起算，300 千米运距内，24 小时以内运达；1 000 千米运距内，48 小时以内运达；2 000 千米运距内，72 小时以内运达。

3. 特快件货物运输

应托运人的要求，采取即托即运的，为特快件货物运输。货物送达时间从托运人将货物交付给承运人起运的具体时刻开始计算，不得延误。

四、公路货物运费的计算

知识拓展：运价的结构及形式

公路货物运费按照运输类别的不同，可分为整车货物运费和零担货物运费。

（一）整车货物运费的计算

托运人一次托运货物计费重量在 3 吨以上，或虽不足 3 吨，但其性质、体积、形状需要一辆汽车运输的，为整车货物运输。

整批货物基本运价是指一等整批普通货物在等级公路上运输的每吨·千米运价，运价单位为：元/（吨·千米）。

其运费计算步骤如下。

1. 确定计费重量

（1）实际重量。一般货物均按毛重计算，整车货物以吨计算，吨以下计算至 100 千克，尾数不足 100 千克的，四舍五入。

（2）体积重量。整车运输轻泡货物的长、宽、高，以不超过有关道路交通安全规定为限度，按车辆标记吨位计算重量。

普通货物运价分等表

2. 确定货物等级

确定货物等级和相应的加成率或减成率。货物按其性质分为普通货物和特种货物两种。普通货物分三等，详见二维码“普通货物运价分等表”。特种货物分长大笨重货物、大型货物、危险货物、贵

课堂笔记

重货物、鲜活货物五类。普通货物实行分等计价，以一等货物为基础，二等货物加成15%，三等货物加成30%。特种货物运价详见二维码“特种货物运价规定”。

3. 确定计费里程

汽车货物计费里程以千米为单位，按装货地点至卸货地点的实际营运里程计算，不足1千米的四舍五入。

特种货物运价规定

4. 整车货物运费的计算公式

整车货物运费=吨次费×计费重量+整批货物单位运价×计费重量×计费里程+货物运输其他费用

例2-1-1：红星批发市场王海峰托运一批日用百货，重4 538千克，承运人公布的一级普货单位运价为1.2元/（吨·千米），吨次费为16元/吨，该批货物运输距离为360千米，日用百货为普货二级，计价加成15%，途中通行费用145元，请计算货主应支付多少运费。

（1）写出计算公式。

（2）写出计算步骤及结果。

解：

（1）写出计算公式。

整车货物运费=吨次费×计费重量+整批货物单位运价×计费重量×计费里程+货物运输其他费用

（2）计算步骤及结果。

①日用百货重4 538千克，超过3吨按整车办理，计费重量为4.5吨。

②运价=1.2×（1+15%）=1.38（元·吨$^{-1}$·千米$^{-1}$）

③运费=16×4.5+1.38×4.5×360+145=2452.6≈2 453（元）

（二）零担货物运费计算

托运人一次托运货物计费重量在3吨及以下的，为零担货物运输。零担货物运费计算和整车货物运费计算类似，也需要确定计费重量和计费里程，费率加成等同于整车运输，但是计算公式和整车货物运输不同，具体计算步骤如下。

1. 确定计费重量

（1）实际重量。一般货物均按毛重计算。零担货物运输以千克为单位，起码计费重量为1千克，重量在1千克以上，尾数不足1千克的，四舍五入。

（2）体积重量。对于轻泡货物（即体积大但重量轻的货物），其计费重量不是简单地按实际重量计算，而是以货物包装最长、最宽、最高部位尺寸计算体积，然后按每立方米折合333千克（或根据具体规定，如每立方米折合500千克）来计算其计费重量。

2. 计费里程

以千米为单位，尾数不足1千米的进整为1千米。

3. 零担货物的运价单位

零担货物的运价单位为元/（千克·千米）。

4. 零担货物运费的计算公式

零担货物运费=计费重量×计费里程×零担货物单位运价+货物运输其他费用

例 2-1-2：某商人托运两箱毛绒玩具，每箱规格为 1.0 米×0.8 米×0.8 米，毛重 110.3 千克，该货物运价为 0.0025 元/（千克·千米），运输距离 120 千米，请计算货主要支付多少运费。

（1）写出计算公式。

（2）写出计算步骤及结果。

解：

（1）写出计算公式。

零担货物运费=计费重量×计费里程×零担货物单位运价+货物运输其他费用

（2）写出计算步骤及结果。

首先判断是否为轻泡货物。

计算体积重量：轻泡货物以货物包装最长、最宽、最高部位尺寸计算体积，按每立方米折合 333 千克计算重量。

体积重量=0.64×333×2=426.24（千克）

因体积重量（426.24 千克）>实际重量（110.3×2=220.6 千克），所以该货物为轻泡货物，按体积重量计算。

依据四舍五入原则，该批货物的重量取 426 千克。

所以，该批货物运费为 426×120×0.002 5=127.8（元）。

任务实施

政策前沿-工信部等四部门印发实施方案

以小组为单位，模拟演练客户需求分析的全过程。全班同学可分成 3 组，分别模拟上海迅捷供应链管理公司、客户 A 和客户 B。

每组同学再分成 2 个小组，1 个小组的成员（1~2 名）负责本组的文档资料的记录、整理，另 1 个小组成员分别扮演上海迅捷供应链管理公司和客户 A、客户 B 的角色。

任务 1：根据任务背景资料进行角色扮演的模拟准备

根据任务分工，模拟上海迅捷供应链管理公司的一方，需要准备客户运输需求调研表、本公司给客户提供的物流运输方式表等资料。

模拟客户的一方需要准备客户对物流运输企业的运输需求资料，包括货物种类、型号、数量、发运地、发运需求等。

各小组根据自己的角色定位，进行角色扮演。

课堂笔记

任务 2：填写客户需求调研表

与意向客户就表 2-1-4 的相关内容展开相应的调研，从而确定各类客户的运输需求。

表 2-1-4　客户运输需求调研表

客户	货物信息（包括货物特性、包装等）	货物的批量批次	运输时效	货物流、信息流	签收、回单等	运输方式、送货要求、车辆要求等	增值运输服务	其他要求
客户 A								
客户 B								

任务 3：引导客户选择合适的运输方式

了解客户的运输需求后，上海迅捷供应链管理公司向客户介绍入选运输方式的优缺点和适合对象，并向客户提供适合其货物运输方式的建议。物流运输公司填写各类运输方式特点表 2-1-5。

表 2-1-5　各类运输方式特点

运输方式	优点	缺点	适合业务对象
空运			
汽运零担			
卡航（汽运快线）			
整车			
专车运输			
特种运输			

根据对客户运输需求的调研以及各类运输方式特点的总结，为客户 A、B 选择最佳运输方式，并填写表 2-1-6。

表 2-1-6　最佳运输方式

客户名称	最佳运输方式
客户 A	
客户 B	

任务 4：给客户选择的运输方式进行有效报价（含单程和双程报价）

已知整车运输时上海迅捷供应链管理公司公布的一等普货运价为 1.5 元/（吨·千米），吨次费为 20 元/吨（300 千米以内征收），货物从广州运到长沙客户 A 仓库的距离为 750 千米，途中通行收费共 212 元。

知识拓展——双程报价

已知零担运输时上海迅捷供应链管理公司公布的一等普货运价为 0.003 0 元/（千克·千米），货物从广州运到长沙客户 B 仓库的

距离为 750 千米，途中通行收费共 212 元。

请根据运输安排给客户报价。

任务 5：达成合作协议，签订合同

双方经洽谈达成合作协议。学生上网查找资料或扫描二维码学习相关知识，了解运输合同内容及签订流程的基本情况，并简要描述运输合同应包括的内容及注意事项。

任务 6：完成全过程的文档整理。

以小组为单位进行任务的分工、安排、执行，协作完成客户运输需求分析，选定运输方式及路线，整理资料并形成文档，作为实训作业上交。（文档应包含组员安排、各类运输方式特点表、客户需求调研表、最佳运输方式表等。）

运输合同

任务评价

本任务采用自我评价、组间评价、教师评价相结合的方式，主要从团队协作、任务完成数量和质量、任务分析的逻辑性和完整性、任务实施的正确性、专业知识的掌握程度和灵活运用等方面进行评价。任务完成后，请填写任务考核评价表（表 2-1-7）。

表 2-1-7　任务考核评价表

任务名称：________ 专业：________ 班级：________第________小组

组长：________ 小组成员（姓名、学号）：________

成员分工					
评价维度	评价内容	分值	自我评价（20%）	组间评价（30%）	教师评价（50%）
方案设计	能够根据任务背景资料进行角色扮演的模拟准备，准备内容完整，缺少 1 项扣 2 分	10			
	能够根据任务背景资料完成客户运输需求调研表的准备及填写，要求内容详细、清楚、完整	10			
	能结合客户特点和需求为客户选择合适的运输方式，有理有据	10			
	能够根据为客户选择的运输方式进行有效报价，报价计算正确，错一处扣 2 分	10			
	能够描述运输合同应包括的内容及注意事项	10			
格式排版	严格按照规范格式要求进行排版，有封面、目录，行距、字体、字号等符合要求，错一项扣 1 分	10			
小组汇报	PPT 制作逻辑清晰、排版美观、内容完整；汇报声音洪亮、表述清楚；回答问题准确、熟练，能反映本小组设计思路、特点	20			
团队协作	团队分工明确，任务完成过程中的协同性好，提交方案及时	20			

课堂笔记

【课后小测】

一、单选题

1.（　　）是速度最快的运输方式。

A. 航空运输　　B. 公路运输　　C. 铁路运输　　D. 水路运输

2. 公路一般用于（　　），其运输的经济半径一般为300千米。

A. 长途运输　　B. 短途运输　　C. 运输管理　　D. 干线运输

3. 铁路更适合（　　）。

A. 长距离运输　　B. 运输环节

C. 短距离运输　　D. 运输优化

4.（　　）是用管道作为运输工具的一种长距离输送液体和气体物资的运输方式。

A. 公路运输　　B. 管道运输　　C. 铁路运输　　D. 水路运输

5.（　　）是指一般会跨越较长距离、连接不同地区的货物运输。

A. 干线运输　　B. 支线运输　　C. 配运运输　　D. 路网运输

二、多选题

1. 由于（　　）和（　　）的限制，公路运输通常运输的是（　　）货物，这样就使运输费用变得相对昂贵。

A. 重量　　B. 运输方式　　C. 尺寸　　D. 小批量

2. 水运具有（　　）等优点。

A. 投资少　　B. 成本低　　C. 货运量大　　D. 占地少

3. 干线运输的特点包括（　　）和（　　）。

A. 高效性　　B. 经济性　　C. 多样性　　D. 分散性

4. 特种货物运输又可分为（　　）四种。

A. 危险货物运输　　B. 大型特型笨重货物运输

C. 鲜活易腐货物运输　　D. 贵重货物运输

5. 按照营运表现方式，公路货物运输可分为（　　）。

A. 整车货物运输　　B. 零担货物运输

C. 租车货物运输　　D. 集装箱货物运输

三、判断题

1. 干线运输就是特指公路整车运输。（　　）

2. 零担货物运输和整车货物运输都是按照运输的速度来进行划分的。（　　）

3. 一些量大、笨重、体积庞大的货物的长距离运输通常会使用公路运输。（　　）

4. 托运人一次托运货物计费重量在1.25吨以上，或虽不足1.25吨，但其性质、体积、形状需要一辆汽车运输的，为整批货物运输。（　　）

5. 货物每立方米体积重量不足222千克的，为轻泡货物。（　　）

课堂笔记

四、简答题

1. 简述干线运输的含义及特点。
2. 简述整车货物运费的计算过程。
3. 简述零担货物运费的计算过程。
4. 简述公路货物运输的分类。

课堂笔记

任务二　制定运输方案

任务资讯

从本项目的任务一中已知，上海迅捷供应链管理公司目前专注于提供从广州至长沙的运输业务，该路线往返里程约为 1 500 千米，每周运输频率为 3 趟，一个月累计 12 趟。承运的货物主要是日常用品，每趟货物重量为 9～10 吨。

为了满足客户的多样化需求，上海迅捷供应链管理公司提供整车货物运输和零担货物运输两种服务。公司一贯致力于提供个性化的运输解决方案，以确保货物安全、准时送达，并为客户提供全方位的物流服务支持。

小磊需要在任务一的基础上，根据客户的需求和货物信息，结合上海迅捷供应链管理公司提供的运输方式、路线、到达时间、费用等详情，制定针对每个客户的详细运输方案，包括选择合适的运输路线、预估到达时间，并提供具体的货物装车配载方案等。

任务实施流程图如下：

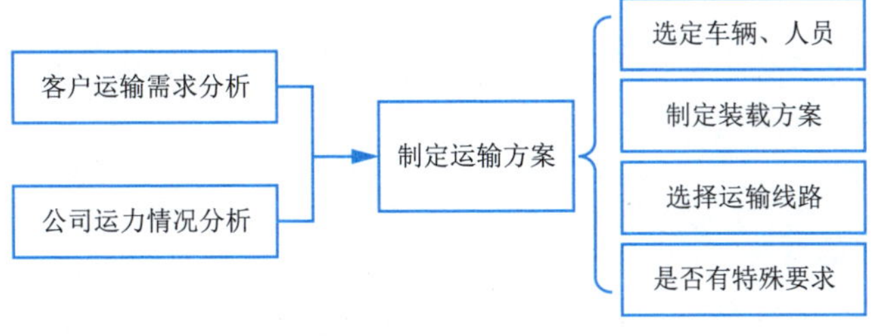

任务分析

要想完成任务，需要了解运输车辆的类型和特点，熟悉运输人员、货物装车配载的基本原则和流程，能够选择合适的运输路线。和小磊一起来完成本次运输方案的制定吧！

劳模精神：劳模赵同——物流运输行业的标兵

一、运输方案的制定原则

（一）安全可靠性

安全可靠是运输方案制定的首要原则，在配车装载、道路运输、捆绑加固、装卸实施等方案的制定过程中，要运用科学分析和理论计算相结合的方法，确保方案制定科学、数据准确真实、操作万无一失。

（二）经济适用性

为了维护业主方的经济利益，在运输方案的制定过程中，工程项目经理部需对多套运输方案进行筛选优化，采取最优的技术方案，采用最适合的车辆设备，降低运输费用，最大限度地减少运输成本，确保本方案的经济适用性。

（三）可操作性

在运输方案的设计和审定过程中，应认真细致地做好前期准备，对各种可能出现的风险进行科学评估，确保设备装载、道路运输、卸车等作业能够顺利开展，以此建立本方案的可操作性。

（四）高效迅速性

针对货物运输质量要求高、现场路况较为复杂等情况，调动最合适的设备、人员，结合企业操作过的相似项目的成功经验，保证按照双方既定的方案及相关规定执行运输操作，高效完成运输任务。

二、运输方案的构成要素

在任务一中已经介绍了货物种类，此处不再赘述。除此之外，运输方案构成要素还包括如下几个方面。

（一）车辆调度

1. 车辆品牌的选择

常见的车辆品牌有东风、解放、五十铃等，在选择时，应主要考虑这些品牌车辆的质量水平和性能。例如，若是运输一趟目的地是重庆的 10 吨货物，考虑到山路多、上坡多，可能安排解放牌货车比较适宜。这是因为解放牌货车的动力性能要比东风好，五十铃货车也不适宜在山路中行驶。

2. 车辆吨位的选择

物流运输企业车辆的有限载重有 3 吨、5 吨、10 吨等不同的选择，部分公路运输卡车的规格如表 2-2-1 所示。

表 2-2-1 部分公路运输卡车的规格

货厢长/米	车厢内宽/米	实际载货能力/吨
2.8	1.8	2
3.8	1.8~2	3~4
4.2	2	3~5
5.1	2~2.2	3~7
6.1	2~2.2	<8
7.2	2.2~2.3	<11
8.1~8.6	2.3	10~15
9.6	2.3	10~25
12.5	2.3~2.4	15~100
14.5	2.3~2.4	15~100

注：假定 2.8 米、3.8 米、4.2 米卡车的货厢高度为 3 米，其余卡车货厢高度为千米。

3. 车辆容积的选择

一些轻泡货物、有包装的货物、不规则的货物，重量不存在问题，但体积却装不下，因此在安排车辆时，容积是不能不考虑的因素。

4. 车辆货厢形式的选择

车辆的货厢形式目前主要有平板车、低栏板车、高栏板车、篷布车、厢式车（普通车、冷藏车）这几种。如果是高附加值的纸箱包装货物，最好安排厢式车；如果是机械设备类的货物，应该安排平板车或低栏板车。另外，考虑到防雨的需要，应该安排厢式车。

5. 车况的选择

车况较好的车辆应该安排在长途运输、复杂道路、重要客户、重要货物上。相反，对那些短途、不是很重要的运输，可以安排车况差些的车辆，即使出现问题，影响也比较小。

6. 综合因素的考虑

在车辆选择上，除了要考虑上述五个方面，还要综合考虑其他各方面的因素，如当天的运输任务情况、车辆归队情况、天气情况、驾驶员和道路情况等。

（二）驾驶员安排

对“人车定位”的运输企业来说，车辆安排好了，驾驶员也就确定了。所以在安排车辆的时候，就要考虑驾驶员的情况。在安排驾驶员时，主要考虑的因素有驾驶经验与技术水平、维修技术水平、工作态度、性格特点、文化水平、身体条件、思想状况、家庭情况等。

（三）线路选择

线路选择主要有两种情况：第一种情况只有一个装货点和一个卸货点；第二种情况有一个装货点和多个卸货点。调度时使用不同的运输线路组合会有不同的效果，

所带来的综合效益也是不同的。

在安排运输路线时需要考虑的因素很多，主要有如下几个方面。

（1）道路情况。如同一辆货车上的货物是否是同一个方向、道路的通行情况等。

（2）车辆装载情况，不能超载，也不能装载太少。例如，长途运输 8 吨的货车至少应装 6 吨。

（3）卸货点之间的距离。如果卸货点之间相距比较远，大多数货物都在前面的站点卸完了，后面的长距离运输可能只有少量货物，那么车辆的吨位利用率就很差。

（4）每个卸货点的卸货时间。卸货速度慢的地方，尽量安排在后面送达。

（5）具体到货时间。有的卸货点可能在市中心，白天不能通行，只有晚上才能卸货。

（6）天气条件。雨雪、冰雹、沙尘暴等天气都会对运输过程产生影响。

（7）对车辆、驾驶员、线路等情况的综合考虑。

（四）运输时间

运输时间是指从货源地发货到目的地接收货物之间的时间，是货物如何快速地实现发货人和收货人之间“门对门”的时间，而不是仅仅指运输工具快速移动，货物从运输起点到终点的时间。想要做到及时交货，必须调查了解各种交通工具运输所用的时间。

运输方案的设计原则

行业动态

申通快递华中核心物流枢纽投运

2024 年 4 月，申通快递长沙智慧物流产业园正式启用，集申通快递湖南总部管理、华中区域枢纽、冷链及生鲜食品加工基地等功能于一体，是申通快递三年百亿产能提升核心项目之一，总投资额近 10 亿元，已纳入交通运输部国家综合货运枢纽补链强链以及商务部湖南省生活必需品流通保供项目。继郑州、武汉之后，长沙转运中心成为申通快递在华中地区核心物流枢纽中心，联合常德、衡阳两大直营中心，业务覆盖 14 个地市州和近 2 000 个乡镇。转运中心分为三层，可实现全链路自动化流程，采用申通自研的三层新型超高速交叉带，每小时可处理超过 15 万件包裹。园内包含 15 万立方米的冷链库和负责生鲜食品加工的加工中心，由申通设计并承建，目前盒马鲜生运营中心已入驻。

任务实施

在任务一的基础上，请仔细阅读“任务资讯”中的背景材料，结合本部分所学内容，以小组为单位进行合作探究，完成以下任务并形成文档，作为实训作业上交。

任务 1：设计运输路线，核算运输时间

客户 A 和客户 B 的货物运输需求均是开展广州—长沙的干线运输业务，具体运输需求分析见表 2-2-2。

表 2-2-2　运输需求分析

路线	货物重量/吨	业务量		
		每周运输/趟	每月周数	每月运输/趟
广州—长沙	9~10	3	4	12

请通过查询地图为客户设计从广州出发地到长沙收货地的运输线路、运输时间，并说明理由。

任务 2：依据企业自身实际情况，制定运输方案

根据客户的需求和货物信息，以及上海迅捷供应链管理公司提供的运输方式、线路、到达时间、费用等详情，制定针对每个客户的运输方案。要求包含表格中的如下内容。

客户 A——整车运输方案见表 2-2-3。

货物信息：

家具：尺寸为 2 米×1 米×1 米，重量为 10 吨；

家电：尺寸为 1.5 米×1.5 米×2 米，重量为 9 吨。

表 2-2-3　整车运输方案

项目	内容
运输方式选择	
车辆安排	
驾驶员安排	
路线安排	
时间安排	

方案制定的计算过程和理由：

客户 B——零担运输方案见表 2-2-4。

货物信息：

服装：尺寸为 0.5 米×0.5 米×0.5 米，重量为 0.5 吨

电子产品：尺寸为 1 米×0.5 米×0.3 米，重量为 0.8 吨

食品：尺寸为 1 米×1 米×1 米，重量为 0.7 吨

表 2-2-4　零担运输方案

项目	内容
运输方式选择	
车辆安排	
驾驶员安排	
路线安排	
时间安排	

方案制定的计算过程和理由：

任务评价

本任务采用自我评价、组间评价、教师评价相结合方式，主要从团队协作、任务完成数量和质量、任务分析的逻辑性和完整性、任务实施的正确性、专业知识的掌握程度和灵活运用等方面进行评价。任务完成后，请填写任务考核评价表（表2-2-5）。

表 2-2-5　任务考核评价表

任务名称：________ 专业：________ 班级：________第________小组

组长：________ 小组成员（姓名、学号）：________

成员分工					
评价维度	评价内容	分值	自我评价（20%）	组间评价（30%）	教师评价（50%）
方案设计	能够根据地图查询为客户设计从广州出发地到长沙收货地的运输路线、运输时间，并说明理由	20			
	对于整车和零担客户，能够依据企业自身实际情况制定运输方案，运输方案高效、合理	30			
格式排版	严格按照规范格式要求进行排版，有封面、目录，行距、字体、字号等符合要求，错一项扣1分	10			
小组汇报	PPT制作逻辑清晰、排版美观、内容完整；汇报声音洪亮、表述清楚；回答问题准确、熟练，能反映本小组设计思路、特点	20			
团队协作	团队分工明确，任务完成过程中的协同性好，按时提交方案	20			

课堂笔记

【课后小测】

一、单选题

1. (　　) 是运输方案制定的首要原则。

A. 安全可靠　　B. 经济适用　　C. 可操作　　D. 高效迅速

2. (　　) 对多套运输方案进行筛选优化，采取最优的技术方案。

A. 安全部　　B. 工程项目经理部

C. 财务部　　D. 技术组

3. 如果是高附加值的纸箱包装货物，最好安排 (　　)。

A. 厢式车　　B. 平板车　　C. 高栏板车　　D. 低栏板车

4. 如果是高附加值的纸箱包装货物，考虑到防雨的需要，最好安排 (　　)。

A. 厢式车　　B. 平板车　　C. 高栏板车　　D. 低栏板车

5. (　　) 指从货源地发货到目的地接收货物之间的时间，而不是仅仅指运输工具快速移动，货物从运输起点到终点的时间。

A. 运输时间　　B. 运输速度　　C. 运输速率　　D. 运输时刻

二、多选题

1. 工程项目经理部负责 (　　)，采用最适合的车辆设备，降低运输费用，最大限度地减少运输成本。

A. 对多套运输方案进行筛选优化　　B. 进行运输作业

C. 采取最优化的技术方案　　D. 核算运输费用

2. 运输方案的制定原则有 (　　)。

A. 安全可靠性　　B. 经济适用性

C. 可操作性　　D. 高效迅速性

3. 运输方案的构成要素由 (　　) 组成。

A. 货物的种类　　B. 车辆调度　　C. 驾驶员安排　　D. 线路选择

4. 主要的运输车辆类型有 (　　)。

A. 厢式车　　B. 平板车　　C. 高栏板车　　D. 低栏板车

5. 安排驾驶员时需要考虑 (　　)。

A. 驾驶经验与技术水平　　B. 维修技术水平

C. 工作态度　　D. 性格特点

三、判断题

1. 运输方案的制定依据是类似项目的失败经验。(　　)

2. 中华人民共和国颁布的现行有关行业标准及规范是运输方案的制定依据。(　　)

3. 运输方案制定时不用考虑安全性。(　　)

4. 厢式车适宜运输不怕雨的货物。(　　)

5. 运输时间越短越好，车辆行驶速度越快越好。(　　)

课堂笔记

四、简答题

1. 简述运输方案的制定原则。
2. 简述车辆的种类。
3. 简述安排驾驶员时的注意事项。
4. 简述线路选择时的考虑因素。
5. 简述运输时间的含义。

课堂笔记

任务三
运输成本核算

任务资讯

针对上海迅捷供应链管理公司提供的扩展运输服务，对从广州至长沙的运输业务进行运输成本核算。公司已经对客户的运输需求进行了分析，并签订了相应的运输合同，现在需要进行成本核算以确保运营的经济效益。

为了确保物流运输企业在提供个性化运输解决方案的同时，也能维持良好的经济效益，为客户提供合理的报价，达到成本控制和利润最大化的目标，上海迅捷供应链管理公司需要详细分析每一项成本，包括油费、路桥费、轮胎损耗费、驾驶员费用和车辆运营费用等，以便更准确地掌握物流成本，并进一步优化运营成本。同时，公司还要计算预期的利润率和月度利润，以评估业务的盈利能力。

续接任务一和任务二，小磊详细梳理了其所承接的客户A和B的运输业务在运输过程中可能产生的成本费用，详见任务实施中的列表，请核算在本次业务中，公司的物流成本费用及利润各为多少。

任务分析

运输成本关系到运输业务开展的成败，在物流运输企业中占有非常重要的地位。核算运输成本时，需要了解运输成本的类型、构成和具体的核算方法，来和小磊一起实践一下吧！

任务实施流程图：

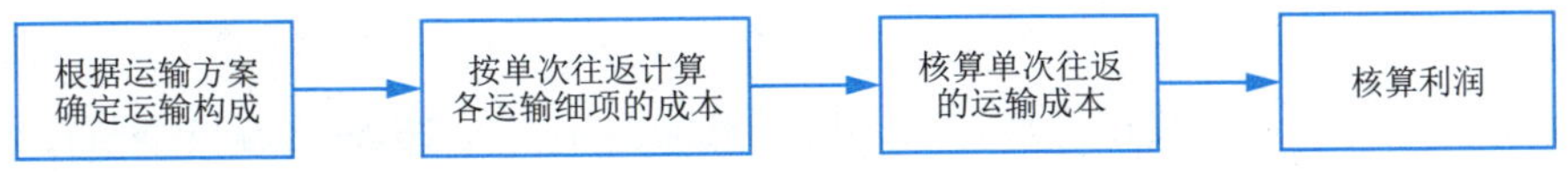

知识储备

劳模精神——战天斗地的雪域鸿雁：其美多吉

一、运输成本的概念

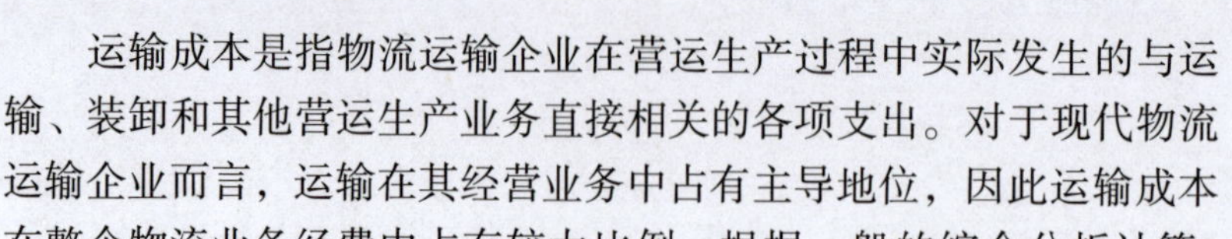

运输成本是指物流运输企业在营运生产过程中实际发生的与运输、装卸和其他营运生产业务直接相关的各项支出。对于现代物流运输企业而言，运输在其经营业务中占有主导地位，因此运输成本在整个物流业务经费中占有较大比例。根据一般的综合分析计算，运输成本在社会物流成本中占50%左右。由于运输是物流中最重要的功能要素之一，物流合理化在很大程度上依赖于运输合理化。而运输合理与否直接影响着运输成本的高低，进而影响着物流成本的高低。

二、运输成本的构成

按照运输方式不同，运输成本主要包括公路运输成本、铁路运输成本、水路运输成本与航空运输成本四种。虽然不同的运输方式所包含的运输成本有不同的构成类别和范围，但根据《企业会计准则》的规定，再结合运输生产耗费的实际情况，运输成本项目可划分为直接人工成本、直接材料成本、其他直接费用、间接营运费用四个基本部分。

由于本任务会用到公路的运输成本核算，因此下面将学习公路运输成本的构成及特征。

汽车运输成本是货物在汽车运输过程中所产生的以货币形式反映的全部耗费，主要由直接运营成本和间接营运费用两个部分构成，如表2-3-1所示。

表2-3-1　汽车运输成本的构成

成本项目	主要内容	
直接运营成本	直接人工成本	包括驾驶员和助手的标准工资和津贴、奖金以及职工福利费
	直接材料成本	包括营运车辆运行过程中所耗用的各种燃料和其所耗用的轮胎、垫带以及零星修补费用等
	其他直接费用	车辆牌照和检验费、保险费、车船使用税、洗车费、过桥费、篷布绳索费等
间接营运费用	包括物流运输企业对所辖分公司、车队、车厂、车站等的管理费用	

（一）直接运营成本

直接运营成本是指可以直接计入运输工具的费用，包括除了企业管理费及事故损失费以外的，在运输过程中产生的所有费用，主要包含以下几个方面。

1. 直接人工成本

直接人工成本是指支付给营运车辆驾驶员和助手的工资以及福利费，包括驾驶员和助手随车参加本人所驾车辆保养和修理作业期间的工资、工资性津贴、生产性奖金，以及按营运车辆驾驶员和助手工资总额一定比率（14%）计提的职工福利费。

课堂笔记

2. 直接材料成本

（1）燃料费：指营运车辆在运行过程中所耗用的各种燃料的费用，如营运过程中耗用的汽油、柴油等燃料的费用（自动倾卸车卸车时所耗用的燃料费也包括在内）。

（2）轮胎费：指营运车辆使用的外胎、内胎、垫带等所产生的费用，包括轮胎翻新费和零星修补费用等。

3. 其他直接费用

（1）保养维修费：指营运车辆进行各级保养及各种修理所产生的料工费。

（2）折旧费：指按规定计提的营运车辆折旧费。

（3）养路费：指按规定向公路管理部门缴纳的营运车辆养路费。

（4）其他费用：不属于以上各项目的与营运车辆运行直接有关的费用，如车管费、行车事故损失等。

（二）间接营运费用

间接营运费用是指不与营运过程直接发生关系、服务于营运过程的企业管理费及事故损失费。

三、运输成本的核算

汽车运输与铁路运输的成本形成鲜明对比，前者变动成本的比重非常大，达到了总成本的 80%以上。这主要是因为汽车运输的道路是公共的，承运人一般要负担道路基础设施等固定投入的成本。

汽车运输也存在着规模经济，即当运输批量较大时，固定成本费用分摊到每单位成本的费用会降低。在汽车运输企业中，固定成本主要包括职工的基本工资、机器和建筑物的折旧等。汽车运输的运输成本也会随运量和运距的增加而降低，但由于运量非常有限，其下降趋势不如铁路运输那么明显。

案例分析：运输成本核算

假设 XYZ 物流公司要从广州运输一批货物到深圳，货物包括家具、家电和化工产品。其运输成本主要由以下几部分构成。

1. 直接运营成本

（1）直接人工成本。

①驾驶员工资：假设驾驶员的日工资为 600 元，每天需要 2 名驾驶员。所以，每趟运输的驾驶员工资为：2×600＝1 200（元）。

②助手工资：假设每趟运输需要 1 名助手，助手的日工资为 400 元。所以，每趟运输的助手工资为 400 元。

③总的直接人工成本为：1 200+400＝1 600（元）。

（2）直接材料成本。

①燃料费用：假设每趟运输的燃料费为 2 500 元。

②轮胎、垫带和零部件的更换及修理费用：假设每趟运输需要 1 500 元。

③总的直接材料成本为：2 500+1 500＝4 000（元）。

（3）其他直接费用。

①车辆牌照和检验费：每趟运输需要缴纳 800 元。

②保险费：每趟运输需要缴纳 1 200 元。

③过桥费、洗车费等其他费用：每趟运输需要 400 元。

④总的其他直接费用为：800+1 200+400＝2 400（元）。

（4）总直接运营成本：1 600+4 000+2 400＝8 000（元）。

2. 间接营运费用

假设公司的间接营运费用为每趟 600 元。

3. 总运输成本

总运输成本＝总直接运营成本+间接营运费用，即总成本为：8 000+600＝8 600（元）。

通过以上分析，我们得出从广州到深圳的每趟货物运输成本为 8 600 元。

四、运输成本优化的方法

知识拓展：运输成本的分类

（一）运输系统优化

1. 合理运输

合理运输是选择运距短、运力省、速度快、运费低的最佳商品运输方式。合理运输是一个相对的概念。

2. 商品的不合理运输

（1）返程或起程空驶。

（2）对流运输：同种或者相近商品沿同一条或者平行线运输。

（3）迂回运输：绕道。

（4）倒流运输：从销地到产地或者转运地回流。

（5）重复运输：本可直达却中途停卸、重复装运。

（6）过远运输：在供应和销售方面舍近求远。

（7）运力选择不当：弃水走路，大型工具过近运输，工具承载能力选择不当，如大马拉小车。

（8）托运方式选择不当：没选择最好的运输方式。

（二）运输方式合理化

案例：沃尔玛降低运输成本的有效举措

通过对不同运输方式下运输成本的特征进行分析比较，可以为企业选择最经济、最合理的运输方式提供依据。各种运输方式的成本特征是影响物流运输总成本高低的关键。

所以，在特定的条件下，某一种运输方式的潜在优势可能会是其他运输方式无法比拟的，从而也就给予了企业比较选择、优化组合的机会。

运输方式的选择，一般要考虑两个基本因素：运输方式的速度问题和运输费用

课堂笔记

问题。运输方式或运输工具的选择，应该是在综合考虑上述两个因素后，寻求运输费用与管理费用总和最低、速度最快的运输方式或运输工具。

（三）运输路线优化

项目二任务三案例：韩国三星公司的合理化运输

在通常情况下，单位商品的运输成本与运输距离成正比，与运输商品的数量成反比。所以，理想的运输服务系统应该是在运输距离固定的情况下，追求运输商品数量的最大化；在运输商品数量不足的情况下，追求运输距离的最小化。

有效的配载，尤其是回程配载也是运输路线优化的重要方式。在长距离运输中，回程配载可以极大地降低运输成本。如果长途货物运输的回程能实现有效配载，则单位商品的运输距离就由往返减为单程。距离减半，成本降低 50%。

（四）减少运输事故

动画：运输成本核算

运输事故损失就是在运输过程中因出现事故而发生的货损、货差现象。

运输事故的损失必将造成不必要的运输成本的增加。因此，尽可能预防和减少运输事故损失是十分必要的。具体做法包括以下几个方面。

（1）加强日常防范。

（2）积极购买保险。

（3）做好理赔工作。

技术赋能

菜鸟数智供应链技术助力企业发展

由菜鸟向上汽通用五菱提供的整车智慧物流平台，通过使用菜鸟的智能分单算法，将运输分单从人工转化为系统自动分单，在提升效率的同时降低了运营成本；双方共同设计打造的基于成本时效的整车物流调度算法，通过系统大数据分析，自动推荐出成本或时效最优的调度路径与承运方，让调度告别了经验主义和人工选择模式；开发的北斗硬软一体定位系统实现了运输在途全程可视化监控，运营部门 2C 业务原计划 50 人的工作实现了 10 人完成，且保障了业务的正常运行。可以说，技术的领先是取得上述成果的重要保障。

任务实施

小磊详细梳理了客户 A 和 B 的货物在运输过程中可能产生的成本费用。请结合本部分所学内容，以小组为单位进行合作探究，完成以下任务并形成文档，作为实训作业上交。

任务 1：运输成本分析

前期已经通过对客户运输需求的调研以及对所签订合同的分析得到了运输业务

的相关信息，如表 2-3-2 所示。

表 2-3-2 运输业务信息

路线	车型	业务量周数			单往返里程/千米	单程运行/小时	配置驾驶员/人
		每周运输/趟	每月周数	每月运输/趟			
广州—长沙	9.6 米厢式（10 吨车，3 轴）	3	4	12	1 500	15	2

同时可知，油费、路桥费、轮胎损耗费、驾驶员费用和车辆运营费用等具体信息如下。假定整车货物运输和零担货物运输的成本相同，请核算上海迅捷供应链管理公司的运输成本并填写表 2-3-3 ~ 表 2-3-7（表格中空格皆为需要填写的部分）。

1. 单次往返的油费分析（见表 2-3-3）

已知单次往返路程为 1 500 千米，根据以往的工作经验，9.6 米厢式车的每千米耗油量为 0.3 升，货车用柴油的油价为 7.52 元/升。

表 2-3-3 单次往返的油费分析

油费	每千米耗油量/升	总耗油量/升	油价/（元·升$^{-1}$）	单次往返的油费小计/元

2. 单次往返的路桥费分析（见表 2-3-4）

长途运输会选择走高速，每千米的高速费计为 0.4 元，本次任务中无过桥费。

表 2-3-4 单次往返的路桥费分析

路桥费	过桥费/（元·座$^{-1}$）	过路费（普路）/（元·千米$^{-1}$）	过路费（高速路）/（元·千米$^{-1}$）	单次往返的路桥费小计/元

3. 单次往返的轮胎损耗费分析（见表 2-3-5）

按轮胎的正常使用损耗，一个轮胎可使用 15 万千米，一个轮胎的单价计 1 800 元，9.6 米厢式车共使用 8 个轮胎，已知每千米的轮胎正常损耗费用计算公式为：

每千米的轮胎正常损耗费用 =（整车使用轮胎个数×单个轮胎单价）/ 轮胎正常损耗使用千米数

单次往返的轮胎损耗费用为：

单次往返轮胎损耗费用 = 单次往返总千米数×每千米的轮胎正常损耗费用

表 2-3-5 单次往返的轮胎损耗费分析

轮胎损耗	换轮胎里程/千米	轮胎单价/元	轮胎个数	每千米的轮胎正常损耗费用/元	单次往返的轮胎损耗费用/元

课堂笔记

4. 单次往返的驾驶员费用分析（见表 2-3-6）

驾驶员的费用包含工资、提成、医社保、相关的长途补贴，本次的任务是固定合同签约的长途运输，不涉及提成，所以在此不必计算。本次运输任务驾驶员只领取固定工资，只服务这一个客户。本次运输驾驶员的社保费用比照固定工资计算，驾驶员补贴为企业的固定福利，拟定包括伙食费、住宿费、通信费，则单次往返的驾驶员费用分析表如下（本分析表为假定数据）：

表 2-3-6　单次往返的驾驶员费用分析

驾驶员费用	驾驶员工资/(元·趟$^{-1}$)	驾驶员提成/(元·趟$^{-1}$)	驾驶员社保/(元·趟$^{-1}$)	驾驶员补贴			单次往返的驾驶员费用小计/元
				伙食费/(元·趟$^{-1}$)	住宿费/(元·趟$^{-1}$)	通信费/(元·趟$^{-1}$)	
	666.67	0.00	70.00	200.00	200.00	33.33	

5. 单次往返的车辆运营费用分析（见表 2-3-7）

车辆运营费用包含车辆折旧费、车辆保险费、车辆年检费、换机油和维修费、运营费，则单次往返车辆运营费用如下，请计算每月折旧费、每趟折旧费、每趟的车辆保险费、每趟年检费、每趟维修费、运输管理费及总费用。

表 2-3-7　单次往返的车辆运营费用分析

车辆运营费用	车辆折旧					车辆保险费		车辆年检费		换机油和维修费		运营费		单次往返的车辆运营费用小计/(元·趟$^{-1}$)
	车辆购入价/(元·辆$^{-1}$)	折旧年数/年	折旧月数/月	每月折旧费(30%残值计)/元	每趟折旧费/元	年度保险费/元	每趟保险费/元	年检费/元	每趟年检费/元	维修费/(元·月$^{-1}$)	每趟维修费/元	年票费用/(元·趟$^{-1}$)	运输管理费/(元·趟$^{-1}$)	
	200 000.00	3	36			11 660.00		6 000.00		1 500.00		20.00	5.00	

6. 从以上 5 个分析表可得单次往返的成本小计（见表 2-3-8）

表 2-3-8　单次往返的成本小计

序号	成本费用各项名称	费用
1	单次往返的油费	
2	单次往返的路桥费	
3	单次往返的轮胎损耗费	
4	单次往返的驾驶员费用	
5	单次往返的车辆运营费用	
成本费用小计：		

任务 2：收支分析

依据前期核算出的上海迅捷供应链管理公司为客户 A 和客户 B 提供运输服务的成本核算以及服务报价（均以单次往返为基础进行计算），已知每月往返共计 12 趟，税率为 8%，相关计算公式如下，请计算单次往返的利润率和月利润，并填写月利润分析表 2-3-9。

单次往返利润 = 最终报价 -（成本 + 成本 × 税率）

单次往返利润率 = 利润 /（成本 + 成本 × 税率）

月利润 = 单次往返最终报价 × 次数 × 单次往返利润率

表 2-3-9　月利润分析

成本合计/元	税金（8%）	含税成本/元	单次往返利润/元	最终报价含税/元	单次往返利润率/%	月营业额含税/元	月利润/元

任务评价

本任务采用自我评价、组间评价、教师评价相结合的方式，主要从团队协作、任务完成数量和质量、任务分析的逻辑性和完整性、任务实施的正确性、专业知识的掌握程度和灵活运用等方面进行评价。任务完成后，请填写任务考核评价表（表 2-3-10）。

表 2-3-10　任务考核评价表

任务名称：________ 专业：________ 班级：________第________小组

组长：________ 小组成员（姓名、学号）：________

成员分工					
评价维度	评价内容	分值	自我评价（20%）	组间评价（30%）	教师评价（50%）
方案设计	能够正确、完整计算出各项运输成本费用；每项成本费用的计算过程正确、清楚，错一处扣 2 分	30			
	能够正确、完整计算出利润并进行收支分析；计算过程正确、清楚，错一处扣 5 分	20			
格式排版	严格按照规范格式要求进行排版，有封面、目录，行距、字体、字号等符合要求，错误一项扣 1 分	10			
小组汇报	PPT 制作逻辑清晰、排版美观、内容完整；汇报声音洪亮、表述清楚；回答问题准确、熟练，能反映本小组设计思路、特点	20			
团队协作	团队分工明确，任务完成过程中的协同性好，按时提交方案	20			

课堂笔记

【课后小测】

一、单选题

1. (　　) 是指在一段时间内所发生的费用。

A. 变动成本　　B. 固定成本　　C. 联合成本　　D. 公共成本

2. (　　) 是指在短期内虽不发生变化，但又必须得到补偿的那些费用。

A. 变动成本　　B. 固定成本　　C. 联合成本　　D. 公共成本

3. (　　) 是指决定提供某种特定的运输服务而产生的不可避免的费用。

A. 联合成本　　B. 变动成本　　C. 联合成本　　D. 公共成本

4. (　　) 是承运人代表所有的托运人或某个分市场的托运人支付的费用。

A. 联合成本　　B. 变动成本　　C. 联合成本　　D. 公共成本

5. 在通常情况下，单位商品的运输成本与运输距离成 (　　)。

A. 环比　　B. 类比　　C. 反比　　D. 正比

二、多选题

1. 变动成本的构成中包含 (　　) 等。

A. 劳动成本　　B. 运输成本

C. 燃料费用　　D. 维修保养费用

2. 不同的运输方式所包含的运输成本有不同的构成类别和范围，大致可以分为 (　　)。

A. 变动成本　　B. 固定成本　　C. 联合成本　　D. 公共成本

3. 合理运输是选择 (　　) 的最佳组合的产品运输方式。

A. 运距短　　B. 运力省　　C. 速度快　　D. 运费低

4. 按照运输方式不同，运输成本主要包括 (　　) 四种。

A. 公路运输成本　　B. 铁路运输成本

C. 水路运输成本　　D. 航空运输成本

5. 直接运营成本包括 (　　)。

A 直接人工　　B 直接材料

C 其他直接费用　　D 间接营运费用

三、判断题

1. 合理运输是一个绝对的概念。(　　)

2. 各种运输方式的成本特征是决定物流运输总成本的关键。(　　)

3. 运输成本和运输报价是一回事。(　　)

4. 管理费用属于直接运营成本。(　　)

5. 驾驶员的工资属于直接人工成本。(　　)

四、简答题

1. 简述运输路线优化的方法。

2. 简述运输成本的构成。

3. 简述运输月利润的计算步骤。

4. 简述直接运营成本的构成。

5. 简述直接运营成本中其他直接费用的构成。

五、计算题

联运物流公司近期接到了客户 A 和客户 B 的货物运输业务。为了确保运输业务的经济性和盈利性，联运物流公司需要进行详细的运输成本核算。这涉及收集和分析与运输相关的多种数据，以便准确计算每次运输的成本，并评估这些成本是否合理且经济。已知信息如下所示。

(1) 货物信息。

客户 A 的货物为 50 件家具和 30 台家电，客户 B 的货物为 20 桶化工产品。

(2) 运输方式。

客户 A 和客户 B 的货物都分别使用大货车进行运输。

(3) 路费和过桥费。

路费：每千米 0.8 元。过桥费：每座桥收费 100 元。已知前往客户 A 的所在地要过 1 座桥，前往客户 B 的所在地要过 2 座桥。

(4) 油耗和运输距离。

大货车的油耗：每千米消耗 0.3 升柴油。运输距离：从公司到客户 A 的所在地为 200 千米，到客户 B 的所在地为 150 千米。

(5) 直接人工成本。

驾驶员工资：1 辆车需要 1 名驾驶员和 1 名助手。每名驾驶员的日工资为 600 元，每名助手的日工资为 400 元。

(6) 直接材料成本。

燃料费用：根据油耗和运输距离计算。轮胎、垫带和零部件的更换及修理费用：假设每趟运输需要 1 500 元。

(7) 其他直接费用。

车辆牌照和检验费：每趟运输需要缴纳 800 元。保险费：每趟运输需要缴纳 1 200 元。

(8) 间接营运费用。

假设公司的间接营运费用为每趟 600 元。

结合上述数据，计算每趟运输的成本，并编制成本报告。报告应包括每一项成本的详细计算，以及运输成本的汇总。

课堂笔记

任务四　运输作业的组织管理

任务资讯

上海迅捷供应链管理公司在任务一和任务二中为客户 A 和客户 B 制定了运输方案并进行了成本核算，即将开始组织货物的运输作业。此任务囊括了从客户填写货物托运单、受理审核、调度安排，到车队交接、提货发运、在途追踪，再到到达签收和运输结算的完整流程。

要想实施具体的运输作业，需要多岗位人员协同处理，小磊通过跟岗实践，完整梳理了货物运输作业的组织实施流程和注意事项。请根据本部分任务实施的过程，写出完成干线运输作业组织的流程及注意事项，并对比数字化运输时代借助信息系统进行运输作业组织前后的差异。

任务实施流程图如下：

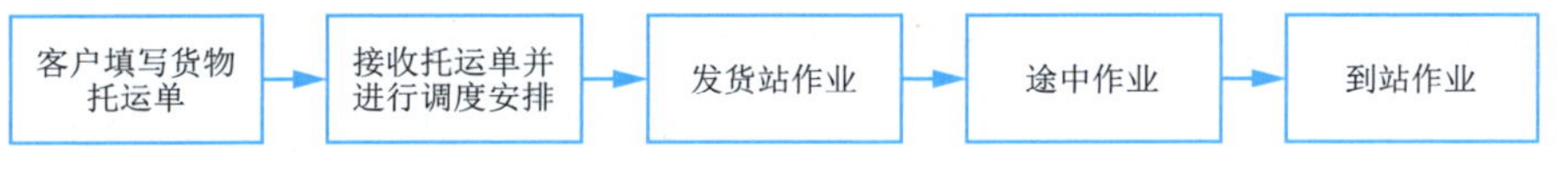

任务分析

在当今的供应链管理领域，数字化技术的应用已成为提升运输效率和管理水平的关键。供应链数字化运输作业的组织管理旨在响应这一需求，即通过全面的数字化方案来重塑运输作业流程。数字化不仅可以简化操作流程、提高工作效率，还能增强数据的可靠性和透明度，从而提供更好的决策支持和客户服务。通过这一全流程的数字化实施，企业可以更好地适应市场变化，优化资源配置，同时提升运输服务质量以满足客户需求。

知识储备

一、整车货物运输作业组织

整车货物运输作业过程一般包括货物托运与承运、调度与安排、派车装货、起

票发车、途中运送与管理、卸货、保管与交付、运输结算等环节，如图 2-4-1 所示。按照所处运输阶段的不同，可将全程货运作业划分为发送作业、途中作业和到达作业。

科技赋能：高科技赋能智慧物流

动画：供应链数字化运输作业

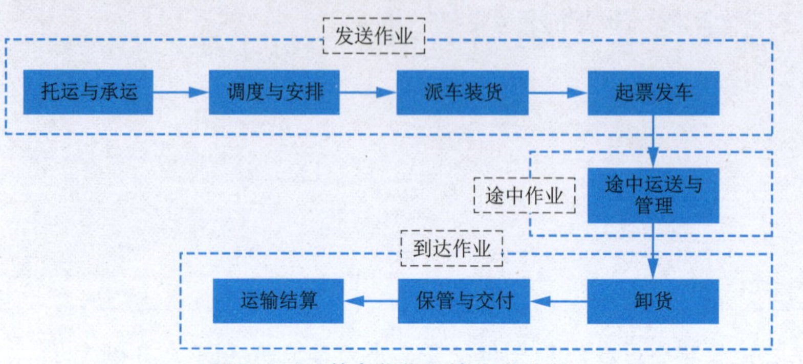

图 2-4-1　整车货物运输作业过程

整车货物运输各作业程序的具体内容如下。

（一）托运与受理

在公路货物运输中，货物托运人向公路运输部门提出运送货物的要求称为托运，公路运输部门接受货物运输的行为则称为受理，也称为承运。

托运一般采用书面方式进行操作，托运手续的办理就是货运合同的订立。公路货物运输合同由承运人和托运人本着平等、自愿、公平、诚实、信用的原则签订。

货物承运是承运方对托运的货物进行审核、检查、登记等受理运输业务的工作过程。货物承运自运输单位在货物托运单上加盖承运章开始。承运人应与托运人约定运输路线，起运前运输路线发生变化必须通知托运人，并按最后确定的路线运输。运输期限由承、托双方共同约定后在运单上注明。

（二）核实理货

核实理货工作包括受理前的核实和起运前的验货两部分。受理前的核实是在货主提出托运需求并填写货物托运单后，运输部门派人会同货主进行。核实的主要内容有：

（1）货物托运单所列的货物是否已处于待运状态；

（2）装运的货物数量、发运日期有无变更；

（3）连续运输的货源有无保证；

（4）货物包装是否符合运输要求，危险货物的包装是否符合《危险货物运输规则》规定；

（5）确定货物体积与重量的换算标准及货物的交接方式；

（6）装卸场地的机械设备、通行能力；

（7）运输道路的桥涵、沟管、电缆、架空电线等详细情况。

（三）计划调度

调度员编制车辆运行作业计划并发布调度命令。

课堂笔记

（四）派车装货

由运输单位的调度人员根据承运货物情况和运输车辆情况编制车辆日运行作业计划，平衡运力运量及优化车辆运行组织。据此填发行车路单，并派车去装货地点装货。

货物装车时，驾驶员要负责点件交接，保证货物完好无损和计量准确。车辆装货后，业务人员应根据货物托运单及发货单位的发货清单填制运输货票。

1. 装车堆积

货物的装载要求

装载中对货物包装的防护措施

装车堆积是在具体装车时，为充分利用车厢载重量、容积而采用的方法。一般是根据所配送货物的性质和包装来确定堆积的行、列、层数及码放的规律。

（1）堆积的方式：行列式堆码方式和直立式堆码方式。

（2）堆积应注意的事项：堆码要有规律、整齐。

（3）堆码高度不能太高。车辆堆装高度一是受道路高度限制，二是受道路运输法规约束。具体要求为：大型货车的高度从地面起不得超过 4 米；载重量 1 000 千克以上的小型货车不得超过 2.5 米；载重量 1 000 千克以下的小型货车不得超过 2 米。

（4）货物横向不得超出车厢宽度，前端不得超出车身，后端不得超出车厢的长度。具体要求为：大货车载物后端不得超出车厢 2 米；载重量 1 000 千克以上的小型货车后端不得超出车厢 1 米；载重量 1 000 千克以下的小型货车后端不得超出车厢 50 厘米。

（5）堆码时应重货在下，轻货在上；包装强度差的应放在包装强度好的上面。

（6）货物应大小搭配，以利于充分利用车厢的载容积及核定载重量。

（7）按顺序堆码，先卸车的货物后码放。

2. 绑扎

绑扎是配送发车前的最后一个环节，也是非常重要的环节，是在将配送货物按客户订单全部装车完毕后，为了保证货物在配送运输过程中的完好，以及为避免车辆到达各客户所在地卸货开厢时发生货物倾倒而必须进行的一道工序。

（1）绑扎时主要考虑以下几点：绑扎端点要易于固定而且牢靠；可根据具体情况选择绑扎形式；应注意绑扎的松紧度，避免货物或其外包装的损坏。

（2）绑扎的形式：单件绑扎；单元化、成组化捆绑；分层绑扎；分行绑扎；分列绑扎。

（3）绑扎的方法：平行绑扎；垂直绑扎；相互交错绑扎。

（五）起票发车

开单录单员制作运单并录入计算机，调度员填写行车路单。运输货票是承运的主要凭证，是一种具有财务性质的票据。它在起票站点是向托运人核收运费、缴纳运输费用、统计有关运输指标的依据。起票后，驾驶员按调度人员签发的行车路单运送货物。

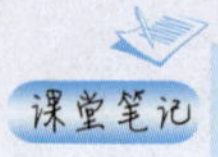

（六）运送与途中管理

车辆在运送货物的过程中，一方面，调度人员应做好线路车辆运行管理工作，掌握各运输车辆工作进度，及时处理车辆运输过程中临时出现的各类问题，保证车辆日运行计划的充分实施。另一方面，驾驶人员应及时做好货运途中的行车检查，既要保持货物完好无损、无漏失，又要保持车辆自身状况良好。

在货物起运前后如遇特殊原因托运方或承运方需要变更运输时，应及时由承运和托运双方协商处理，填制汽车运输变更申请书，所发生的变更费用，需按有关规定处理。

整车货物的运输变更通常是货物托运人或收货人由于特殊原因而对货物的运输提出的变更要求。主要有：

（1）取消运输要求，即在货物已申请托运但尚未装车时要求取消运输；

（2）停止装运，即在已开始装车或正在装车，但尚未起运时要求停止装运；

（3）中途停运，即在货物未运抵目的地前且能通知停运时要求中途停运；

（4）运回起运站，即在货物已运抵到站，收货人提货之前要求将之运回起运站；

（5）变更到达站，即在车辆运输所经过的站别范围内或在原运程内要求变更到达站；

（6）变更收货人。

（七）到达卸货

货物运达承、托双方约定的地点后，承运人知道收货人的，应及时通知收货人。收货人应凭有效单证及时提收货物；收货人逾期提收货物的，应当向承运人支付保管费等费用。收货人不明或者收货人无正当理由拒绝提收货物的，应赔偿承运人因此造成的损失；依照《中华人民共和国民法典》第八百三十条的规定，承运人可以提存货物。

货物交付时，承运人与收货人应当做好交接工作，发现货损货差，由承运人与收货人共同编制货运事故记录，交接双方在货运事故记录上签字确认。货物交接时，承、托双方对货物的质量和内容有质疑时，均可提出查验与复磅，查验和复磅的费用由责任方负担。

智能化运输

圆通投用数十辆智能驾驶重卡　每百千米减 2 升油耗

截至 2023 年 7 月，圆通已引入 10 辆智能驾驶重卡进行测试运营。智能驾驶重卡可以自动巡航、自动辨别方向，驾驶员大部分时间只要手扶在方向盘上就可以。一旦驾驶员稍微有点疲劳驾驶的征兆，系统就会马上发出预警，并通过拉紧安全带、震动座椅等方式提醒驾驶员，充分保障了行车的安全。通过近 8 个月的测试运营，该款智能驾驶重卡不仅提升了快递运输的安全性和效率，还弥补了由于驾驶员驾驶习惯的差异带来的油耗损失。数据显示，与传统重卡相比，智能驾驶重卡每百千米油耗可减少 2 升。据测算，每辆智能驾驶重卡按每年节省柴油 6 千升计算，减排二氧化碳量可达到 15 780 千克；以回收一个快递纸箱平均可减碳

37 克换算，一辆车运营一年相当于回收 40 多万个纸箱。

经过前期测试，圆通打算再增运力，将投入数十辆智能驾驶重型卡车，覆盖上海、杭州、无锡、揭阳、义乌等多个集运中心，主要用于运营华东、华中多条核心线路。

二、零担货物运输作业组织

公路零担货物运输，可按照其工作的先后顺序绘成作业流程图，其主要内容包括货物托运、托运受理、贴签入库、配载装车、运送、卸货、仓储保管、货物交付和接收货物等。零担货物运输作业流程图如图 2-4-2 所示。

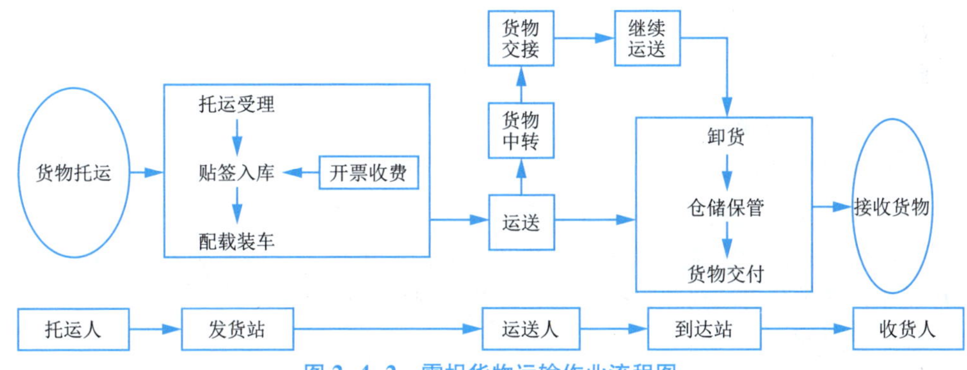

图 2-4-2　零担货物运输作业流程图

（一）货物托运

1. 认识货物托运单

货物托运单是托运人应承运人要求填写的标明有关货物运输情况的单据，托运单确定了承运方与托运方在货物运输过程中的责任、权利和义务，是货主托运货物的原始凭证，也是运输单位承运货物的原始依据。根据货物托运单，货主负责将准备好的货物向运输单位按时提交，并按规定的方式支付运费，运输单位则应负责及时派车将货物安全送到托运方指定的卸货地点，交给收货人。

2. 货物托运单的填写

货物托运单的统一格式（内容）在《汽车货物运输规则》中有规定。填写托运单时的注意事项可扫描二维码“托运单填写的注意事项”进行学习。

托运单填写的注意事项

如果已经签订定期运输合同或一次性运输合同，货物托运单由承运人按以上要求填写，在托运单的托运人签字盖章处填写合同序号。

货物托运单过去是一式两联：第一联为承运人存根；第二联为托运人托运回执。现在是一式多联，企业之间也会有差异，有的达到一式六联。

（二）托运受理

托运受理是指零担货物承运人根据经营范围内的线路、站点、运距、中转站、各车站的装卸能力、货物的性质及受运限制等业务规则和有关规定，接受零担货物的托运，办理托运手续的活动过程。

1. 受理零担货物托运的前提条件

（1）满足接受零担货物的条件要求。

（2）公布办理零担的线路、站点、班期、里程及运价。

（3）张贴托运须知、包装要求和限运规定。

2. 办理托运的主要形式

（1）随时受理。

（2）预约上门受理。

（3）站点受理。

3. 受理托运的操作要点

（1）审核货物托运单。

（2）检查货物包装，看包装是否符合相关规定，有无破损，以及货物外包装上面是否用醒目标记标明重心点和机械装卸作业的起吊位置。听有无异声，闻有无不正常气味，摇包装内的衬垫是否充实、包装内的货物是否晃动。

（3）估重量。

（4）拴（贴）标签、做标注。

（5）收取杂运费。

（三）入库保管

零担货物入库保管，是物流运输公司对货物履行责任运输和保管的开始。需做到照单入库，核对运单货物，未办理托运手续不准入库。

零担货物仓库应严格划分货位，一般可分为待运货位、急运货位、到达待交货位。

零担货物仓库要具有良好的通风、防潮、防火、防盗条件和灯光照明设备，以保证货物的完好和适应各项作业要求。

（四）配载装车

零担货物的配载原则

配载装车是指对某一时段待运送的货物，依据其性质、数量（体积）、流向、直达或中转等，按照一定的原则如安全、不污染、不影响运输质量等，选择安排适当吨位或容积的车辆装载的业务活动。

1. 装车准备工作

（1）根据车辆容积、载重量，以及货物的性质、形状、长度、大小进行合理配载，填制公路汽车零担货物交接及运费结算清单（见图 2-4-3）。填单时应按货物先远后近、先重后轻、先大后小、先方后圆的顺序进行，以便按单依次装车，对不同到达站和中转站的货物要分单填制（货物交接及运费结算清单为一站一单，方便收货人点收点交和运杂费结算）。

（2）整理各种随货同行单证，包括提货联、随货联、货物托运单、零担货票及其他附送单据，按中转和直达分开，分别附于货物交接及运费结算清单后面。

（3）按单核对货物堆放位置，做好装车标记。

公路汽车零担货物交接及运费结算清单

年　月　日　　　　　　编号：

车属单位							车号	
原票记录			中转记录		票号	收货单位或收货人	品名	包装
原票起站	到达站	里程	中转站	到达站				
合计								
附件	零担货票：			发票：			证明：	
上述货物已于 月　日经点件验收所随带附件，收讫无误。								
中转站：				到达站：（盖章）年月 日				
填发站：				填单人：				

图 2-4-3　公路汽车零担货物交接及运费结算清单

2. 装车注意事项

（1）按交接清单的顺序和要求点件装车。

（2）将贵重物品放在防压、防撞的位置，以保证运输安全。

（3）装车完毕，要检查货位，避免漏装和错装。

（4）驾驶员（或随车理货员）清点随车单证并签字盖章确认。

（5）检查车辆施封和遮盖、捆扎情况。

（五）货物起运及车辆运行

（1）按期发车，按线行驶。

（2）如有必要，可以变更运输。

（六）中转作业

零担货物的中转作业一般有三种方法。

1. 全部落地中转（落地法）

将整车零担货物全部卸下交中转站入库，由中转站按货物的流向或到达站重新集结，另行安排零担发车，分别装运，继续运到目的地。这种方法简便易行，车辆载重量和容积利用较好，但装卸作业量大、仓库和场地的占用面积大、中转时间长。

2. 部分落地中转（坐车法）

由始发站开出的零担货车，装运有部分要在途中某地卸下而转至另一路线的货物（先到站货物），其余货物（后到站货物）则由原车继续运送到目的地。

这种方法是先到站货物卸下后，可加装同到一站的其他货物。其好处是加快了中转作业速度，提高了汽车货位的利用率，但对留在车上的货物的装载情况和数量不易检查清点。

3. 直接换装中转（过车法）

当几辆零担车同时到站进行中转作业时，将车内部分中转零担货物由一辆车向另一辆车上直接换装，而不到仓库货位上卸货。组织过车时，既可以向空车上过，也可向装有后到站货物的重车上过。

（七）到站卸货及异常情况处理

（1）有单无货：双方签注情况后，在交接单上注明，将原单返回。

（2）有货无单：确认货物到站后，由仓库人员签发收货清单，双方盖章，清单寄回起运站。

（3）货物到站错误：将货物原车运回起运站。

（4）货物短缺、破损、受潮、污染、腐烂时，应双方共同签字确认，填写事故清单。

（八）货物交付

（1）货物到达（入库）后，及时通知收货人凭提货单提货，或者按指定地点送货上门。收货人收到货物应在提货单上加盖印章，到达站交付货物后也应在提货单上加盖“货物付讫”戳记，存档备查。

（2）货物短损的，如包装破损，由交接双方清点（有的复磅），做好记录，由责任方赔偿。

（3）遇到标签脱落的货物必须慎重查明，方可交付。

（4）提货单遗失的，收货人应及时向到达站挂失。经确认后，可凭有效证件提货。若在挂失前货物已经被他人持单领走，到达站应配合查找，但是不负责赔偿。

（5）“到货通知”发出一个月内无人领取货物或收货人拒收，到达站应向起运站发出“货物无法交付通知书”。超过一个月仍无人领取的，按照《关于港口、车站无法交付货物的处理办法》有关规定办理。

课堂笔记

智慧交通

新基建助推智慧交通

我国交通建设正在与数字新技术积极融合，北斗、5G 等信息基础设施得到了深化应用。我国的智能铁路、智慧公路、智慧航道、智慧民航、智慧邮政等建设步伐不断加快。

我国已建成和在建的自动化集装箱码头规模均居世界首位。截至 2024 年元旦，国产首艘大型邮轮正式投入运营；C919 国产大飞机正式投入商业运行；CR450 动车组研制持续深化；全国内河电子航道图发布里程超过 5 700 千米；已建、在建的自动化集装箱码头超过 40 个；已安装使用北斗终端的道路运输和城市客运车辆超 1 000 万辆，重点领域北斗系统应用率超过 95%。

三、干线运输作业数字化

目前，国内的运输物流行业使用的信息和数字技术系列软件产品有货运管理软件、仓储管理系统、货运代理管理软件、供应链平台等。这些数字化运输技术的应用，可以给公路整车货物运输作业以及零担货物运输作业带来显著的优化效果。

（一）优化整车货物运输作业

1. 路线优化

通过先进的物流规划软件和技术，结合实时交通信息，可以实现对运输路线的优化。这不仅可以减少空驶里程和运输时间、降低成本，还能提高运输效率。

2. 调度优化

借助信息系统，可以根据货物的特性、运输需求和交通状况，合理安排运输车辆的出发时间、行驶路线和到达时间。这种智能调度能够确保车辆的高效运行，从而进一步提高运输效率。

3. 装载优化

通过合理的装载方式，如采用货物配载软件，可以提高车辆装载率，减少空驶和重复运输。这不仅可以降低运输成本，还能减少车辆数量、降低燃油消耗和减少对环境的污染。

4. 实时追踪与监控

数字化运输系统能够实时追踪和监控货物的运输状态，确保将货物安全、准确地送达目的地。这种实时性能够增加客户对运输过程的信任度，提高客户满意度。

（二）优化零担货物运输作业

1. 分拣与合并优化

通过信息系统，可以实现对多个客户的货物进行快速、准确的分拣和合并；能够减少人工操作的时间和错误率，提高货物的处理效率。

2. 配送路线优化

与整车货物运输类似，零担货物运输也可以利用先进的物流规划软件和技术，结合实时交通信息，对配送路线进行优化。这可以确保货物在最短的时间内送达客户手中，提高客户满意度。

3. 信息共享与协同

通过物流信息平台，可以实现货主、承运人、收货方之间的信息共享和协同。能够减少信息不对称造成的损失，提高运输透明度，降低运输风险。

知识拓展：整车货物运输异常情况处理

4. 数据分析优化

运用大数据和人工智能技术，可以对运输数据进行分析和挖掘，发现潜在的优化点和问题；能够为企业提供更准确的决策支持，推动零担货物运输业务的持续改进和优化。

任务实施

小磊通过跟岗实践，完整梳理了货物运输作业的组织实施流程和注意事项。请以小组为单位，结合任务一和任务二的背景资料，完成以下任务：

（1）将下面任务实施中的相关单证表格补充完整；

（2）梳理总结干线运输作业组织的流程及注意事项；

（3）对比数字化运输时代借助信息系统进行运输作业组织前后的差异。

任务 1：填写客户托运单

客户根据前面确认的运输货物需求填写货物托运单（样本见二维码“公路货物托运单样本”），且必须由货主办理托运手续。货物托运单一般由托运人填写，也可委托他人填写，并在托运单上加盖与托运人名称相符的印章。

货物托运单的填写有如下要求。

（1）所有内容必须填全称，起运地和到达地地址应详细、准确。

（2）货物的名称、包装、件数、体积、重量应填写齐全。

（3）托运单不得修改，如有涂改，须由托运人在涂改处盖章证明。

公路货物托运单样本

任务 2：受理

（一）受理审核

物流运输企业在收到货物托运人提交的货物托运单时，要对托运单的内容进行受理审核。

（1）审核货物的名称、体积、重量、运输要求等是否符合本企业的受理能力。

（2）审核有关运输所需的凭证。货物托运人应根据有关规定同时向物流运输企业提交准许出口、外运、调拨、分配等证明文件，或随货同行的有关票证单据。

（3）审核有无特殊运输要求。检查货物托运单中是否记载有对运输期限、装卸、押运人数、车辆等的特殊要求，以及承、托双方的其他有关事项。

（二）受理

（1）企业的公路运输主管从客户处接收运输发送计划。

课堂笔记

（2）企业的公路运输调度从客户处接收出库提货单证。

（3）核对单证。

（4）登记。运输调度在登记表上按照分货目的地、收货客户标定提货号码；驾驶员（或指定人员）到运输调度中心拿提货单，并在运输登记本上确认签收。

任务 3：调度安排

接受托运人的委托后，调度要根据具体的运输业务的性质和要求进行任务安排，安排合适的车辆、驾驶员并选择合理的运输路线。通常情况下，运输企业对驾驶员采用“定车定人”的管理方法，车辆调度好了，就意味着驾驶员安排好了。

1. 填写公路货物运输调度单

调度员发布行车命令，一事一令，正确填写调度单。公路货物运输调度单如表 2-4-1 所示。

表 2-4-1 公路货物运输调度单

<table>
<tr><td colspan="2">驾驶员名称</td><td colspan="2"></td><td>车牌号码</td><td></td><td>车型吨位</td><td></td></tr>
<tr><td colspan="2">运输路线</td><td colspan="6"></td></tr>
<tr><td colspan="2">发车时间</td><td colspan="3">年 月 日 时 分</td><td>预计返回时间</td><td colspan="2">年 月 日 时 分</td></tr>
<tr><td>序号</td><td>货物名称</td><td>重量</td><td>件数</td><td>运单编号</td><td>装载地点</td><td>卸载地点</td><td>收货人签章</td></tr>
<tr><td></td><td></td><td></td><td></td><td></td><td></td><td></td><td></td></tr>
<tr><td></td><td></td><td></td><td></td><td></td><td></td><td></td><td></td></tr>
<tr><td></td><td></td><td></td><td></td><td></td><td></td><td></td><td></td></tr>
<tr><td></td><td></td><td></td><td></td><td></td><td></td><td></td><td></td></tr>
<tr><td></td><td></td><td></td><td></td><td></td><td></td><td></td><td></td></tr>
</table>

调度员：　　　　驾驶员签章：　　　　年 月 日

此项调度操作也可以在软件端完成。

2. 发布调度命令

调度员通过发布调度命令调度车辆。在信息化的今天，调度员多数是在填写调度单后，先通过电话（或网络通信方式）联系落实，再补充纸质调度命令，以存档备查。（各级调度命令应妥善保管一年。）

调度命令如涉及其他单位和人员，应同时发给他们。

3. 交付调度命令

调度员在向驾驶员发布调度命令时，如果驾驶员不在，应发给其所属车队班组，再由车队班组负责转达，并且认真执行确认和回执制度。

任务 4：车队交接

驾驶员接收到调度命令后，与调度员进行有关运输的交流。调度员根据运输计划的要求，统筹安排车辆。本任务需为客户安排的车辆是 9.6 米的厢式货车。调度员上报运输计划给客户处，并确认到客户处提货的时间。

任务 5：提货发运

驾驶员应仔细检查即将执行运输作业的车辆情况，在确认没有安全隐患的前提下，按时到达客户提货仓库，办理提货手续，执行装车作业。

1. 装车作业

（1）配载装车。按车辆容载量和货物的形状、性质进行合理配载，填制配装单和货物交接单。注意：填单时应按货物先远后近、先重后轻、先大后小、先方后圆的顺序填写，以便按单顺次装车，对不同到达站和中转站的货物要分单填制。

（2）将整理后的各种随货单证分附于交接单后面。

2. 装车步骤

（1）检查车体、车门、车窗是否良好。

（2）将贵重物品放在防压、防撞位置。

（3）装车完毕后复查货位，以免错装、漏装。

（4）工作人员清点随车单证并签章确认。

（5）检查车辆关锁及捆扎情况。

提货完成后，盖好车棚、锁好厢门、办好出厂手续，电话通知收货客户预送达时间。

任务 6：在途追踪

货物装车后，即可出发。货物在运送途中发生的各项货运作业称为途中作业，主要包括途中交接、整理或换装等内容。

驾驶人员应及时做好货运途中的行车检查，既要保持货物完好无损、无漏失，又要保持车辆状况的良好。

运输过程中，驾驶员要及时反馈途中信息；与收货客户电话联系送货情况；填写跟踪记录；有异常情况及时与客户联系。

任务 7：到达签收

1. 卸货作业

（1）到站后，驾驶员办理货物交接单和相关单证。

（2）卸货员清点卸载。

（3）车站货运员检查货物情况以及货票是否相符，如无异常在交接单上签字并加盖业务章。

（4）发现货物缺失，须做记录，并做相应处理。

2. 交付作业

（1）通知收货人凭提货单提货，或者按指定地点送货上门。

（2）交货时，收货人应持有货物托运单和有关证明文件。

任务 8：运输结算

运输驾驶员在货物交接完成后，需把本次的相关货物交接单据、收费票据整理好。物流运输企业做好收费汇总表交给客户，待客户确认后交回结算中心；结算中心开具发票，向客户收取运费。

至此，货物运输作业的组织流程结束。

随着数字化运输的发展，上海迅捷供应链管理公司决定对运输作业的组织实施过程进行数字化升级，计划采用先进的供应链管理软件和物流信息系统，以提高运输效率、优化路线规划、实时跟踪货物位置，并为客户提供即时的运输状态更新。使用信息系统后，可借助信息系统快速完成派车管理、订单管理、回单管理、运费管理、运行监控、里程统计、送货量统计等，效率更高。数字化运输系统操作流程请扫描二维码“数字化运输系统操作流程”进行学习。

任务评价

本任务采用自我评价、组间评价、教师评价相结合的方式，主要从团队协作、任务完成数量和质量、任务分析的逻辑性和完整性、任务实施的正确性、专业知识的掌握程度和灵活运用等方面进行评价。任务完成后，请填写任务考核评价表（表 2-4-2）。

表 2-4-2 任务考核评价表

任务名称：________ 专业：________ 班级：________第________小组

组长：________ 小组成员（姓名、学号）：________

成员分工					
评价维度	评价内容	分值	自我评价（20%）	组间评价（30%）	教师评价（50%）
方案设计	能够正确、完整地填写相关单证表格，错/漏一处扣 2 分	20			
	能够完整梳理总结干线运输作业的组织流程及注意事项，错/漏一处扣 2 分	20			
	对比数字化运输时代借助信息系统进行运输作业组织前后的差异，要求分析有理有据	20			
格式排版	严格按照规范格式要求进行排版，有封面、目录，行距、字体、字号等符合要求，错一项扣 1 分	10			
小组汇报	PPT 制作逻辑清晰、排版美观、内容完整；汇报声音洪亮、表述清楚；回答问题准确、熟练，能反映本小组设计思路、特点	20			
团队协作	团队分工明确，任务完成过程中协同性好，按时提交方案	10			

【课后小测】

一、单选题

1. 货物在始发站的各项货运作业统称为（　　）。

A. 途中站务工作　　B. 到达站站务工作

C. 沿途站务工作　　D. 发送站务工作

2.（　　）时必须做好货物包装、确定重量和办理单据等作业。

A. 组织装车　　B. 包装　　C. 受理托运　　D. 搬运装卸

3.（　　）是一种财务性质的票据，是根据货物托运单填记的。

A. 联合成本　　B. 变动成本　　C. 联合成本　　D. 货票

4. 货物在到达站发生的各项货运作业统称为（　　）。

A. 途中站务工作　　B. 到达站站务工作

C. 沿途站务工作　　D. 发送站务工作

5. 客户办理货物托运时需要填写的单据是（　　）。

A. 回款单　　B. 核销单　　C. 报销单　　D. 货物托运单

二、填空题

1. 发送站务工作主要由________、________和________组成。

2. 货物有________和________之分。

3. 为使卸车作业顺利进行，防止误卸并确认货物在运输过程中的完整状态，卸车货运员应在卸车前认真做好以下检查：________、________、________。

4. 货车到站后，应首先进行________和________的交接。

5. 货物装车前必须对车辆进行________和________，以确保其运输安全和货物完好。

三、判断题

1. 收货人持有加盖“钱货交讫”的货物运单方可将货物搬出货场。（　　）

2. 对承运人在车站等公共装卸场所内组织卸车的货物，收货人应于承运人发出领货通知或送货通知的次日起算，两日内将货物搬出或接收货物。（　　）

3. 整车货物运输和零担货物运输的流程相同。（　　）

4. 办理托运时需要填写货物托运单。（　　）

5. 货物卸车后必须对车辆进行清扫。（　　）

四、简答题

1. 简述整车货物运输的途中管理工作。

2. 简述整车货物运输的作业流程。

3. 简述零担货物运输的作业流程。

4. 简述整车货物运输中的单据种类。

5. 简述整车货物运输和零担货物运输在作业组织流程方面的区别。

项目三

配送运输业务组织管理

项目概述

课堂笔记

通常情况下，配送集成了装卸、包装、保管、运输等多项活动，通过这些活动的协同完成才能配送任务。本项目旨在深入研究配送运输业务的组织管理。项目内容被划分为四个任务模块，从制订配送运输作业计划起始，详细介绍了一对一、一对多、多对多配送情况下配送路线规划的方法，并结合配送迷城游戏，让同学们结合实际任务场景制定配送路线规划方案，最后对配送运输作业的执行管理进行深入探讨。

本项目导航如图 3-1 所示。

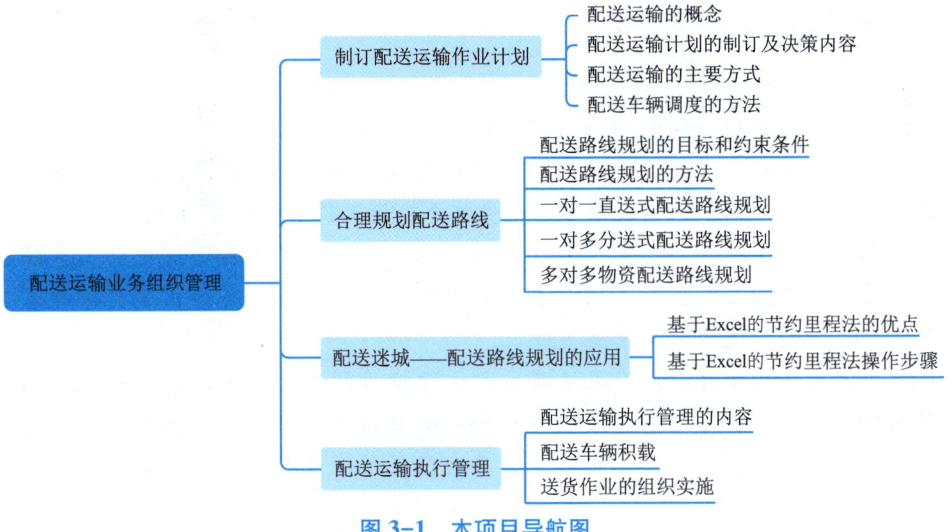

图 3-1　本项目导航图

学习目标

【知识目标】

◇ 掌握配送运输计划制订的内容及影响因素；

◇ 掌握配送运输主要方式的适用范围及优缺点；

◇ 掌握配送车辆调度常用方法的原理和计算过程；

◇ 掌握配送路线规划的数学计算方法，熟悉相关的信息化运用；

◇ 掌握配送车辆积载技术的原理与相关技术的实际操作；
◇ 掌握配送运输计划制订的程序及方法；
◇ 掌握配送运输作业流程的步骤及异常情况处理的方法。

【技能目标】

◇ 具备正确选择配送作业模式的能力；
◇ 具备配送配车调度作业的执行能力；
◇ 具备合理优化配送路线的能力；
◇ 具备配送车辆合理积载的能力；
◇ 具备正确制订配送运输作业计划的能力；
◇ 能够完成配送运输作业流程的执行管理并处理异常情况。

【素养目标】

◇ 培养勇于创新、忠诚担当的劳模精神；
◇ 弘扬热爱劳动的精神，善于开展创造性劳动；
◇ 弘扬精益求精、勇于探索、刻苦钻研的工匠精神；
◇ 培养科技赋能、数据思维、低碳环保、团队合作的意识；
◇ 树立合法合规、降本增效的企业运营理念。

情景导入

配送环节是运输的末端，刘经理认为，小磊也有必要熟悉一下配送运输作业的组织管理。在干线运输部门的轮岗考核合格后，刘经理就把这个想法和小磊进行了沟通，小磊表示可以接受这个轮岗工作，并会努力做好。

到了配送运输部门的家乐配送中心之后，主管给了小磊这样一个工作任务：在同一天为三个位于不同地点的客户配送几种货物，并提供了具体的货物名称、数量、送达时间等信息。

刘经理告诉小磊，做好配送前的配送运输计划非常重要，因为配送涉及的货物多、客户多，送达时间也不一样。小磊经过一番学习，梳理了配送运输作业的基本流程，并细化了每个程序会涉及的专业技能。小磊拟做出如下的工作安排：

1. 对刘经理提供的配送客户信息及需求进行梳理；

2. 依据梳理后的客户配送需求，按已掌握的配送运输作业基本流程进行配送运输计划的制订；

3. 跟进对配送运输过程的管理，并及时处理异常情况。

对配送运输业务相关岗位任职人员的能力要求如表 3-1 所示。

表 3-1　配送运输业务相关岗位任职人员的能力要求

序号	核心岗位	核心技能
1	配送运输调度岗位	能够驾驶交通工具并取得合法驾驶执照
		会熟练使用相关配送软件系统处理配送运输单证
		具备区域配送运输的相关工作经验
		具备合理、灵活规划路线的思维能力，能够完成配送运输工作
2	配送运输管理岗位	具备配送运输的管理、统筹能力
		能够进行运力（人、车、货）的合理调度与优化
		能够优化配送运输路线，处理异常情况
		能够合理控制成本

榜样的力量直抵心灵

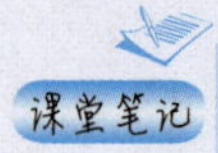

任务一 制订配送运输作业计划

任务资讯

小磊来到家乐配送中心进行岗位实践。该配送中心地处石家庄市鹿泉区，小磊接到的任务是需要在2月16日这天为该市裕华区的3个客户配送商品。

（一）客户订单

此次任务要配送商品的名称、规格、数量、毛重、体积及需求时间如表3-1-1所示。

表3-1-1 配送商品情况一览表

客户	商品名称	规格	数量/箱	毛重/（千克·箱$^{-1}$）	长×宽×高/厘米	需求时间
A	龙井茶叶	500克/袋	50	11	85×60×45	2月16日上午11时前
	光明牛奶	250克/袋	100	8.5	70×50×35	
	东北大米	50千克/袋	40	50	100×45×20	
	可口可乐	1.25千克/瓶	65	8.5	60×35×50	
B	雕牌洗衣粉	1千克/袋	50	11	75×55×40	2月16日上午10时前
	力士香皂	125克/块	40	4.25	60×30×25	
	天元饼干	1千克/盒	100	6.5	90×80×70	
	可口可乐	1.25千克/瓶	80	8.5	60×35×50	
C	喜多毛巾	70厘米×40厘米/条	20	7	75×45×50	2月16日上午12时前
	可口可乐	1.25千克/瓶	100	10.5	60×35×50	
	光明牛奶	250克/袋	100	8.5	70×50×35	

课堂笔记

（二）配送作业

公司配送车辆情况：3 辆东风厢式货车，分别为 3 吨型（5 800 毫米×2 100 毫米×2 200 毫米）一辆、5 吨型（7 400 毫米×2 200 毫米×2 200 毫米）一辆、5.4 吨型（9 800 毫米×2 380 毫米×2 400 毫米）一辆。家乐配送中心与 3 个客户的位置如图 3-1-1 所示。

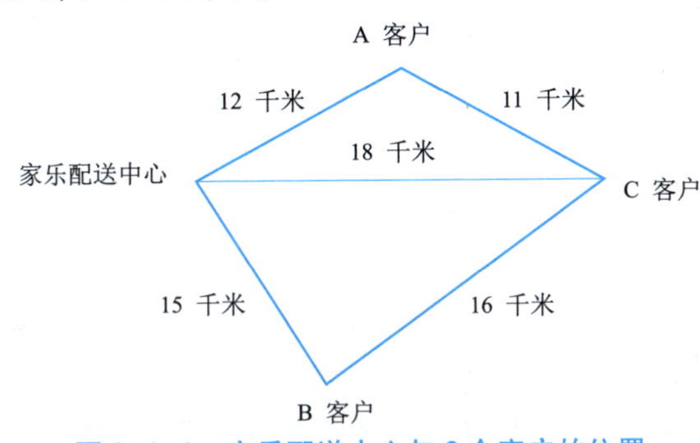

图 3-1-1　家乐配送中心与 3 个客户的位置

任务要求：请为该公司制订一份配送运输计划，科学安排车辆、人员、车辆行驶路线与送货批次，并将送货地点和路线在地图上标明或在表格中列出，做到既能满足客户的配送时间要求，又能使配送运输成本最低。

任务分析

配送运输计划是事先根据客户订单和需求制定详细的送货方案，它规定了货物从仓库到客户的具体路线、配送时间、配送数量以及所需的运输资源。制订一份合理的配送运输计划是很有必要的；要完成计划的制订，需要学习配送运输计划的决策内容、配送运输的方式、配送路线调度的方法等内容。

任务实施流程图如下：

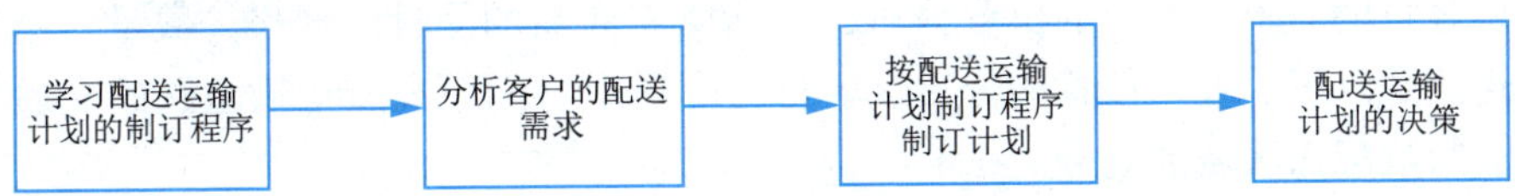

政策前沿

习近平总书记谈“新质生产力”

在 2024 年全国两会上，新质生产力被视为中国经济高质量发展的重要推动力。新质生产力，特点是创新，关键在质优，本质是先进生产力。自 2023 年 9 月首次提出“新质生产力”以来，习近平总书记先后在多个场合谈及发展新质生产力的现实性和紧迫性，“科技创新实现新突破，新质生产力加快形成”“发展新

课堂笔记

质生产力是推动高质量发展的内在要求和重要着力点”。

从不要“忽视、放弃传统产业”到“培育壮大新兴产业，超前布局建设未来产业”，从“打好关键核心技术攻坚战”到“统筹推进科技创新和产业创新，加强科技成果转化应用”……习近平总书记以“新质生产力”为题，廓清新质生产力和传统产业的辩证关系，指明打通束缚新质生产力发展堵点的方向，为各地因地制宜发展新质生产力明确了方法论。

知识储备

微课：配送运输的基本流程

一、配送运输的概念

配送运输是指将被订购的货物使用汽车或其他运输工具从供应点送至客户手中的活动，其可能是从工厂等生产地仓库直接送至客户手中，也可能是通过批发商、经销商，或由配送中心、物流中心转送至客户手中。配送运输通常是一种短距离、小批量、高频率的运输形式。单从运输的角度看，它是对干线运输的一种补充和完善，属于末端运输、支线运输。它以服务为目标，以尽可能满足客户要求为优先。从日本配送运输的实践来看，配送的有效距离最好在 50 千米以内。我国为国内配送中心、物流中心设定的配送经济里程为 30 千米以内。

【想一想】干线运输与配送运输有什么区别？

二、配送运输计划的制订程序及决策内容

配送运输计划是物流业务中的重要组成部分，其根据客户的需求和配送中心的资源，对配送作业过程进行全局筹划和安排。

（一）分析客户需求，划分基本配送区域

客户订单是制订配送运输计划的最根本依据，其一般会对配送商品的种类、规格、数量、送货时间、送达地点、收货方式都有要求。制订配送运输计划前需要详细分析客户的需求和客户的位置分布，包括所需商品的品种、规格、数量、送货时间、送达地点等。客户位置的分布、客户与配送中心的距离、运输道路的交通状况等都会影响配送区域的划分。

（二）车辆配载

配送货物的体积、形状、重量、性能、运输要求是决定运输方式、车辆种类、车辆容积及车辆配载的制约因素。由于配送货物的品种、特性各异，为提高配送效率、确保货物质量，在接到订单后，首先必须将货物依特性进行分类，分别选取不同的配送方式和运输工具，如按冷冻食品、速食品、散装货物、箱装货物等分类配载。其次，配送货物也有轻重缓急之分，必须按照先急后缓的原则合理组织运输配送。

（三）暂定配送的先后顺序

在考虑其他影响因素、制定最终的配送方案前，应先根据客户订单要求的送货

时间将配送作业的先后次序做一个概括的统计，按日排定客户要求的送达时间、送达地点、送货车辆与人员。由于每一个地点的配送量不同，周边环境、自有资源也不同，应有针对性地综合考虑车辆数量、地点的特征、距离、路线，将配送任务合理分配，做到配送路线最短、所用车辆最少、总成本最低、服务水平最高。

（四）车辆安排

车辆安排要解决的问题是安排什么类型、吨位的配送车辆完成最后的送货作业。一般企业拥有的车辆类型有限，数量亦有限，当本公司车辆无法满足要求时，可使用外雇车辆。在保证配送运输质量的前提下，是组建自营车队，还是以外雇车为主，须视经营成本而定。在车辆安排曲线图（见图 3-1-2）中，曲线 1 表示外雇车辆的运送费用会随运输量的增加而增加；曲线 2 表示自有车辆的运送费用随运量的增加而减少。当运量小于 A 时，外雇车辆费用小于自有车辆费用，此时应选用外雇车辆；当运输量大于 A 时，外雇车辆费用大于自有车辆费用，此时则应选用自有车辆。

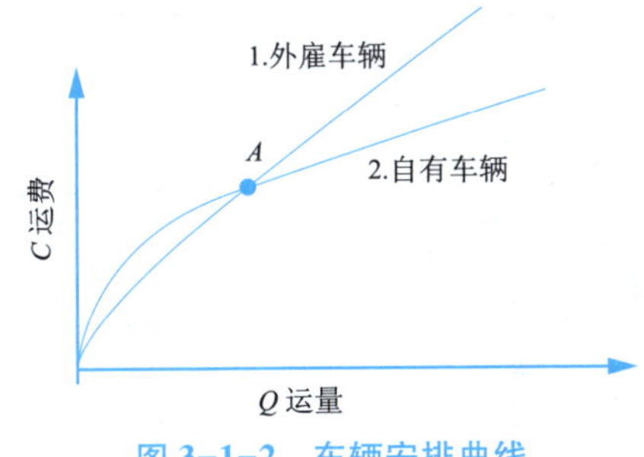

图 3-1-2　车辆安排曲线

（五）选择配送路线

知道了每辆车负责配送的具体客户后，如何以最快的速度完成对这些货物的配送，即如何选择配送距离短、时间短、成本低的路线，就需要根据客户的具体位置、沿途的交通情况等作出判断。除此之外，还必须考虑有些客户或其所在地的交通环境对送货时间、车型等方面的特殊要求，如有些客户不在中午或晚上收货，有些道路在高峰期实行特别的交通管制等。这个环节涉及的知识点较为繁多，将在下一个任务里面进行单独讲述。

（六）确定最终的配送顺序

做好车辆安排并制定了最优的配送路线后，依据各车负责配送的具体客户，即可确定最终的客户配送顺序。

（七）完成车辆积载

微课：配送运输计划的制订

明确了客户的配送顺序后，接下来就是如何将货物装车、以什么次序装车的问题，即车辆的积载。原则上，知道了客户配送的先后次序，就应根据车辆本身的容积、载重限制，结合货物自身的体积、重量考虑最大装载量，以使车辆的有限空间不被浪费，并依据“后送先装”的顺序装车。有时可能还要根据货物的性质（怕震、怕压、怕撞、怕湿）、形状、体积及重量等做出弹性调整。此外，对于货物的装卸

方法也必须依照货物的性质、形状、重量、体积等具体内容来做决定。

配送运输计划的决策内容如图 3-1-3 所示。

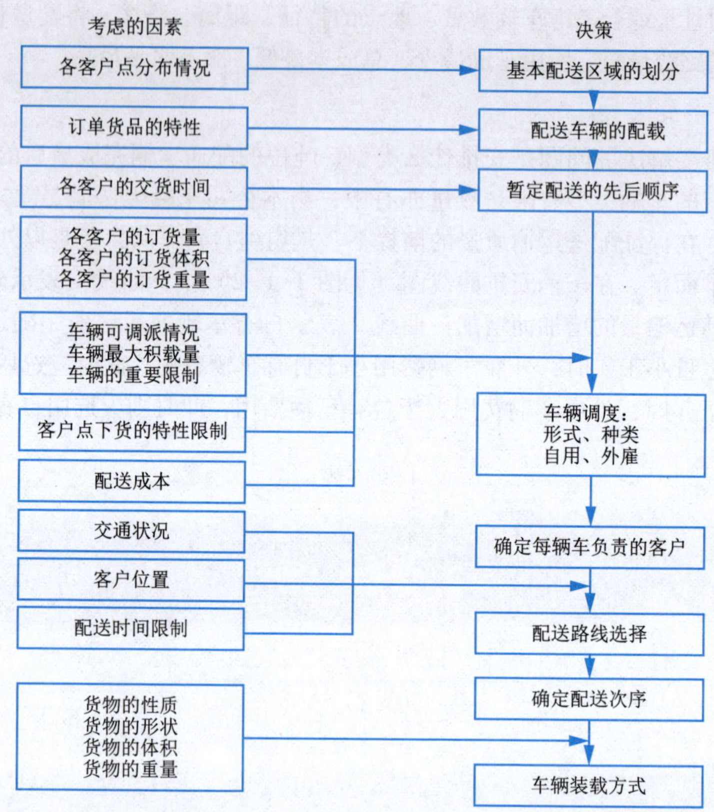

图 3-1-3　配送运输计划的决策内容

三、配送运输的主要方式

由于交通运输条件的不同、货物特性的差异以及托运人要求的不同，运输方式选择的合理性标准也不尽相同。具体而言，配送运输方式主要包括整车直送、多点分运、快运。

（一）整车直送方式

汽车整车直送方式是指同一收货人需要一次性送达同一站点，且适合 3 吨以上车辆配送装运的货物运输方式，或者货物重量在 3 吨以下，但其性质、体积、形状需要一辆 3 吨以上车辆一次或一批运输到目的地的运输方式。

微课：配送运输的作业方式——整车直送运输

1. 特点

整车直送方式一般中间环节较少，送达速度快，运输成本较低。通常以整车为基本单位订立运输合同，以充分体现整车配送运输的可靠、快速、方便、经济等特性。

课堂笔记

2. 基本程序

按客户需求订单备货→验货→配车→配装→装车→发车→运送→卸车交付→运杂费结算→货运事故处理。

（二）多点分运方式

多点分运方式是在保证满足客户要求的前提下，集合多个客户的配送货物进行搭配装载，以充分利用运能、运力，降低配送成本，提高配送效率。多点分运按行驶路线可分为以下几种。

1. 往复式行驶路线

往复式行驶路线一般是指由一个供应点为一个客户提供专门送货服务，如图 3-1-4 所示。从物流优化的角度看，其基本条件是客户的需求量接近或大于可用车辆的核定载重量，需专门派一辆或多辆车一次或多次送货。可以说往复式行驶路线是指配送车辆在两个物流节点间往复行驶的路线类型。根据运载情况，具体可分为如下三种形式。

（1）单程有载往复式行驶路线。

单程有载往复式行驶路线如图 3-1-4（a）所示，因为回程不载货，所以其里程利用率较低，一般不到 50%。

（2）回程部分有载往复式行驶路线。

回程部分有载往复式行驶路线如图 3-1-4（b）所示。车辆在回程过程中有货物运送，但货物不是运到线路的终点，而是运到线路中间的某一节点；或是中途载货运到终点。这种路线因为回程部分有载，里程利用率比前一种有了提高，大于 50%，但小于 100%。

（3）双程有载往复式行驶路线。

双程有载往复式行驶路线如图 3-1-4（c）所示，指车辆在回程运行中全程载有货物运到始点，其里程利用率为 100%（不考虑驻车的调空行程）。

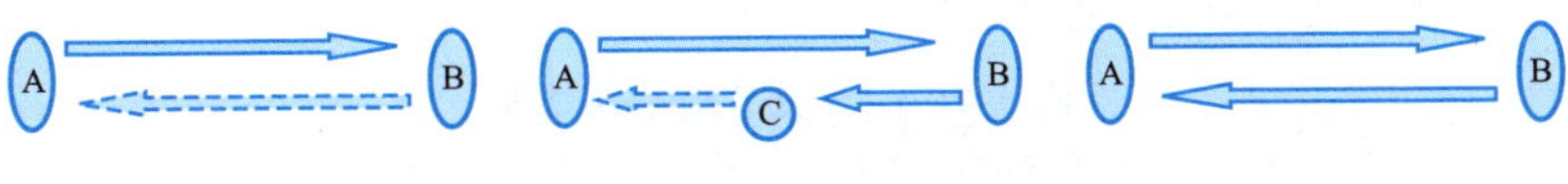

图 3-1-4 往复式行驶路线图

（a）单程有载往复式行驶路线（b）回程部分有载往复式行驶路线（c）双程有载往复式行驶路线

2. 环形式行驶路线

环行式行驶路线是指配送车辆在由若干物流节点间组成的封闭回路上所做的连续单向运行的行驶路线。车辆在环形式行驶路线上行驶一周时，至少应完成两个运次的货物运送任务。由于不同运送任务的装卸作业点的位置分布不同，环形式行驶路线可分为三种形式，即简单环形式、交叉环形式、复合环形式，如图 3-1-5 所示。

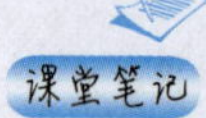

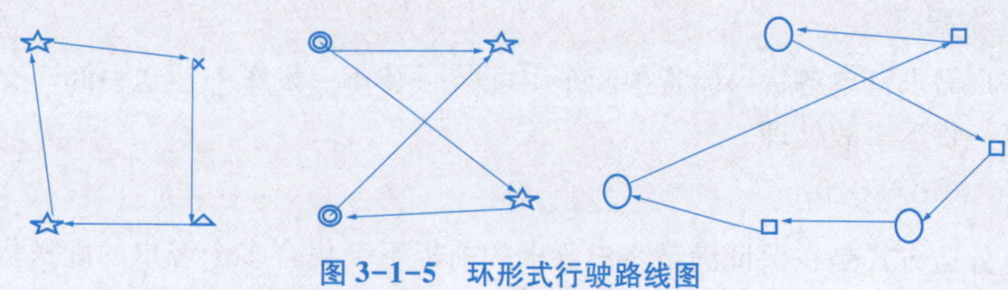

图 3-1-5　环形式行驶路线图

（a）简单环形式（b）交叉环形式（c）复合环形式

3. 汇集式行驶路线

微课：配送运输的作业方式——多点分运方式的行驶路线

汇集式行驶路线是指配送车辆运行在分布于运行线路上的各物流节点间，依次完成相应的装卸任务，而且每一运次的货物装卸量均小于该车核定载重量，沿路装或卸，直到整辆车装满或卸空，然后再返回出发点的行驶路线。汇集式行驶路线可分为直线形和环形两类，其中汇集式直线形行驶路线实质是往复式行驶路线的变形。直线形和环形行驶路线都包括分送式、收集式、分送—收集式三种模式，如图 3-1-6 所示。

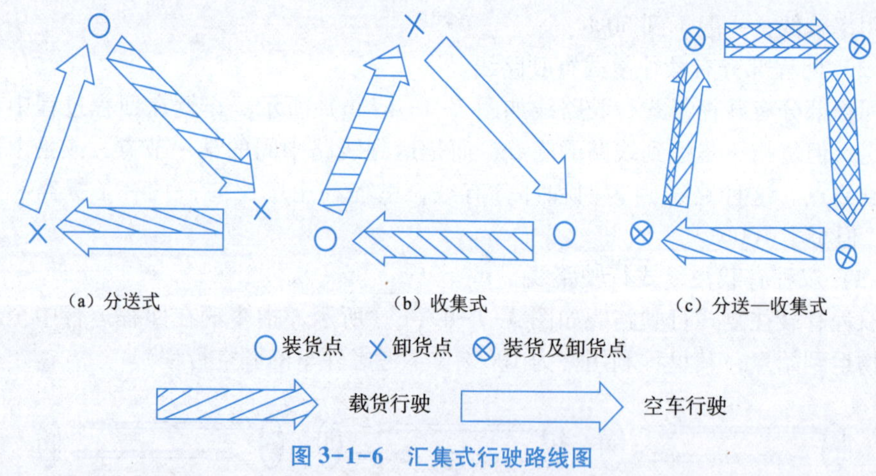

图 3-1-6　汇集式行驶路线图

车辆在汇集式行驶路线上运行时，其调度工作的组织较为复杂。有时虽然完成了指定的运送任务，但其完成的运输周转量却不尽相同，这是因为车辆所完成的运输周转量与车辆沿线路上各物流节点的绕行次序有关。

4. 网状行驶路线

网状行驶路线是指车辆以一个物流节点为中心，向其周围多个方向上的一个或多个节点行驶而形成的辐射状行驶路线，如图 3-1-7 所示，O 是中心节点，A，B，C……是各方向上的节点。如果单就某一个行驶方向（如 O 至 A）来说，其可以简化成一个往复式行驶路线；如果单就一个局部（如 O，H，G）来说，车辆按 O→F→H→G→F→O 运行，其可简化成一个环形式行驶路线；如果各节点更广泛地连通，车辆在多个节点之间运行，则从整体上形成了一个复杂的网状行驶路线。

课堂笔记

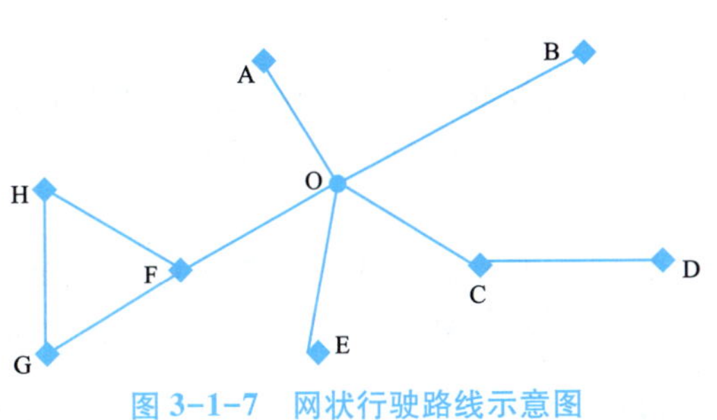

图 3-1-7　网状行驶路线示意图

科技创新

南陵“智造”无人快递车已“开往”海外

（三）快运方式

快件货物运输（以下简称“快运”）是指在规定的距离和时间内将货物运达目的地的运输业务。根据《道路货物运输管理办法》的有关规定，快运是指从接受委托的当天 15 时起算，300 千米运距内，24 小时内送达；1 000 千米运距内，48 小时内送达；2 000 千米运距内，72 小时送达。

1. 快运的特点

配送运输的作业方式——快运

（1）送达速度快。

（2）配装手续简捷。

（3）实行承诺制服务。

（4）可随时进行信息查询。

2. 快运业务操作流程

通过电话、传真、电子邮件接受客户的委托→快速通道备货→分拣→包装→发货→装车→快速运送→货到分发→送货上门→信息查询→费用结算。

3. 快运的基本形式

（1）定点运输。

定点运输是指按发货地点固定车辆，专门完成一些相对固定的货物配送任务的运输组织形式。在组织定点运输时，除了根据任务固定车辆或车队外，还应实行有关装卸人员和装卸设备的固定以及调度员在该工作点的固定。

（2）定时运输。

定时运输是指根据客户的需求量计划，车辆按编制的运输计划所拟定的行车时刻表来进行作业的运输组织形式。

（3）特快运输。

特快运输是指根据客户的临时需求，快速反应，进行快速备货、调用待发车辆、将货物快速送达客户手中的运输组织形式。

微课：车辆调度问题的要素

（4）联合快运。

联合快运是指充分利用几种运输方式的网络优势优化配送运输，实现运输的快捷性、经济性目标的业务组织形式。

四、配送车辆调度的方法

拓展知识：图上作业法的原理及计算

车辆调度的方法有多种，可根据客户所需货物、配送中心站点及交通线路的布局而选用不同的方法。简单的运输可采用定向专车运行调度法、循环调度法、交叉调度法等。如果配送运输任务量大、交通线路复杂时，为合理调度车辆的运行，可运用运筹学中线性规划的方法，如最短路线法、表上作业法、图上作业法等，在实际运输中经常使用经验调度法和运输定额比法。

数字赋能

推动货运物流全面数字化，赋能新质生产力

数字化转型已成为整个物流行业的发展趋势，同时，数字化、信息化也成为物流企业构建的核心竞争力之一。科技创新助力“智慧物流”快速发展，货运物流也要为新质生产力的形成提供有效支撑。2024 年全国“两会”期间，全国政协委员、北京交通大学教授钟章队提出，要推动货运物流全面数字化、智能化、绿色化发展，赋能产业形成新质生产力。

货运物流行业要适应未来产业结构调整和产业升级下新的物流需求，包括更加安全可靠的供应链物流体系、更加灵活高效的货运物流组织、更匹配新质生产力产业布局的物流网络。在这方面，公路货运灵活门到门有天然优势。数字货运在公路货运灵活、便捷的基础上，又叠加高效匹配、可追溯、运力定制等能力，将更好地为新质生产力产业和企业赋能。

1. 经验调度法

经验调度法是指在有多种车辆时，尽可能地使用能满载的车辆进行运输。如运输 5 吨的货物，就安排一辆 5 吨载重量的车辆。在能够保证满载的情况下，优先使用大型车辆，且先载运大批量的货物。一般而言，大型车辆能够保证较高的运输效率和较低的运输成本。

2. 运输定额比法

运输定额比法是运用理论方法做出派车决定，即计算每种车辆运输不同货物的定额比（小于 1 的定额比忽略不计），根据定额比的大小考虑车辆的安排，车辆应优先运送运输定额比大的货物，同时要尽可能地使用能满载的车辆进行运输。

课堂笔记

例 3-1-1：某建材配送中心某日需运送水泥580吨、盘条400吨和不定量的平板玻璃。该中心有大型车20辆、中型车20辆、小型车30辆。各种车每日只运送一种货物，车辆运输定额如表3-1-2所示。请使用经验调度法和运输定额比法确定派车方案。

表 3-1-2 车辆运输定额

单位：吨/（日·辆）

车辆种类	运送水泥	运送盘条	运送玻璃
大型车	20	17	14
中型车	18	15	12
小型车	16	13	10

方案一：经验调度法派车方案

步骤1：根据表3-1-2明确车辆运输定额。

步骤2：根据经验调度法的原则确定派车方案，即优先使用大型车辆，确认车辆安排的顺序为大型车、中型车、小型车；先载运大批量货物，货载安排的顺序为：水泥、盘条、玻璃。得出经验调度法派车方案如表3-1-3所示，共完成货运量1 090吨。

表 3-1-3 经验调度法派车方案

车辆种类	运送水泥车辆数	运送盘条车辆数	运送玻璃车辆数	车辆总数
大型车	20	—	—	20
中型车	10	10	—	20
小型车	—	20	10	30
货运量/吨	580	410	100	—

方案二：运输定额比法派车方案

步骤1：根据表3-1-2计算车辆运输定额比，如表3-1-4所示。计算每种车辆运送不同货物的定额比，其他方式的定额比都小于1，此处不予考虑。

表 3-1-4 车辆运输定额比

车辆种类	运水泥/运盘条	运盘条/运玻璃	运水泥/运玻璃
大型车	1. 18	1. 21	1. 43
中型车	1. 2	1. 25	1. 5
小型车	1. 23	1. 3	1. 6

步骤2：按运输定额比派车。

在表3-1-4中，小型车运送水泥的定额比最高，因而要先安排小型车运送水泥，然后由中型车运送盘条，剩余的由大型车完成。由此得出表3-1-5的运输定额比法派车优化方案，共完成运量1 108吨。

课堂笔记

表 3-1-5　运输定额比法派车优化方案

车辆种类	运送水泥车辆数	运送盘条车辆数	运送玻璃车辆数	车辆总数
大型车	5	6	9	20
中型车	—	20	—	20
小型车	30	—	—	30
货运量/吨	580	402	126	—

视野拓展

一文带你读懂什么是“数字货运”

任务实施

阅读“任务资讯”中的背景资料，分析需要配送货物的体积、重量和运送时间，在满足客户时间需求的前提下，结合运输距离、装卸货时间，确定送货提前期。优化车辆行走路线与送货批次，并将送货地点和路线在地图上标明或在表格中列出，还要配备合适人员全程、全车负责，完成对客户的送货作业。按下列步骤完成配送运输计划的制订。装卸车均需留出 1 个小时的时间。

任务 1：车辆安排

对长×宽×高所在列使用 Excel 的分列功能，将其分成长、宽、高三列，使用公式计算出配送货物单箱体积、总体积和总重量，填至表 3-1-6 中。

表 3-1-6　配送货物单箱体积、总体积和总重量计算

客户	品名	数量/箱	毛重/（千克·箱$^{-1}$）	长×宽×高/厘米	单箱体积/（立方米·箱$^{-1}$）	总体积/立方米	总重量/吨	需求时间
A	龙井茶叶	50	11	85×60×45				2 月 16 日上午 11 时前
	光明牛奶	100	8.5	70×50×35				
	东北大米	40	50	100×45×20				
	可口可乐	65	8.5	60×35×50				
B	雕牌洗衣粉	50	11	75×55×40				2 月 16 日上午 10 时前
	力士香皂	40	4.25	60×30×25				
	天元饼干	100	6.5	90×80×70				
	可口可乐	80	8.5	60×35×50				

课堂笔记

续表

客户	品名	数量/箱	毛重/（千克·箱$^{-1}$）	长×宽×高/厘米	单箱体积/（立方米·箱$^{-1}$）	总体积/立方米	总重量/吨	需求时间
C	喜多毛巾	20	7	75×45×50				2月16日上午12时前
	可口可乐	100	10.5	60×35×50				
	光明牛奶	100	8.5	70×50×35				

家乐配送中心现有东风厢式货车3吨型（5.8米×2.1米×2.2米）一辆、5吨型（7.4米×2.2米×2.2米）一辆、5.4吨型（9.8米×2.38米×2.4米）一辆，共计三辆。

根据客户的时间要求、每种货物的特性和其他因素，制定出配送货物的车辆安排。

3吨型（5.8米×2.1米×2.2米）共用于配送货物________次。

5吨型（7.4米×2.2米×2.2米）共用于配送货物________次。

5.4吨型（9.8米×2.38米×2.4米）共用于配送货物________次。

任务2：车辆配载

根据上述计算，安排每种车型装载的客户货物，制定车辆配载方案。

如5.4吨型：装某客户的某货物，以此类推，要求将方案内容描述清楚。

任务3：暂定配送的先后次序

描述先向哪个客户发货，使用什么类型的车装载什么货物，什么时候发车。

任务4：路线选择

描述配送路线的安排，包括车辆发车时间、每辆车配备的配送人员和驾驶员数量等。

任务5：确定最终送货顺序

描述清楚所派车型及送货顺序，制作送货计划表（可自拟）。

任务评价

项目三任务一
考核评价表参考

【课后小测】

一、单选题

1. 根据客户的临时需求，快速反应，进行快速备货、调用待发车辆、将货物快速送达至客户手中的运输组织形式是（　　）。

A. 定点运输　　B. 联合快运　　C. 定时运输　　D. 特快运输

2. 按发货地点固定车辆，专门完成一些相对固定的货物配送任务的运输组织形式是（　）。

A. 定点运输　　B. 联合快运　　C. 定时运输　　D. 特快运输

3. 解决一对多配送模式的优化设计问题可以采用（　　）法。

A. 图上作业法　　B. 节约里程法

C. 表上作业法　　D. 绕行遍历思想

4. 由一个供应配送点往多个客户货物接收点的配送指的是（　　）。

A. 直送式配送　　B. 分送式配送

C. 多对多配送　　D. 多点运输

5. 车辆沿运行线路上的各物流节点依次进行卸货，直到卸完所有待卸货物返回出发点的行驶路线是（　　）。

A. 分送式行驶路线　　B. 收集式行驶路线

C. 分送—收集式行驶路线　　D. 星型行驶路线

二、多选题

1. 配送运输计划的决策内容包括（　　）。

A. 分析客户需求，划分基本配送区域

B. 车辆配载

C. 暂定配送先后次序

D. 车辆安排

E 选择配送路线

2. 整车直送方式的作业过程有（　　）。

A. 运输准备过程　　B. 基本运输过程

C. 运输服务过程　　D. 辅助运输过程

3. 快运的基本形式（　　）。

A. 定点运输　　B. 定时运输　　C. 特快运输　　D. 联合承运

4. 配送运输的主要方式包括（　　）。

A. 整车直送　　B. 快运　　C. 多点分运　　D. 定点运输

5. 多点分运按行驶路线分为（　　）。

A. 往复式行驶路线　　B. 环形式行驶路线

C. 汇集式行驶路线　　D. 网状行驶路线

三、简答题

1. 简述配送运输计划的决策内容。

2. 简述快运的特点。

四、应用题

家乐物流公司是一家拥有 80 多个店面的大型连锁超市有限公司，该公司的配送中心按照运输计划定于明天向公司下属的连锁店面运送 580 吨面粉、400 吨食用油和不定量的方便面。该公司自有车辆包括：大型车 20 辆，中型车 20 辆，小型车 30 辆。每辆车运送一种货物时的运输定额见表 3-1-7。请你以该公司物流主管的身份按照要求来制订合理的自有运输车辆派车计划，以便合理高效地完成上述运送任务。（目的：掌握用运输定额比派车的方法。）

表 3-1-7　车辆运输定额

单位：吨/（日・辆）

车辆种类	运面粉	运食用油	运方便面
大型车	19	17	13
中型车	16	14	12
小型车	15	13	10

任务二 合理规划配送路线

任务资讯

家乐配送中心 3 月 1 日收到了红日超市、万家乐超市等 9 家客户的订单，请扫描二维码 1 获取 3 月 1 日任务中 9 家客户的有效订单数据。9 家客户及配送中心所在位置信息、配送中心与客户间最短配送路线距离以及公司的 4 种配送车型请扫描二维码 2 获取。配送中要求每辆车配送的货物容积应小于或等于其可用的最大容积，每辆车配送的货物重量应小于或等于其载重限制。

请根据上述信息完成以下任务。

1. 使用透视表完成 3 月 1 日需配送的每家客户的货物体积和重量汇总。

2. 选用科学方法规划出从配送中心配送到 9 家客户的最优路线，并计算配送总成本。

项目三任务二
配送任务订单信息

二维码 2：客户位置
及车辆等信息

任务分析

合理规划配送路线是配送运输业务中一个很关键的环节，也是成本控制、时效控制的重要环节。根据任务给出的条件，已知有车辆载重和运行里程两个约束条件，需要在满足这两个约束条件的情况下，规划出最佳配送路线。这就需要掌握配送路线规划的目标、原则、方法和步骤，下面让我们一起先学习知识储备中的相关内容，然后帮小磊完成配送路线规划吧！

课堂笔记

任务实施流程图：

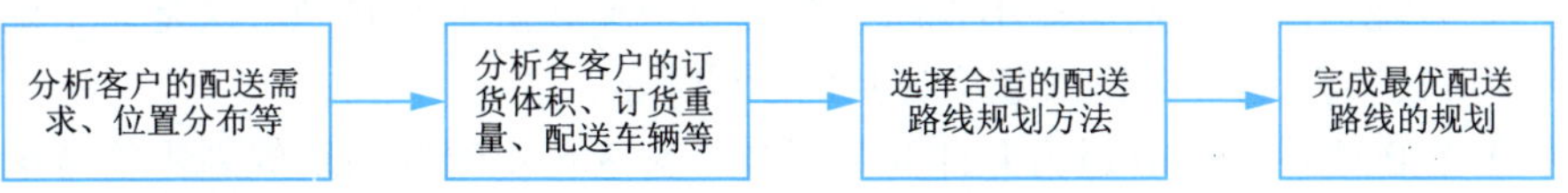

政策前沿

加快建设交通强国 数字化、网络化、智能化
助力交通运输行业高质量发展

党的二十大报告指出："坚持把发展经济的着力点放在实体经济上，推进新型工业化，加快建设制造强国、质量强国、航天强国、交通强国、网络强国、数字中国。"此前发布的《数字交通"十四五"发展规划》也明确了"数字交通"建设的发展目标，即到2025年，交通新基建取得重要进展，行业数字化、网络化、智能化水平显著提升，有力支撑交通运输行业高质量发展和交通强国建设。

知识储备

一、配送路线规划的目标和约束条件

1. 配送路线规划的目标

目标的选择是根据配送的具体要求、配送中心的实力及客观条件来确定的。配送路线规划的目标可以有多种选择。

（1）以效益最高为目标：指计算时以利润最大化为目标。

（2）以成本最低为目标：实际上也是选择了以效益为目标。

（3）以路程最短为目标：如果成本与路程相关性较强，可以选它作为目标。

（4）以吨・千米数最小为目标：在"节约里程法"的计算中，采用这一目标。

（5）以准确性最高为目标：这是配送中心的重要服务指标。当然还可以选择使运力利用最合理、劳动消耗最低作为目标。

2. 配送路线规划的约束条件

无论选择哪个目标或实现哪个目标，都是有一定约束条件的，只有在满足这些约束条件的前提下才能实现所选目标。在进行配送路线规划时，一般有以下几个约束条件。

（1）满足所有收货人对商品品种、规格、数量的要求。这是规划配送路线的基本出发点，即确保每个收货人都能得到他们需要的商品，且数量、规格等符合他们的要求。

（2）满足收货人对商品送达时间范围的要求。这意味着配送路线规划需要考虑时间因素，确保商品能在收货人期望的时间段内送达。

（3）在允许通行的时间段内进行配送。这通常受到交通管制、道路条件等因素的影响，因此，规划配送路线时需要考虑到这些因素，避免在不允许通行的时间段

内进行配送。

（4）各配送路线的商品量不得超过车辆容积和载重量的限制。这是为了确保配送过程中的安全，避免超载或超容导致的运输事故。

（5）在配送中心现有运力允许的范围内。这意味着配送路线规划需要考虑到配送中心的运力限制，确保规划的路线在配送中心的运力承受范围内。

二、配送路线规划的方法

1. 经验判断法

经验判断法指利用行车人员的经验来选择配送路线的一种主观判断方法。其一般是以驾驶员的习惯行驶路线和道路行驶规定等为基本标准，拟定出几个不同方案，在倾听有经验的驾驶员和送货人员的意见后做出决定，或者直接由配送管理人员凭经验做出判断。

该方法具有运作方式简单、快速、方便的优点，但是缺乏科学性，通常在配送路线的影响因素较多、难以用某种确定的关系表达，或难以用某种单项依据评定时采用。

2. 数学计算法

假设配送路线的影响因素可用某种确定的数学关系表达时，可采用数学计算法对路线方案进行优化。目前已经出现了一些解决配送路线问题的软件，使得确定配送路线变得更加简单。

用数学计算法规划配送路线主要有三类：一对一直送式配送路线规划、一对多分送式配送路线规划、多对多物资配送路线规划。

三、一对一直送式配送路线规划

一对一直送式配送运输，是指由一个供应点对一个客户的专门送货。从物流优化的角度看，直送式客户的基本条件是其需求量接近或大于可用车辆的额定重量，需专门派一辆或多辆车一次或多次送货。因此，直送情况下，货物的配送追求的是多装快跑，选择最短配送路线，以节约时间、费用，提高配送效率。直送式物流优化的关键是寻找物流网络中的最短路线。

解决最短路线问题的数学方法有 Dijkstra 算法（迪杰斯特拉算法）、逐次逼近算法和 Floyd 算法（弗洛伊德算法）。1959 年，迪杰斯特拉提出了按路径长度的递增次序生成各顶点最短路径的算法，这被公认为是目前较好的一种算法。

【想一想】同学们说一说生活中是怎么运用现代化工具进行一对一直送式配送路线规划的。

励志榜样

柴闪闪：走进人民大会堂的快递小哥

2019 年 3 月 4 日，十三届全国人大二次会议开幕的前一天，新华社新青年工作室推出一条 5 分钟的视频——《这个快递小哥把自己“寄”到了人民大会堂》，这个快递小哥，就是柴闪闪——中国邮政集团有限公司上海市邮区中心局上海站邮件处理分中心的一名邮件接发员。

2004 年，柴闪闪从湖北老家来到上海。作为一名“农二代”，他吃苦耐劳，希望用双手为自己和家人带来更好的生活。通过自身的不懈努力，柴闪闪从一名靠体力装卸邮件包裹的转运员，转型成为依靠脑力的新时代技术工人。他先后荣获“2014—2015 年度上海市农民工先进个人”“全国五一劳动奖章”等荣誉称号。

四、一对多分送式配送路线规划

1. 概念

一对多分送式配送是指由一个供应配送点给多个客户货物接收点的送货。这种配送运输模式的要求是：同一条线路上所有客户的需求量总和不大于一辆车的额定载重量。

其基本思路是：由一辆车装载所有客户的货物，沿一条优选的路线，逐一将货物送到各个客户的货物接收点，既保证了客户按时收货，又节约了里程、节省了运输费用。一对多分送式配送路线示例如图 3-2-1 所示。

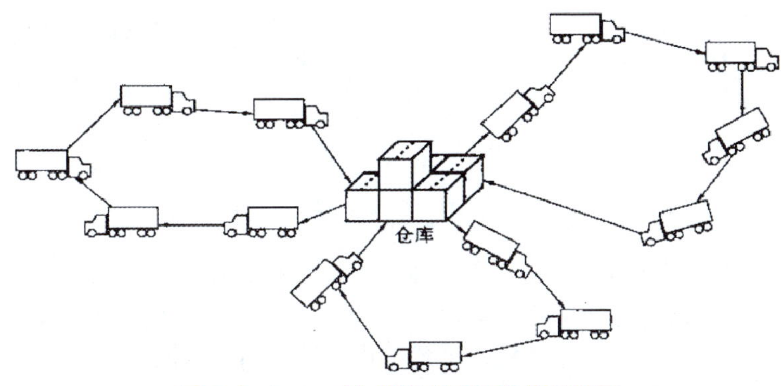

图 3-2-1 一对多分送式配送路线示例图

2. 优化原则

在实际送货过程中，最常遇到的情况是配送中心用多辆车同时给多个客户送货，这时企业期望的是在使用尽可能少的车辆且行驶总里程也尽可能少的情况下，完成客户送货任务。但在实际配送中，车辆和任务都可能存在各种约束条件。例如，对车辆而言，有载重约束、体积约束、行驶最大距离约束、行驶最长时间约束、道路约束（如城市中，在某些时间段内某些道路不允许车辆通过）等。对任务而言，最主要的约束条件是顾客对任务送达时间的要求，通常会希望送货能在某个时间段内完成，或者某个时间段内不允许配送。这种情况的实质就是多车辆路径问题（Vehicle Routing Problem，VRP）。

想更好地解决多车辆路径问题应遵循以下优化原则。

（1）根据邻近的站点群安排行车路线，同一车辆服务的客户按距离进行群划

分。不合理群划分和合理群划分如图 3-2-2、图 3-2-3 所示。

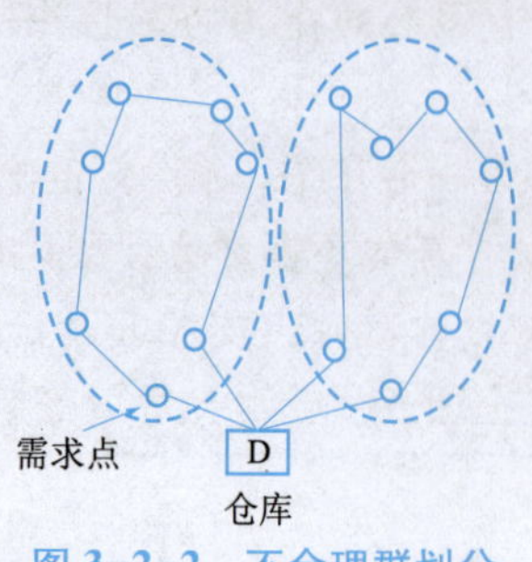

图 3-2-2　不合理群划分

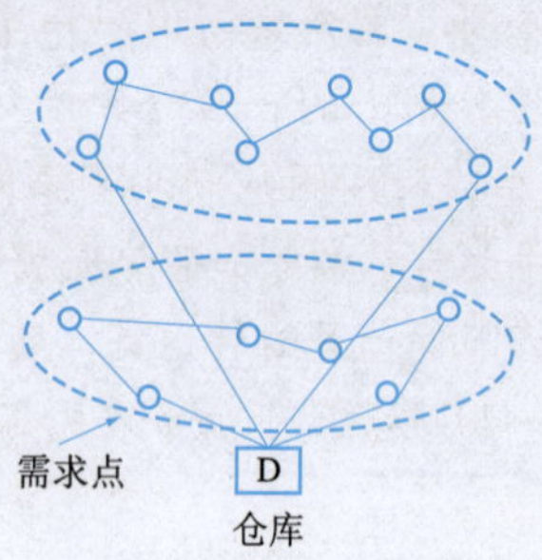

图 3-2-3　合理群划分

（2）先从距仓库最远的站点开始设计路线，分派载货能力可以满足该站点群需要的车辆。然后从还没有分派车辆的其他站点中找出距仓库次远的站点，分派另一车辆，如此往复，直到所有站点都分派有车辆。

（3）行车路线应避免交叉且呈凸形，无交叉就表示无重复路线，这样运行距离就会最短。路线交叉和路线不交叉如图 3-2-4、图 3-2-5 所示。

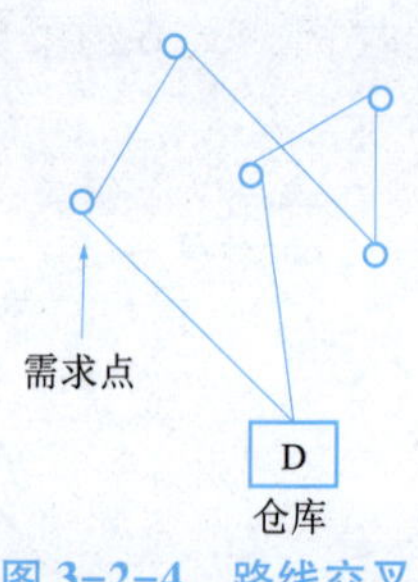

图 3-2-4　路线交叉

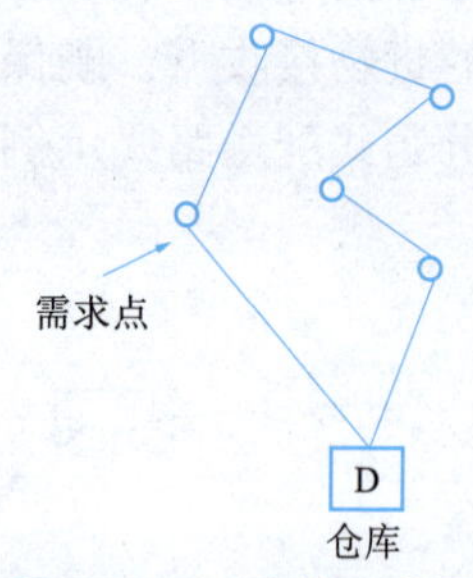

图 3-2-5　路线不交叉

（4）优先使用载货最多的车辆进行运送。理想状况是用一辆足够大的车辆运送所有站点的货物，这样将使总的行车距离或时间最短，其实就是对规模效应原理的应用（一次载货越多，最好是满载，平均单件运输费用就越低）。

（5）取货、送货混合安排，不应该在完成全部送货任务之后再取货。

（6）对特殊情况采取灵活多样的运送方式。特别是对于遥远且无法归入站点群的站点，可以采用其他配送方式。孤立站点，若为其提供服务，所需的运送时间较长、运送费用较高。如果采用小型车辆单独为其进行服务，可能会更经济。此外，利用外包的运输服务也是一个很好的选择。根据经验法则，自营车辆需要达到 80% 的满载里程才能比受雇运输更便宜。

若想有效解决多车辆路径问题，可采用运筹学中的“扫描法”和“节约里程法”。

3. 多车辆路径问题求解方法——扫描法

（1）扫描法原理。

扫描法在多车辆路径问题的求解方法中是一种先分群再寻找最佳路线的算法。先以物流中心为原点，将所有需求点的极坐标算出，然后依角度大小以逆时针或顺时针方向扫描，以车辆的载货能力（包括容量和重量两个方面）为限制条件进行服务区域的分割，再进行区域内需求点的排序，即行车路线的安排。

课堂笔记

（2）扫描法求解步骤。

扫描法求解步骤

①以物流中心为原点，将所有客户需求点的极坐标计算出来。

②以零角度为极坐标轴，按顺时针或逆时针方向，依角度大小开始扫描。

③将扫描经过的客户点需求量进行累加，当客户需求总量达到一辆车的载重量限制且不超过载重量极限时，就将这些客户划分为一群，即由同一辆车完成送货服务。接着，按照同样的方法将其余客户划分为新的客户群，指派新的车辆。

④重复步骤③，直到所有的客户都被划分到某一个群中。

⑤在每个群内部用 TSP（Traveling Salesman Problem，旅行商问题）算法求出车辆行驶最短路径。

例 3-2-1：某物流运输公司为其客户企业提供取货服务，货物运回仓库集中后，将以更大的批量进行长途运输。所有取货任务均由载重量为 10 吨的货车完成。现在有 13 家客户有取货要求，各客户的货运量、客户的地理位置坐标等客户数据信息见表 3-2-1，已知物流运输公司仓库的坐标为（19.50，5.56）。要求合理安排车辆，并确定各车辆的行驶路线，使总运输里程最短。

表 3-2-1　客户数据信息

客户	1	2	3	4	5	6	7	8	9	10	11	12	13
Di/吨	1.9	2.8	3.1	2.4	2	3	2.25	2.5	1.8	2.15	1.6	2.6	1.5
Xi	20	18.8	18.3	19.1	18.8	18.6	19.5	19.9	20	19.5	18.7	19.5	20.3
Yi	4.8	5.17	5	4.47	6.42	5.88	5.98	5.9	5.55	4.55	4.55	5.19	5.2

解：第一步：建立极坐标。

参考表 3-2-1 的数据信息，在图上描述出各客户点的坐标位置，并在每个客户编号旁边的方框中标注出该客户的货运量，各客户及仓库相对位置分布如图 3-2-6 所示。然后，以仓库为极坐标原点，向右的水平线为零角度线。

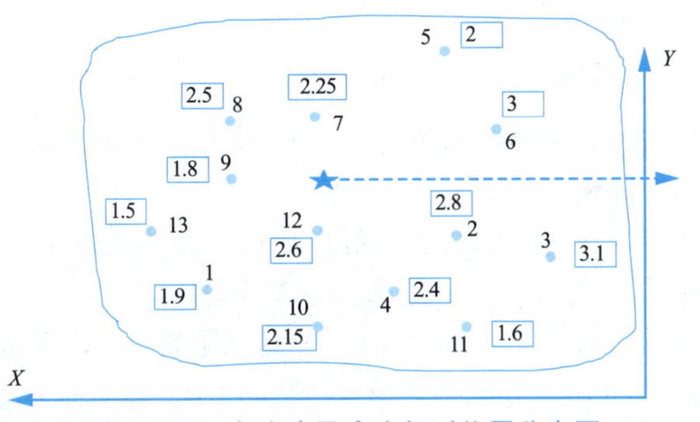

图 3-2-6　各客户及仓库相对位置分布图

视频：使用 Excel 完成扫描法客户位置绘制

第二步：扫描划分客户群。

以零角度线为起始位置，按逆时针方向进行扫描。按照图 3-2-7，用扫描法进行路线规划，客户 6 将首先被扫描，其取货量为 3 吨，再按逆时针方向继续扫描，会依次经过客户 5、客户 7、客户 8，这时的客户取货量=3+2+2.25+2.5=9.75（吨），如果再增加一个客户，就会超过 10 吨的极限，所以客户 6、5、7、8 的送货任务由第一辆车完成，这样就得到了 1#路线。可用虚线将其隔开。依此类推，最终路线如图 3-2-8 所示。

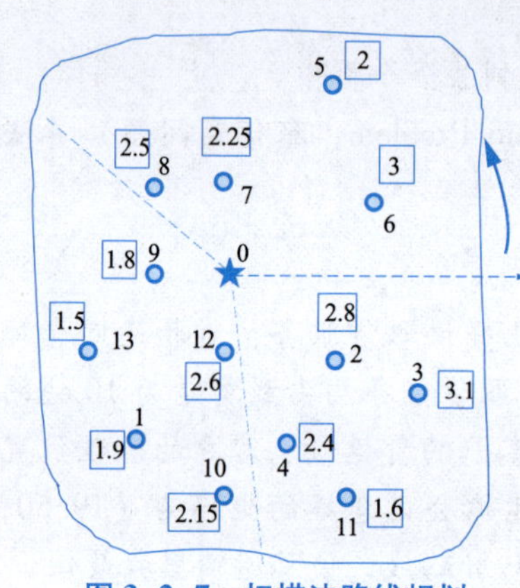

图 3-2-7　扫描法路线规划

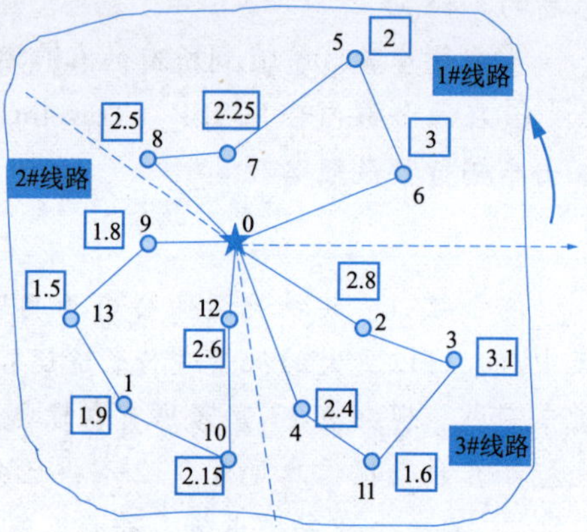

图 3-2-8　最终路线图

第三步：确定每辆车的最佳路线，如图 3-2-8 所示。

1#路线经过的客户点的顺序是：0-6-5-7-8-0。

2#路线经过的客户点的顺序是：0-9-13-1-10-12-0。

3#路线经过的客户点的顺序是：0-4-11-3-2-0。

扫描法是一种逐次逼近法，用该方法不一定能求得物流配送多车辆路径优化问题的最优解，但是能够有效地求得问题的满意解。但相应地，计算量也会成倍增加。研究表明，对于物流配送多车辆路径优化问题，只有当每条路线上的客户数目大体相同且配送路线不太多时，用扫描法求解才是比较有效的。

4. 多车辆路径问题求解方法——节约里程法

（1）节约里程法的核心思想。

节约里程法又称为节约法，其核心思想是依次将送货运输问题中的两个回路合并为一个回路，使每次合并后的总运输距离减小的幅度最大，直到达到一辆车的装载限制时，再进行下一辆车的优化。

假设 P 为配送中心，A 和 B 为客户接货点，各点相互之间的道路距离分别用 a，b，c 表示。比较两种配送路线方案：方案一是派两辆车分别为客户往 A、B 两地送货，总的运输里程为 $2(a+b)$，如图 3-2-9 所示；方案二是将 A、B 两地的货物装在同一辆车上，采用巡回配送的方式先到客户 A 再到客户 B，然后返回配送中心，如图 3-2-10 所示，总的运输里程为：$a+b+c$，若不考虑道路特殊情况等因素的影响，第二种方式与第一种方式之差为 2（$a+b$）-（$a+b+c$）= $a+b-c$，按照三角原理，可以看出，第二种方式比第一种要节约 $a+b-c$ 的里程数，节约法就是按照以上原理对配送网络的运输路线进行优化计算的。

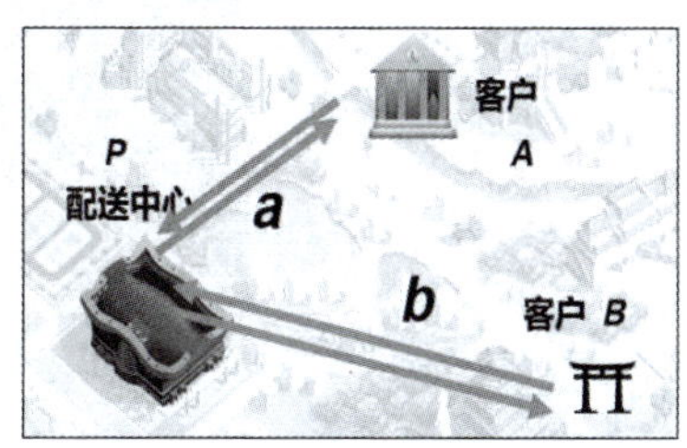

图 3-2-9 方案一的配送路线

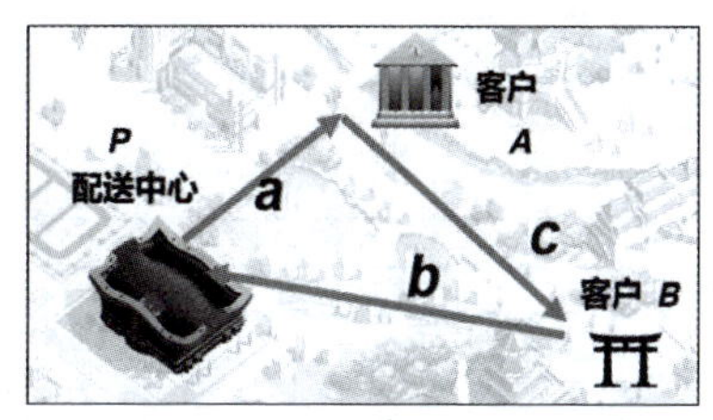

图 3-2-10 方案二的配送路线

（2）节约里程法的求解步骤。

第一步：列出配送中心到各客户之间、客户与客户之间的最短距离，形成最短距离表。

第二步：根据最短距离表计算各客户之间的节约值（$PA+PB-AB$），形成节约里程表。

第三步：对节约值进行由大到小的排序。

第四步：优先连接节约值大的配送点对，判定连接的配送点是否满足约束条件等，反复迭代，确定配送路线和配载方案。

第五步：与初始单独送货方案相比，计算总节约里程与节约时间。

可扫描二维码观看微课：节约里程法原理。让学生更好地理解节约里程法的计算与应用。

例 3-2-2：2 月 17 日上午，AA 配送中心需要将 10 个配送点的货物进行配送，小磊负责配送路线的规划。P 是配送中心所在地，$A \sim J$ 是 7 个配送点，它们之间的距离如配送路线示意图 3-2-11 所示（单位：千米），括号内的数字是配送量（单位：吨）。现在公司可以利用的配送车辆是装载量为 2 吨和 4 吨的两种厢式货车，为保证送货时效，限制车辆一次运行距离不超过 30 千米。

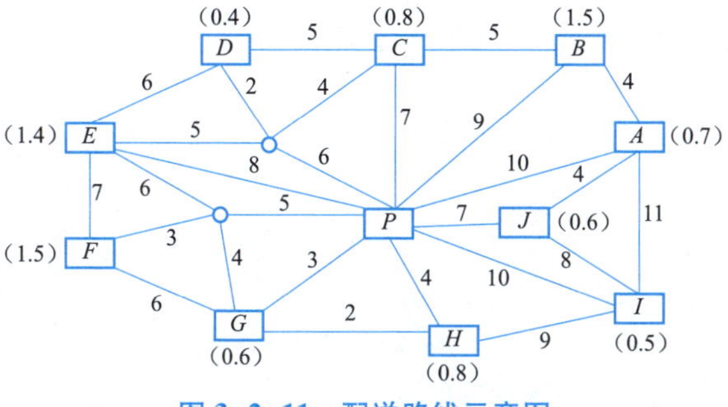

图 3-2-11 配送路线示意图

课堂笔记

根据图 3-2-11 中配送中心至各客户之间、客户与客户之间的距离，得出配送路线的最短距离矩阵，如图 3-2-12 所示。

	P	A	B	C	D	E	F	G	H	I
A	10									
B	9	4								
C	7	9	5							
D	8	14	10	5						
E	8	18	14	9	6					
F	8	18	17	15	13	7				
G	3	13	12	10	11	10	6			
H	4	14	13	11	12	12	8	2		
I	10	11	15	17	18	18	17	11	9	
J	7	4	8	13	15	15	15	10	11	8

图 3-2-12　最短距离矩阵

例 3-2-2 求解过程答案

任务要求：请帮小磊制定最佳配送路线规划，使之既能满足车辆载重量要求、行驶距离要求，又能尽量缩短配送距离。

（3）节约里程法需考虑的因素和注意事项。

①适用于顾客需求稳定的配送中心。

②各配送路线的负荷要尽量均衡。

③要充分考虑道路运输状况。

④要预测需求的变化以及发展趋势。

⑤考虑交通的实际情况。

⑥利用计算机软件进行优化求解。

想一想：节约里程法有哪些优缺点？是否可以通过改进使其成为一种最优的方法呢？说一说你有哪些改进建议。

练一练

某配送中心向 5 个客户配送货物，其配送路线网络、配送中心与客户的距离以及客户之间的距离如图 3-2-13 所示，配送中心与各客户的最短距离如表 3-2-2 所示，图中配送点旁边的数字表示客户的需求量（单位：吨），线路上的数字表示两节点之间的距离（单位：千米），现配送中心有 3 辆 2 吨卡车和 2 辆 4 吨卡车可供使用。为保证配送时限，配送车辆一次最多行驶 26 千米。请用节约里程法制定最优的配送方案。

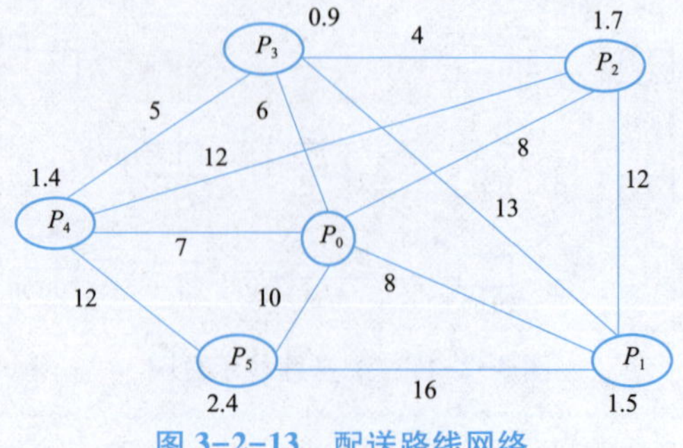

图 3-2-13　配送路线网络

课堂笔记

表 3-2-2　配送中心与各客户的最短距离

单位：千米

运输路线上的节点	P_0	P_1	P_2	P_3	P_4
P_0					
P_1	8				
P_2	8	12			
P_3	6	13	4		
P_4	7	15	9	5	
P_5	10	16	18	16	12

科技创新

强化科技自主创新，中国邮政成功研发国产化物流供应链规划工具

五、多对多物资配送路线规划

（一）概念

多对多物资配送是指将货物从多个供应点分别送到多个客户手中，既满足客户对货物的配送需要，又满足各供应点的出货要求，并力求做到使配送费用最低。

（二）求解方法

多对多物资配送路线规划通常使用图上作业法、表上作业法、单纯形法等求解方法。图上作业法在本项目的任务一中已有介绍，本部分重点介绍表上作业法。

1. 表上作业法的原理

表上作业法是指用列表的方法求解线性规划问题中运输模型的计算方法。当某些配送运输的路线规划问题采用图上作业法难以进行直观求解时，就可以将供应地、需求地以及供应地到需求地的供应量、客户需求量和单位产品运输成本列成运输表，用最小元素等方法确定初始调运方案，然后再用闭合回路等方法计算检验数，来验证这个方案是否最优；如果不是最优就要采用闭合回路法（也称为闭回路调整法）进行调整，直至得到满意的结果。这种列表求解的方法就是表上作业法。

2. 表上作业法的步骤

第一步：确定初始调运方案。初始调运方案常用最小元素法、西北角法、沃格尔法等进行求解。（初始调运方案一般有 $m+n-1$ 个数字格。）最常用的是最小元素

法，最小元素法是按照“最低运输成本优先集中供应”的原则，即运价最小的需求优先满足，也就是从单位运价表中数值最小的运价开始确定供需关系，然后依次找出单位运价的次小值，一直到给出初始基本可行解为止。下面将详细讲解此法的求解过程。

第一步：从运价值最小的格开始，在格内标上允许取得的最大运输量。然后按运价值从小到大的顺序填运输量。若某行（列）的产量（销量）已满足要求，则把该行（列）的其他格划掉。如此进行下去，直至得到一个初始调运方案。

第二步：使用闭回路调整法检验初始调运方案，若所有检验数均大于等于 0，则为最优解，停止计算，否则转入下一步。（注：表格中有调运量的地方为基变量，空格处为非基变量。）

闭回路的概念：指在初始调运方案的运输表上，从一个空格（非基变量）出发，沿水平或垂直方向前进，只有碰到代表基变量的数字格才能向左或向右转 90°继续前进，直至最终回到初始空格而形成的一条回路。从任一空格出发，一定可以找到有且只有一条的闭回路。

闭回路调整法计算检验数的过程：以 x_{ij}（非基变量）为第一个奇数顶点，沿闭回路的顺（或逆）时针方向前进，对闭回路上的每个折点依次编号。

非基变量的检验数=闭回路上奇数次顶点的运距或运价之和-
闭回路上偶数次顶点的运距或运价之和

需要对表中所有空格（非基变量）的检验数都进行计算，只有当所有检验数均大于等于零（$\sigma_{ij} \geqslant 0$）时才是最优解（因为目标函数要求最小化）。

检验数的经济含义是指在保持产销平衡的条件下，该非基变量增加一个单位运量而成为基变量时目标函数值的变化量，如某非基变量检验数为负，说明将这个非基变量变为基变量时运费会下降。

第三步：在表上对初始方案进行改进，确定新的调运方案，再按第二步进行判别，直至找出最优解。

以下为解改进的步骤。

（1）确定换入变量。如存在多个非基变量的检验数为负时，以最小负检验数所在空格对应的变量为换入变量，找出它在运输表中的闭回路。

（2）确定换出变量。以这个空格为第一个奇数顶点，沿闭回路的顺（或逆）时针方向前进，对闭回路上的每个折点依次编号；在闭回路的所有偶数折点中，找出运输量最小的一个折点，以该格对应的变量为换出变量。

（3）确定新的调运方案。将闭回路上所有奇数折点的运输量都增加这一换出变量值，所有偶数折点处的运输量都减去这一数值，最终得出一个新的运输方案。

第四步：重复第二步和第三步，直到找到最优解为止。对得出的新方案再进行最优性检验，如不是最优解，就重复以上步骤继续进行调整，直到得出最优解为止。

课堂笔记

例 3-2-3：某产品有 A_1、A_2 两个生产地，联合向 B_1、B_2、B_3 三个需求地供应该产品，A_1、A_2 的供应量分别为 200 吨、250 吨，B_1、B_2、B_3 的需求量分别为 100 吨、150 吨和 200 吨，各产地到各需求地的单位产品的运输成本（万元/吨）见表 3-2-3 所示，求使总运输费用最少的调运方案。

表 3-2-3　单位产品运输成本表

生产地	需求地			供应量
	B_1	B_2	B_3	
A_1	90	70	100	
A_2	80	65	75	
需求量				

解：

1. 使用最小元素法确定初始调运方案：根据题意把各产地的供应量、需求地的需求量填入表 3-2-3 中。从运价值最小的格 A_2B_2 开始，在格内标上允许取得的最大数 150，该列的需求量已全部满足，划掉此列。再比较剩余四个格的运价，选择值最小的运价 A_2B_3 所在的格，在格内标上允许取得的最大数 100，该行供应量已全部用完，划掉此行。如此进行下去，得到一个基本可行解，初始调运方案如表 3-2-4 所示。

表 3-2-4　初始调运方案

产地	销地			供应量
	B_1	B_2 ①	B_3	
A_1	100　90 X_{11}	70 X_{12}	100　100 X_{13}	200
A_2	80 X_{21}	150　65 X_{22}	100　75 X_{23}	250 ②
销量	100	150	200	450

得到初始调运方案为：$X_{11}=100$，$X_{13}=100$，$X_{22}=150$，$X_{23}=100$

总运价为：

$90\times100+100\times100+65\times150+75\times100=36\ 250$（万元）

2. 最优性检验。计算非基变量的检验数，下面使用闭回路调整法对这个解进行最优性判别，看它是否为本运输问题的最优解。

初始调运方案中以 X_{12}（X_{21}）为起点的闭回路法最优性检验如表 3-2-5 所示。

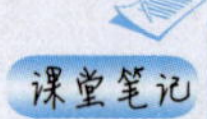

非基变量 X_{12} 的检验数：$\sigma_{12}=(c_{12}+c_{23})-(c_{13}+c_{22})=70+75-(100+65)=-20$

表 3-2-5　闭回路调整法最优性检验

产地	销地			供应量
	B_1	B_2	B_3	
A_1	100 X_{11} 90	X_{12} 70	100 X_{13} 100	200
A_2	X_{21} 80	150 X_{22} 65	100 X_{23} 75	250
销量	100	150	200	450

非基变量 X_{21} 的检验数：$\sigma_{21}=(c_{21}+c_{13})-(c_{11}+c_{23})=80+100-(90+75)=15$

3. 解的改进，确定换入变量和换出变量。

因存在检验数小于 0 的情况，根据表上作业法的第三步，需对初始方案进行改进。

因 $\sigma_{12}=-20<0$，因此 X_{12} 为换入变量。画出以 X_{12} 为起始变量的闭回路，然后计算调整量：$\varepsilon=\min(100, 150)=100$，对应的基变量 X_{13} 为换出变量。

按照下面的方法调整调运量：将闭回路上所有奇数折点的运输量都增加这一换出变量值，所有偶数折点处的运输量都减去这一数值；闭回路之外的变量调运量不变。得到第一次调整后的新调运方案，如表 3-2-6 所示。

表 3-2-6　第一次调整后的新调运方案

产地	销地			供应量
	B_1	B_2	B_3	
A_1	100 X_{11} 90	100 X_{12} 70	X_{13} 100	200
A_2	X_{21} 80	50 X_{22} 65	200 X_{23} 75	250
销量	100	150	200	450

重复上面的步骤，直至求出最优调运方案，如表 3-2-7 所示。

最优调运方案是：$X_{11}=50$，$X_{12}=150$，$X_{21}=50$，$X_{23}=200$

相应的最小总运输费用为：

$Z_{\min}=90\times50+70\times150+80\times50+75\times200=34\ 000$（万元）

课堂笔记

表 3-2-7 最优调运方案

产地	销地			供应量
	B_1	B_2	B_3	
A_1	50 | 90 X_{11}	150 | 70 X_{12}	| 100 X_{13}	200
A_2	50 | 80 X_{21}	| 65 X_{22}	200 | 75 X_{23}	250
销量	100	150	200	450

练一练

某部门有 3 个生产同类产品的工厂（生产地）A_1、A_2、A_3，产量分别为 15 万吨、18 万吨、17 万吨，生产的产品由 3 个销售地 B_1、B_2、B_3 出售，各销售地的销售量分别为 18 万吨、12 万吨、16 万吨，各工厂到各销售地的单位产品的运输成本（万元/万吨）如表 3-2-8 所示，请用表上作业法求出最优调运方案，满足总运价值最小。

表 3-2-8 单位产品运输成本表

生产地	销售地			产量
	B_1	B_2	B_3	
A_1	5	9	5	
A_2	1	3	4	
A_3	8	2	6	
销量				

科技赋能

跨越速运坚持科技赋能物流

任务实施

阅读“任务资讯”中的背景资料，小组合作完成以下任务。

任务 1：利用 Excel 透视表汇总客户订单，生成如表 3-2-9 所示的订单汇总表

表 3-2-9 客户订单汇总表

客户代号	客户名称	总体积/立方米	总重量/吨
A	万家乐超市		
B	新野商贸有限公司		
C	佳佳福超市		
D	大华商贸有限公司		
E	红日超市		
F	三星超市		
G	四季发商贸有限公司		
H	雨花超市		
I	永生商贸有限公司		
总计			

使用 Excel 进行操作可参考如下步骤。

(1) 扫码获取电子数据表格后全选，再单击鼠标右键，依次选择“复制—粘贴—选择性粘贴—数值”选项。

(2) 选中“包装规格”这列，再依次选择 Excel 数据栏的“分列—智能分列”选项，分成长、宽、高三列，使用公式计算单件货物体积、每种货物总体积，注意尺寸的单位换算。

(3) 使用公式计算每种货物的总重量，注意千克与吨的单位换算。

(4) 把鼠标放在 A1 格，单击鼠标右键，依次选择“插入—数据透视表—选择新表”选项，再在透视表中选择“客户代号和客户名称”“总体积”“总重量”选项，即可生成汇总表。（提示：为显示清晰，可单击客户代号右侧的三角箭头，选择“字段设置”选项，再在弹出的对话框中的“分类汇总”选项中选择“无”。）

任务 2：选用科学方法规划出从配送中心配送到 9 个配送地点的最优配送路线，并计算配送总成本

小组讨论应采用何种方法进行规划，写出选择该方法的原因，并写出详细的计算过程和步骤，要求步骤有理有据、计算过程清晰完整。

填写配送方案表，并为每辆车画一个配送路线图，图上要显示配送距离。

项目三任务二的评价考核表

【课后小测】

一、单选题

1. 多对多物资配送运输是指由多个供应点向多个客户的送货运输，又称为（　　）。

A. 直送式配送运输　　B. 分送式配送运输

C. 多式联运配送　　D. 配送式配送运输

2. 采用极坐标来表示各需求点的区位，然后任取一需求点为起始点，定其为零角度线，按顺时针或逆时针方向，以车辆的载货能力为限制条件进行服务区域的划分，再进行区域内需求点的排序，这种配送路线规划方法是（　　）。

A. 经验判断法　　B. 扫描法

C. 节约里程法　　D. 图上作业法

3. 依次将送货运输问题中的两个回路合并为一个回路，每次都使合并后的总运输距离减小的幅度最大，直到达到一辆车的装载限制时，再进行下一辆车的优化。采用该种优化思想的方法是（　　）。

A. 经验判断法　　B. 扫描法

C. 节约里程法　　D. 图上作业法

4. 以下关于节约里程法特点描述不正确是（　　）。

A. 利用节约法选择配送路线过于强调节约路程，而没有考虑行程中的时间因素。

B. 节约法是一种简便、易行的方法，而且也体现了物流配送网络的优势。

C. 利用节约法选择配送路线能对客户的需求进行灵活多变的处理。

D. 节约法更适合需求稳定或者需求的时间不紧迫的配送。

5. 当有 m 个供应地向 n 个需求地进行物资调运时，用表上作业法求出的初始调运方案，一般会包含（　　）个数字格。

A. $m+n-1$　　B. $m+n+1$　　C. $m-n+1$　　D. $m-n-1$

二、多选题

1. 以下属于配送路线规划目标的有（　　）。

A. 以效益最高为目标　　B. 以成本最低为目标

C. 以路程最短为目标　　D. 以吨·千米数最小为目标

2. 使用数学计算法规划配送路线时，配送路线规划的方法可分为（　　）类型。

A. 一对一直送式配送路线规划　　B. 一对多分送式配送路线规划

C. 多对多物资配送路线规划　　D. 联合运输配送路线规划

3. 进行一对多分送式配送路线规划时，每辆车负责送货给同一条路线的客户及行驶路线的合理安排，以下关于车辆安排应遵循的原则描述正确的有（　　）。

A. 同一车辆负责相互距离最接近的需求点的货物配送。

B. 尽可能使用载重量大的车辆运送，减少出车数量。

C. 取货、送货应分开安排。

D. 应从距仓库最远的需求点开始设计路线。

E. 对过于遥远而无法归入群落的站点，应放入离该点最近的配送路线中。

4. 以下可用于一对多分送式配送路线规划的方法有（　　）。

A. 图上作业法　　B. 最短路法　　C. 扫描法　　D. 节约里程法

5. 以下属于节约里程法求解步骤的有（　　）。

A. 制作运输里程表，列出配送中心到各客户之间、客户与客户之间的最短距离。

B. 由运输里程表，按节约里程公式，求得相应的节约值。

C. 将节约值进行分类，按从大到小的顺序排列。

D. 根据约束条件与节约值大小，将各客户节点连接起来，确定配送路线和配载方案。

三、简答题

1. 简述 Dijkstra 法寻找最短路线的方法步骤。

2. 简述节约里程法的原理。

3. 简述节约里程法的求解步骤。

四、应用题

1. 某配送中心 P 为 6 家客户进行配送，配送中心与各客户间的位置如图 3-2-14 所示，两个节点之间的最短距离（单位：千米）如表 3-2-10 所示，图中配送点旁边括号内的数字表示客户的需求量（单位：吨）。该公司只有 5 吨的车辆进行配送，为保证配送时间，要求配送车辆一次行驶距离不能超过 26 千米。请根据上述条件利用节约里程法为该配送中心规划配送路线。

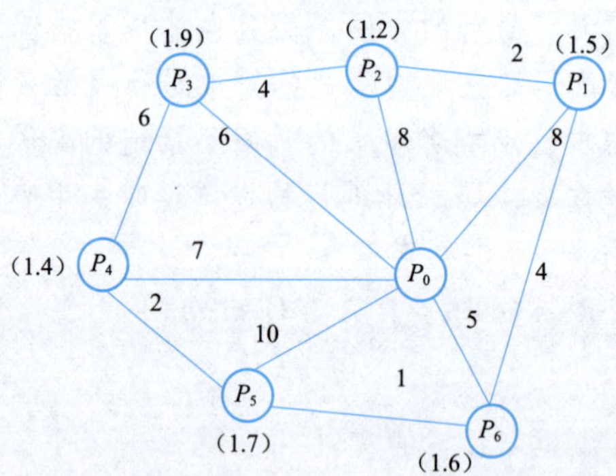

图 3-2-14　配送中心与各客户间的位置图

表 3-2-10　最短距离表

单位：千米

运输路线上的节点	P_0	P_1	P_2	P_3	P_4	P_5	P_6
P_0							
P_1	8						
P_2	8	2					
P_3	6	3	4				
P_4	7	5	9	5			
P_5	10	6	8	6	2		
P_6	5	4	7	8	3	1	

课堂笔记

任务三 配送迷城——配送路线规划的应用

任务资讯

本任务依托课程组教师自主开发的剧本游戏“配送迷城”组织开展，其中融入了同学们比较喜欢的密室逃脱、剧本杀等一些游戏元素。

在本任务中，同学们将担任家乐配送中心调度室的工作人员，李主任是该室领导，今天他去外地出差，但是给大家留下了一个挑战任务：以小组的形式完成配送迷城中 A~T 共 20 个配送点的配送路线规划，这个任务需要大家相互配合。完成此任务需要以下两步。

第一步：明确配送任务所需要的信息。

李主任为每组提供了配送任务信息，分别写在 4 个道具上，依次是客户需求表、配送迷城里程图、配送车型表、最短路径表，如图 3-3-1 所示。同时，他还给每组准备了配送迷城地图（鼠标垫材质）1 张，具体内容可扫描二维码获取。

客户需求表记录着每个客户订购货物的重量和体积；车型表显示了可选车辆的载重量、容积、成本等信息；里程图能够显示各段路程的长度；最短路径表则梳理了各个节点之间的最短距离，可扫描最短路径表上的二维码下载电子表格。

第二步：选用所学规划方法科学快速地完成配送路线规划

4 张配送迷城地图

要求各组同学分析并解读拿到的配送任务信息，明确本次任务的资源信息和约束条件，结合已学过的扫描法、经验判断法和节约里程法等，选择其中一种进行配送路线的规划。已知配送车辆平均速度为 1 000 米/分钟，请计算配送路线里程和配送用时。

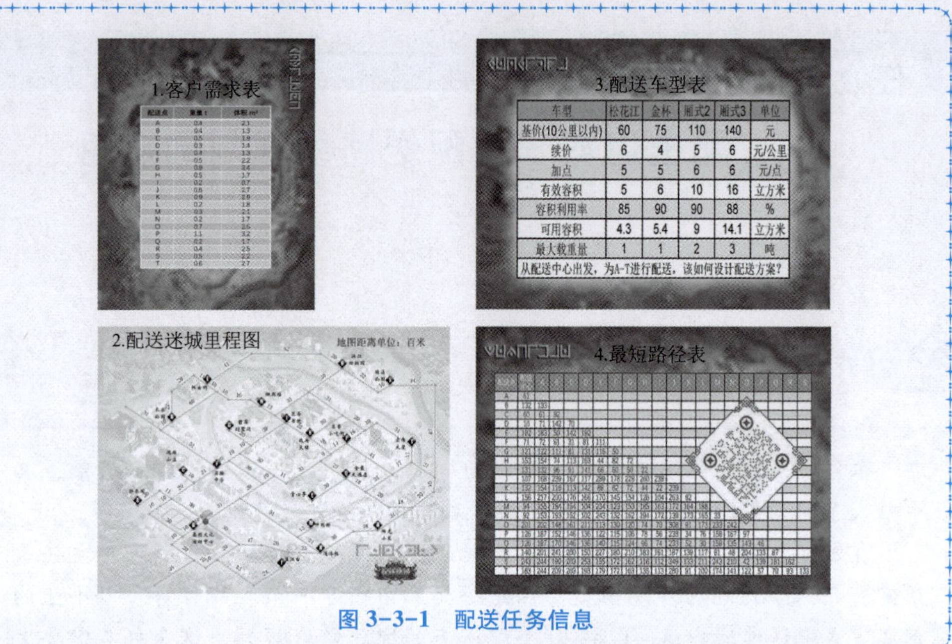

1.客户需求表

配送点	重量 t	体积 m³
A	0.4	2.1
B	0.4	1.3
C	0.5	1.9
D	0.3	1.4
E	[illegible]	1.3
F	0.5	2.2
G	0.8	3.4
H	0.5	1.7
I	0.2	0.7
J	0.6	2.7
K	0.8	2.9
L	0.2	1.8
M	0.3	2.1
N	0.2	1.7
O	0.7	2.6
P	1.1	3.2
Q	0.2	1.7
R	0.4	2.5
S	0.5	2.2
T	0.6	2.7

3.配送车型表

车型	松花江	金杯	厢式2	厢式3	单位
基价(10公里以内)	60	75	110	140	元
续价	6	4	5	6	元/公里
加点	5	5	6	6	元/点
有效容积	5	6	10	16	立方米
容积利用率	85	90	90	88	%
可用容积	4.3	5.4	9	14.1	立方米
最大载重量	1	1	2	3	吨
从配送中心出发，为A-T进行配送，该如何设计配送方案？					

图 3-3-1 配送任务信息

任务分析

在实际的配送路线规划过程中，由于所在城市的路况比较复杂，配送约束条件也需要根据实际情形加以判断，因此需要同学们根据实际情况科学地选用配送路线规划方法，并明确该方法需要的已知条件和约束条件等信息。同学们学过的图上作业法、扫描法、经验判断法、节约里程法等都是常用的配送路线规划方法，每种方法都有其适用条件和优缺点；与此同时，为快速完成规划，面对复杂问题时还可以借助 Excel 等工具进行计算。本任务将介绍在使用节约里程法规划路线时如何借助 Excel 的相关功能快速完成计算。

任务实施流程：

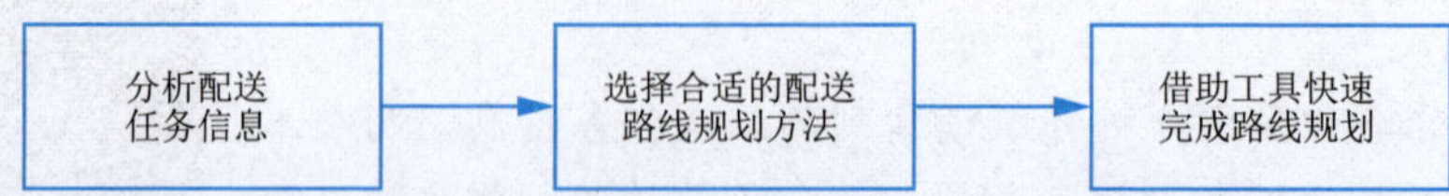

政策前沿

交通运输部：交通运输行业加速数字化和智能化转型

2023 年 12 月 21 日，国务院新闻办公室举行发布会，交通运输部副部长李扬表示，当前，传统交通行业正在加速实现数字化和智能化转型，未来交通运输部还将推进大数据、人工智能等新技术与交通运输行业的深度融合，助力交通运输行业数字化发展。

课堂笔记

中国自动驾驶车辆测试里程加起来已经累计超过了 7 000 万千米。智慧公路、智慧航道、智慧港口建设的加速推进，靠港船舶使用岸电、路用材料循环利用等绿色低碳技术的广泛应用，有力推动了绿色低碳产业的转型发展。

知识储备

一、基于 Excel 的节约里程法的优点

节约里程法是进行一对多分送式配送路线规划时常用的方法，其思路简单清晰、易于执行，既能体现出优化运输过程，即与一般方法相比缩短了运输路程，也能体现出物流配送网络的优势，实现了企业物流活动的整合。但是当配送点较多时，手工计算节约值耗时长且易出错，为提高规划效率和计算速度，可借助 Excel 进行节约里程法中节约值的快速计算和排序，提高配送路线规划的效率和准确性。

二、基于 Excel 的节约里程法操作步骤

下面以本项目任务二的背景资料为例，讲解使用基于 Excel 的节约里程法计算节约值并完成配送路线规划的操作步骤。具体操作步骤可观看微课：基于 Excel 的节约里程法操作演示。

在任务二中，大家已经使用透视表计算出了家乐物流配送中心 3 月 1 日收到红日超市、万家乐超市等 9 家客户需要配送货物的总体积和总重量汇总表，如表 3-3-1 所示，配送中心及客户间最短配送距离矩阵如图 3-3-2 所示（单位：千米）。本任务中车辆约束、客户位置图等条件与任务二相同，需要时可去任务二中查阅。

表 3-3-1　9 家客户需要配送货物的总体积和总重量汇总表

客户代号	客户名称	总体积/立方米	总重量/吨
A	万家乐超市	1. 202 948	0. 488
B	新野商贸有限公司	1. 576 529	0. 387
C	佳佳福超市	1. 602 305	0. 317
D	大华商贸有限公司	1. 943 607	0. 321
E	红日超市	1. 446 577	0. 438
F	三星超市	1. 612 579 5	0. 671
G	四季发商贸有限公司	0. 542 103	0. 25
H	雨花超市	0. 546 258	0. 21
I	永生商贸有限公司	2. 412 505	0. 23
总计	—	12. 885 411 5	3. 312

课堂笔记

	P								
A	12.7	A							
B	19.5	9.1	B						
C	21.9	10.7	2.4	C					
D	9.4	4.3	10.5	12.9	D				
E	17.4	6.6	2.9	4.5	8.4	E			
F	15.6	3.1	11.2	11.2	6.9	8.8	F		
G	17.4	10.1	3.2	5.6	8.4	3.6	12.1	G	
H	9.8	3.2	10.4	13.7	0.9	8.3	6.1	8.8	H
I	11.0	2.8	9.3	12.9	2.0	7.1	5.7	8.3	1.7

图 3-3-2　最短配送距离矩阵

任务实施

基于 Excel 的节约里程法操作步骤文本描述

阅读“任务资讯”中的内容，小组以合作探究的形式完成以下任务。

任务 1：场地和资料准备

请以 4 人为一组，预备一张可供围坐的桌子及相应数量的凳子；每组成员可通过扫码下载配送迷城项目所需材料，其中包括配送迷城地图 1 张、配送信息卡 2 张、行动记录表 1 份、配送路线规划表 1 份、稿纸 2 张以及若干彩色笔。

任务 2：分析解读拿到的配送任务卡，明确本次任务的信息资源和约束条件

小组讨论分析任务资料，查看各个配送点的位置、配送货物的数量和体积等，分析现有的车辆信息等资料。

任务 3：根据拿到的数据资料，讨论选用的路线规划方法

回顾已学过的扫描法、经验判断法和节约里程法、基于 Excel 的节约里程法等，结合所学的配送路线规划方法，各组选择一种方法进行配送路线的规划。优先推荐使用基于 Excel 的节约里程法。

任务 4：合作探究并完成配送路线的规划

如选用基于 Excel 的节约里程法进行规划，就要求利用 Excel 计算工具进行快速计算和规划。

完成配送路线规划后计算配送总里程、总成本和总用时。已知配送车辆平均速度为 1 000 米/分钟，请计算规划配送路线里程和配送用时。可借助教师开发的“里程费用计算工具”进行计算，并在“配送路线规划表”上用彩笔画出所有配送路线。需提交的配送路线规划表和路线图样例如图 3-3-3 所示。

课堂笔记

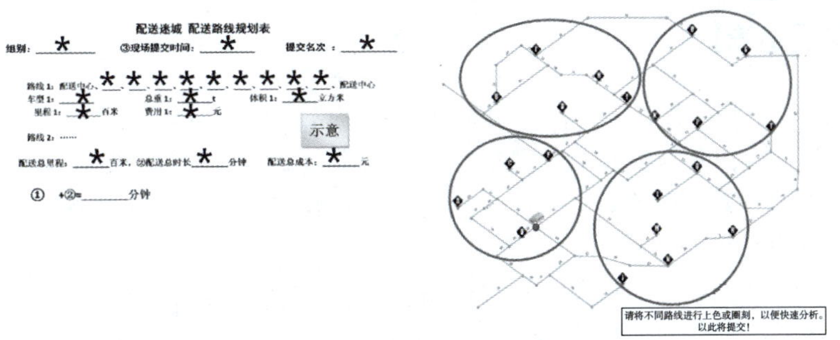

配送迷城 配送路线规划表

组别：___*___ ③现场提交时间：___*___ 提交名次 ：___*___

路线 1：配送中心、_*_、_*_、_*_、_*_、_*_、_*_、_*_、_*_、_*_、配送中心

车型 1：_*_ 总重 1：_*_t 体积 1：_*_立方米

里程 1：_*_百米 费用 1：_*_元

路线 2：……

配送总里程：_*_百米，②配送总时长_*_分钟 配送总成本：_*_元

①+②=______分钟

图 3-3-3　需提交的配送路线规划表和路线图样例

任务评价

项目三任务三
评价考核表参考

【课后小测】

已知信息：亚邦物流公司的中型家电初始配送路线如图 3-3-4 所示。在某一周期（2~3 周）内，各分公司对中型家电的需求量如表 3-3-2 所示，各分公司的最短运输距离如表 3-3-3 所示。家电配送采用半挂运输车进行，每一辆半挂车的承载能力为 56 台洗衣机或相似体积、重量的中型家电。

本任务：请使用基于 Excel 的节约里程法完成亚邦物流公司从牛塘总仓（P）到 9 个分公司的配送路线规划，要求优化过程中不能超出车辆承载量限制。

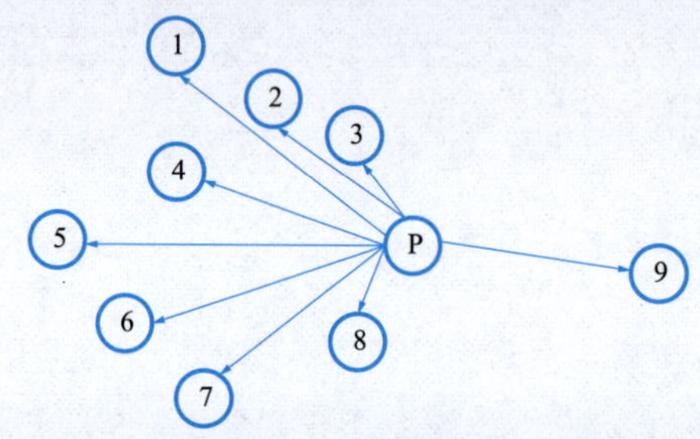

图 3-3-4　亚邦物流公司中型家电初始配送路线

表 3-3-2　各分公司某一周期（2~3 周）内中型家电的需求量

分公司	1 武进	2 横林	3 新北	4 高新	5 钟楼	6 溧阳	7 金坛	8 横林	9 常州
平均需求量/台	15	25	18	24	16	20	12	17	10

表 3-3-3　各分公司的最短运输距离

单位：千米

运输路线上的各节点	p	1	2	3	4	5	6	7	8	9
0	0	31.44	14.88	3.57	243.3	682.5	100.17	146.72	47.25	59.89
1		0	191.6	28.61	14.03	59.02	92.85	13.94	77.6	90.24
2			0	121.5	99.7	55.23	114.06	147.03	61.14	73.78
3				0	216.1	653.5	1 033.4	1 499	506.7	630.6
4					0	44.66	123.65	170.2	70.73	83.37
5						0	83.52	130.07	88.08	127.79
6							0	46.5	54.93	134.63
7								0	101.26	180.84
8									0	80.74
9										0

课堂笔记

任务四 配送运输执行管理

任务资讯

配送计划确定后，需及时将货物的送达时间、品种、规格及数量通知客户，以便客户按计划做好接收货物的准备工作。

相较于干线运输，配送运输作业的执行流程相对简单。依照配送运输计划和路线规划方案，依次完成配载装车、发货作业、在途监控、送达签收等环节，即视为配送运输作业的完成。

接续任务一完成本任务，请各组根据任务一制定的配送运输计划方案，完成配载装车、预约发货、送达签收等环节的配送运输作业。

任务实施流程图：

政策前沿

成立交通新能源研发中心，助力交通运输业低碳发展

2022年8月24日，由隆基绿能科技股份有限公司发起，交通运输部科学研究院环境科技公司联合交通与新能源产业链上下游相关单位，正式成立交通新能源研发中心，探索交通与新能源融合新生态，打造交通能源融合发展一流合作平台。

交通新能源研发中心的主要任务是围绕安全、便捷、高效、绿色、经济的现代综合交通运输体系建设，研发交通新能源产品和技术，开展前沿引领技术、现代工程技术、颠覆性技术创新，促进重大科技成果的工程化、产业化，促进交通与新能源融合发展，促进新能源产品和技术在交通行业的推广应用，为提高综合交通供给能力、服务管理能力和可持续发展能力，建设交通强国提供科技支撑。

知识储备

动画：配送运输执行管理

一、配送运输执行管理的内容

配送运输执行管理涉及对客户订购商品的运输活动进行监督和控制，确保商品通过汽车或其他运输工具从供应点安全送达至顾客。该过程通常涉及短距离、小批量、高频率的货物配送，以提供高质量服务为其核心目标，力求最大限度地满足客户需求。

配送运输作业计划的实施是配送运输执行管理的关键步骤。在实施配送运输计划的过程中，需要确保所有计划中的活动都按照预定的时间表和标准进行，同时，还需要灵活应对可能出现的变化或问题。

在实施配送运输计划时，首先需要对配送任务进行详细的安排。这包括确定具体的送货车辆、驾驶员和配送路线，确保每个订单都能在承诺的时间内送达。同时，还需要考虑货物的装载顺序和方式，以最大化利用车辆空间并确保货物的安全。

在执行配送运输计划的过程中，还需要进行实时的监控和调度。这包括对车辆的位置、状态、货物情况等进行实时跟踪，以便及时发现问题并进行调整。同时，还需要与客户保持紧密的沟通，确保他们了解货物的配送进度，并及时处理任何可能出现的问题或投诉。

此外，配送运输计划的实施还需要考虑到成本控制和环境保护等因素。通过优化配送路线、减少空驶和重复运输等措施，可以降低配送成本并提高运输效率。同时，还需要选择环保的运输方式和包装材料，以减少对环境的影响。

综上所述，配送运输计划的实施是配送运输执行管理的核心环节。它要求企业具备高效的物流管理系统和专业的配送团队，以确保配送运输计划的顺利执行和客户的满意度。

二、配送车辆积载

（一）配送车辆积载的概念

车辆积载是指对货物在运输工具上的配置与堆装方式做出合理安排，即在车辆配载的基础上根据装货清单确定货物在各货仓、隔层仓或车辆配装的品种、数量、堆码位置及正确的堆装工艺。配送中心服务的对象是众多的客户和各种不同的货物品种，为了降低配送运输成本，需要充分利用配送运输的资源，对货物进行装车调配、优化处理，提高车辆在容积和载货两方面的装载效率，进而提高车辆运能运力的利用率，降低配送运输成本。

（二）影响配送车辆积载的因素

（1）货物特性因素。如轻泡货物，由于车辆容积的限制和运行限制（主要是超高）而无法满足吨位要求，造成吨位利用率降低。

（2）货物包装情况。若车厢尺寸不与货物包装容器的尺寸成整倍数关系，则无法装满车厢。如货物宽度 80 厘米，车厢宽度 220 厘米，放置两排货物后将会剩余

60 厘米。

（3）不能拼装运输。应尽量选派核定吨位与所配送的货物数量接近的车辆进行运输，或按有关规定必须减载运行，如有些危险品必须减载运送才能保证安全。

（4）由于装载技术的原因，造成不能装足吨位。

（三）配送车辆积载的原则

（1）轻重搭配的原则。将重货置于底部、轻货置于上部，避免重货压坏轻货，并使货物重心下移。

（2）大小搭配的原则。货物堆放要前后、左右、上下中心平衡，以免发生翻车事件。装车时遵循大货先装车、小货放周边的原则，让大货能够先确定一个合理的位置，有利于周边再搭配小货物。

（3）货物性质搭配的原则。拼装在一个车厢内的货物，其化学性质、物理属性不能互相抵触。

（4）确定合理的堆码层次及方法。可根据车厢的尺寸、容积，货物外包装的尺寸来确定。

（5）到达同一地点的适合配装的货物应尽可能一次积载。

（6）装载时不允许超过车辆所允许的最大载重量。

（7）货物的标签应朝外，以方便装卸。

（8）尽量做到“后送先装”，即同一车中有目的地不同的货物时，要把先到站的货物放在易于装卸的外面或上面，后到站的货物放在里面或下面。

（9）装货完毕，应在门端处采取适当的稳固措施，以防开门卸货时，因货物倾倒造成货损。

（四）车辆积载的注意事项

（1）装车时需做好货物核对，确保装载的货物与订单品名、数量、有效期、质量完全相符，不错装、不漏装。

（2）为减少或避免差错，尽量将外观相近、容易混淆的货物分开装载。

（3）不要将散发异味的货物与具有吸收性的食品混装。

（4）切勿将渗水货物与易受潮货物一同存放。

（5）具有尖角或其他突出物的货物应与其他货物分开装载，或用木板隔离，以免损伤其他货物。

（6）尽量不将散发粉尘的货物与清洁货物混装。

（7）危险货物要单独装载，不得在托运的普通货物中夹带危险货物，或者在危险货物中夹带禁止配装的货物，所有危险货物不得以集装箱托运。

（8）装载易滚动的卷状、桶状货物，要垂直摆放。

（9）货与货之间、货与车辆之间应留有空隙并适当衬垫，防止货损。

（五）提高车辆积载率的方法

企业在进行车辆装载时需留意诸多事项。稍有疏忽，积载效率就可能遭受影响。以下几点建议可有助于提升车辆的积载效率。

（1）研究各类车厢的装载标准，根据不同货物和不同包装体积的要求，合理安

排装载顺序，努力提高装载技术和操作水平，力求装足车辆的核定吨位。

（2）根据客户所需要的货物品种和数量，调派适宜的车型承运，这就要求配送中心根据经营商品的特性，配备合适的车型。

（3）凡是可以拼装运输的，尽可能拼装运输，但要注意防止差错。

当存在多种货物时，可以将货物比重与车辆容积系数相近的货物先配装，剩下两种最重和最轻的货物进行搭配配装。或者对需要保证数量的货物先足量配装，再对不定量配送的货物进行配装。

低碳环保

隆基绿能推出综合交通绿色解决方案，
助力交通新能源融合发展

交通运输的减碳需要依靠大规模的新能源替代和能效提升手段。交通运输领域不同运输方式的碳排放总量差异较大，针对不同的交通运输方式（公路、水路、航空、地铁、铁路等）及场景，隆基绿能科技股份有限公司推出了综合交通绿色解决方案，方案根据交通运输可建设绿色电力的场景分为建筑物顶面、停车棚、周边空地、路途护坡、声屏障等。隆基绿能还推出了“绿电”+“绿氢”的绿色能源产品及解决方案，有望在未来的综合交通领域发挥重要作用，为交通领域的碳达峰、碳中和贡献隆基力量。

三、送货作业的组织实施

（一）制定送货作业计划表

微课：配送质量管理

根据任务一所确定的选派车型及送货顺序，制定送货作业计划表。送货作业计划表应该包括两份：一份是一定时期内的综合配送作业计划表（见表 3-4-1），另一份是依据综合配送作业计划制定的每一车次的单车作业计划表（单）（见表 3-4-2），该表单交给送货驾驶员执行，执行完毕后交回。

表 3-4-1　配送作业计划表

日期	配送作业任务					车千米	吨千米
	起点	讫点	送货距离	送货次数	货物名称		
效率指标		标记吨位	日行程	实载率	运量	计划完成率	
备注							

课堂笔记

表 3-4-2　单车作业计划表

年　月　日

发货单位						
车号及车型						
送货点						
运行周期		发车时间		预计返回时间		
车辆运行动态		到达时间	到达地点	离开时间	货物情况	收货人签字
	第 1 站					
	第 2 站					
	第 3 站					
	第 4 站					
备注						
驾驶员签名				调度员签名		

（二）送货作业计划的调整

在送货作业计划的执行过程中，难免会发生偏离计划要求的情况，而且涉及面较广，因此，必须进行详尽分析与系统检查，才能分清缘由，进而采取有效措施消除干扰计划执行的不利因素，保证计划的实施。一般干扰送货作业计划执行的影响因素主要包括下列各项。

（1）交通堵塞导致不能按预定时间抵达交货地点。

（2）同一辆车送多家订单，其中一家订单交货时交接时间太长（如需要排队等候交货，收货人不在需等待收货人回来，收货人在忙其他事情没时间收货，货物品种较多、散数较多导致清点时间太长，货物出现质量或包装问题导致验收不通过而被拒收，签收单上的收货人无法及时签收，收货客户要求提回以前的退货等），导致影响下一家订单的送货到达时间。

（3）临时变更送货路线或交货地点。

（4）装卸工作过程中出现问题，如装卸机械故障、装卸停歇时间超过定额。

（5）车辆运行或装卸效率提高，提前完成作业计划。

（6）行车人员工作无故缺勤、私自变更计划、不按规定时间收发车，以及违章驾驶造成技术故障或行车肇事。

（7）道路情况，如临时性断桥阻路、路桥施工，渡口停渡或待渡时间过长等。

（8）天气情况，突然降雨、雪、大雾、冰雹，河流涨水，冰冻等意外情况发生。

为防止上述因素对运行作业计划造成影响，除了需要积极加强预报预测，还必须采取一定措施及时进行补救与调整。在送货作业过程中，驾驶员如遇到各种障碍，应及时上报，以便管理人员及时调整或变更计划。一旦作业计划被打乱，管理人员应迅速做出变更及调整并协调相关部门或人员采取适当措施，保证计划的顺利实施。

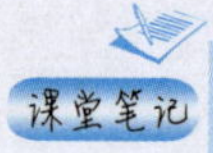

（三）送货作业的在途控制

在车辆实施送货作业的过程中，调度管理人员要实时地掌握车辆的运行情况，及时处理其工作中偏离计划要求的不正常现象，才能使已经制订的运输计划顺利完成。因此，必须对车辆在路线上的工作进行有效控制，需要控制的内容主要包括下列几个方面。

（1）监督和指导货物的配载装运过程。

（2）监控车辆的按时出车情况。

（3）车辆在途监控。货物在运输过程中，可以通过北斗卫星导航系统（BDS）等技术手段实时跟踪货物的位置，确保货物能够按时送达。

（4）了解车辆完成计划的情况以及不能完成计划的原因，并采取能使之恢复正常工作状态的措施。

（四）货物送达

当货物送达交货地点后，送货人员应协助客户将货物卸下车，放到指定位置，并与客户单位的收货人员一起清点货物，清点无误后进行签收确认。驾驶员需确认签收单上相关内容是否为有效签收（须按照公司的签收要求执行，如正楷签名、盖公章或仓库收货章等），若为无效签收则需要求收货客户重新签收。客户如有退货、调货的要求，驾驶员应将退调商品随车带回，并完成有关单证手续的办理。如果是客户临时要求退货，驾驶员在事先没有接到调度提取退货安排的情况下，需现场电话联系调度人员，等待调度人员的指令才能提取退货。

行业前沿

多地启动低空物流无人机运输、配送业务多场景运营

2024 年 4 月 1 日，无锡市低空物流无人机配送首飞活动在新吴区举行，新吴区、梁溪区、滨湖区三地同时启动无人机快递运输和配送。此次开通的无人机配送航线共有 2 条，为双向对飞的“低空物流”线路。

2024 年 3 月 23 日，顺丰旗下的物流无人机公司丰翼科技宣布，正式推出“同城即时送”和“跨城急送服务”两款无人机物流产品，均以“即时响应+无人机运输+上门送达”的高效运输模式运行。丰翼无人机同城即时送服务针对“同城范围 2 小时达”的需求而设计，计价规则为“起步价+续重计价+里程计价”，推广期间体验价仅需 12 元。跨城急送服务则是针对“跨城跨海服务范围 4 小时达”的需求。

2024 年 3 月 28 日，珠海万山发展集团、亿航智能、飞行天下 3 家企业签约万山群岛低空经济无人机项目，总投资额 1.3 亿元，将分 3 期建设全国首条海岛无人机公共物流航线。

信息来源：综合中国快递协会网、亿豹网

课堂笔记

任务实施

1. 请结合本校实训环境，模拟本任务所使用的车型、厢型和客户位置，根据任务实施中制定的货物积载装车的要求完成车辆积载和送货过程的模拟实践。

2. 以小组为单位，写出本组在货物运输和送达过程中遇到的问题，并提出改进措施。

任务评价

项目三任务四
任务评价考核
方案表

【课后小测】

一、单选题

1. 对将客户订购的货物使用汽车或其他运输工具从供应点送至顾客手中的过程进行执行和管理的活动是（　　）。

A. 配送作业计划制订　　B. 配送车辆积载

C. 配送运输执行管理　　D. 配送路线规划

2. 充分利用配送运输的资源，对货物进行装车调配、优化处理，达到提高车辆在容积和载货两方面的装载效率，进而提高车辆运能运力的利用率，降低配送运输成本，这个活动是（　　）。

A. 配送作业计划制订　　B. 配送车辆积载

C. 配送运输执行管理　　D. 配送路线规划

3. 以下不属于配送运输执行管理内容的有（　　）。

A. 安排送货车辆、驾驶员和配送路线

B. 安排货物装车积载

C. 配送运输过程的监控

D. 配送运输成本控制

E. 配送作业计划的制订

4. 以下不是影响配送车辆积载因素的是（　　）。

A. 货物特性因素　　B. 货物包装情况

C. 车辆容积　　D. 装车配载技术

5. 关于车辆积载，以下描述不正确的是（　　）。

A. 装车时，应将重货置于底部，轻货置于上部。

B. 货物堆放要前后、左右、上下中心平衡，以免发生翻车事件。

C. 装车时遵循小货先装车，大货放周边的原则

D. 拼装在一个车厢内的货物，其化学性质、物理属性不能互相抵触。

二、判断题

1. 装车时要按照货物的大小以及货物属性进行操作，尽量多装。（　　）

2. 客户或门店的配送路线安排只需根据客户的具体位置来确定，离得近的就一辆车配送。（　　）

3. 装车时为了有效地利用空间，要将货物尽量堆叠。（　　）

4. 货物配装时散发异味的货品不能与食品混装。（　　）

5. 装车完毕时应在门端处采取适当的稳固措施。（　　）

三、简答题

1. 简述车辆积载的影响因素。

2. 简述车辆积载的原则。

3. 简述货物送达的实施流程。

项目四

网络货运业务组织管理

课堂笔记

项目概述

网络货运以利用互联网技术开发的车货匹配平台为发展基础，通过融合互联网平台与数字化技术，引入大数据应用，实现货运网络的互联互通，进而借助智慧物流模式推动行业升级。

本项目通过讲述网络货运平台申报、运营及评价的相关内容，将网络货运平台的运作全过程进行实例化展示。项目采用的呈现方式为：以企业网络货运平台运作实例为主线，将项目进行过程与相关政策文件以及教材中讲述的技术、技能知识点相结合，旨在把整个工作过程与相关知识点、技能点形象具体地串联起来，以便于直接指导实际工作。

本项目分为三个任务模块，分别从申请网络货运平台、网络货运平台运营前期准备、网络货运平台运营这几部分展开项目的讲述。

本项目导航如图 4-1 所示。

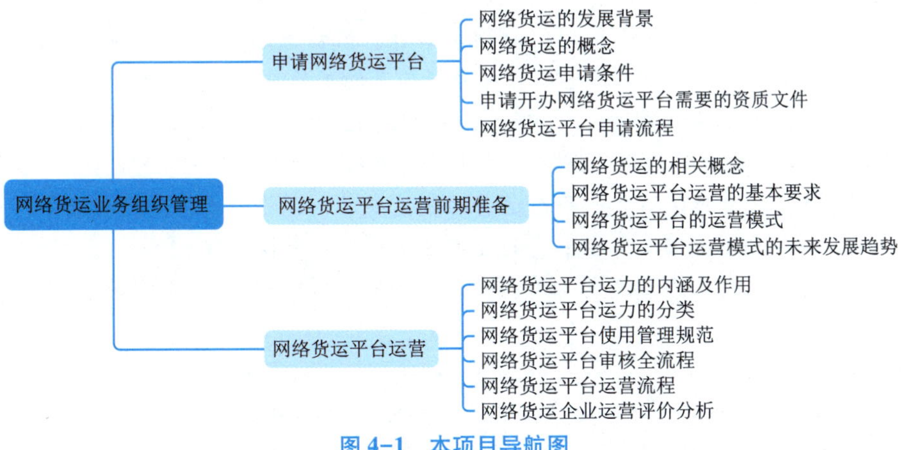

图 4-1　本项目导航图

学习目标

【知识目标】

◇ 了解网络货运的概念、发展趋势及意义；

◇ 熟悉网络货运平台申请的条件；

◇ 熟悉网络货运平台运营的基本要求、运营模式、使用要求；

◇ 掌握网络货运平台申请的流程及运营评价。

【技能目标】

◇ 能够根据网络货运平台的申请条件办理相关资质；

◇ 能够梳理网络货运平台申请流程并完成申报工作；

◇ 能够运用所学知识进行企业网络货运平台相关制度的制定，管理平台的运营，对平台的运营进行评价分析。

【素养目标】

◇ 培养学生持续学习、优化创新的职业素养；

◇ 培养学生的互联网思维以及企业数字化转型发展的思维；

◇ 引导学生培养爱岗敬业、责任担当、热情服务的工匠精神；

◇ 培养学生树立合法合规、降本增效的企业运营理念。

情景导入

在刘经理的悉心栽培下，小磊在干线运输和配送运输部门都出色地完成了轮岗工作，刘经理对小磊的表现很满意。眼下网络货运发展得如火如荼，作为一家物流服务公司，迅捷看到了网络货运这片市场蓝海，也准备组建一个网络货运运营部门。刘经理认为小磊可以协助该部门来做这件事，便交给小磊一些企业申请网络货运平台的材料，让小磊参与到网络货运平台从申请、建立到运营的整个过程中来。

小磊积极投身于新业务部门的创建工作，依据网络货运平台申报→运营要求→平台运营管理的工作思路，拟进行如下的工作安排。

1. 上网查阅网络货运平台申请的详细要求，对照企业自身的情况，补充欠缺的相关资质文件后进行网络货运平台的申报工作。

2. 收集并分析网络货运平台运营的相关要求、运营模式、使用要求等。

3. 制定本企业网络货运平台的相关使用规则及审核流程。

4. 运营本企业的网络货运平台，制定平台运营的评价指标并对运营情况进行评价。

对网络货运平台运营相关岗位任职人员的能力要求如表 4-1 所示

表 4-1　网络货运平台运营相关岗位任职人员的能力要求

核心岗位	核心技能
运营岗	1. 熟练掌握网络货运平台的运营规范
	2. 能够对客户使用平台开展培训及指导驾驶员的现场注册
	3. 熟练指导平台客户的运营工作及业务上线操作
	4. 熟练掌握企业运营评价的分析与管理

课堂笔记

任务一　申请网络货运平台

任务资讯

上海迅捷供应链管理公司计划在河北省石家庄市开设网络货运平台，并指派小磊搜集相关资料，设计网络货运平台申请方案，收集申请过程中需要的资料。

在掌握网络货运平台申请条件及流程的基础上，通过交通运输部网站、电信管理机构、当地公安局、企业注册地县级道路运输监管机构等渠道，查询河北省石家庄市货运企业网络货运平台的申请条件及流程，收集各个环节所需要的资料，完成规划方案的撰写。

任务分析

网络货运平台的申请要严格按照交通运输部的法律法规要求开展，因此小磊在和拟成立的网络货运运营部门负责人刘经理沟通研讨后，拟从以下三个方面开展工作。

任务 1：搜集并分析网络货运平台申请的相关条件，查找企业欠缺的资质文件。

任务 2：查找网络货运平台申请流程及注意事项，并对欠缺的文件进行补充。

任务 3：完成网络平台申请材料的制作与核对，开始申请工作。

任务实施流程图：

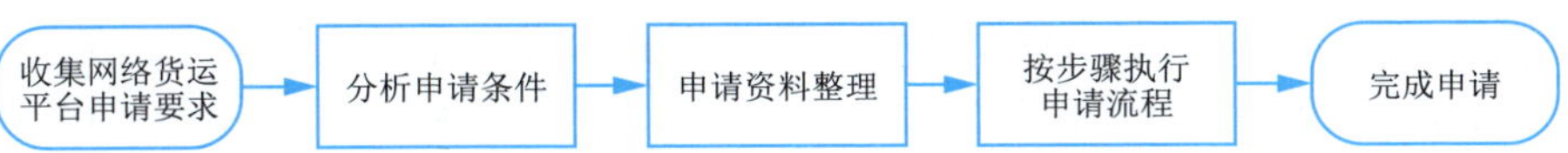

视野之窗

解读《网络平台道路货物运输经营管理暂行办法》

2019 年 9 月 6 日交通运输部、国家税务总局在系统总结无车承运人试点工作的基础上，制定了《网络平台道路货物运输经营管理暂行办法》（以下简称《办法》）。《办法》共 4 章 30 条，分为总则、经营管理、监督检查和附则，主要包

括以下内容。

一是明确定义与法律地位。《办法》将“无车承运”更名为“网络平台道路货物运输经营”，并对其定义和法律地位进行了明确界定。同时，贯彻落实“放管服”改革要求，以不增设许可、不突破既有法律法规为基本原则，确定了网络货运经营条件，放宽市场准入限制，鼓励发展新业态。

二是严格经营管理。《办法》从保障安全、维护权益、提高服务角度出发，对网络货运经营者有关承运车辆及驾驶员资质审核、货物装载及运输过程管控、信息记录保存及运单数据传输、税收缴纳、网络和信息安全、货车驾驶员及货主权益保护、投诉举报、服务质量及评价管理等做了系统规定，合理界定了平台责任，规范平台经营行为。

三是加强监督检查。《办法》明确了各级交通运输管理部门在网络货运运输安全、权益保护和服务质量等方面的管理职责，明确了税务部门对网络货运经营者的税收征管工作职责；建立了网络货运运行监测管理制度及经营者信用评价机制，完善了信息共享及违法行为查处工作机制，充分利用行政处罚、联合惩戒、行业自律等手段，构建多元共治的监管格局。

知识储备

一、网络货运的发展背景

拓展资源——国家战略

信息技术在公路货运业的快速发展中发挥着强大的支撑作用，是推动其朝着“互联网+”方向转型的重要因素。信息技术在货运行业的广泛应用，对于提高公路货运业的信息化管理水平、降低货运企业运输成本、适应市场需求变化等具有重要意义。

为了提高公路货运行业效率，近年来相关政府部门前后推出了无车承运人试点和网络货运管理办法，进一步融合互联网平台与数字化技术，促使货运信息实现全网互联互通，并借助智慧物流模式进行行业升级。随着互联网市场大潮的发展，货运行业逐步走向平台化、智能化。网络货运平台的核心价值，就在于其通过利用互联网技术，整合全国范围内的车源和货源，打破原有物流行业的“熟人经济”与“物流区域化”限制，形成覆盖全国的货源、运力“资源池”，提高组织优化、集约化程度，降低社会和企业的物流成本。

【想一想】通过上面的背景学习，你认为网络货运具有哪些特征？

二、网络货运的概念

微课：网络货运的发展趋势

网络货运是由无车承运人演进而来的，它是一种无运输工具承运的新模式。2019 年《网络平台道路货物运输经营管理暂行办法》发布，其中对网络货运经营所下的定义是：经营者依托互联网平台整合配置运输资源，以承运人身份与托运人签订运输合同，委托实

课堂笔记

际承运人完成道路货物运输，承担承运人责任的道路货物运输经营活动。

网络货运业务模式如图 4-1-1 所示。

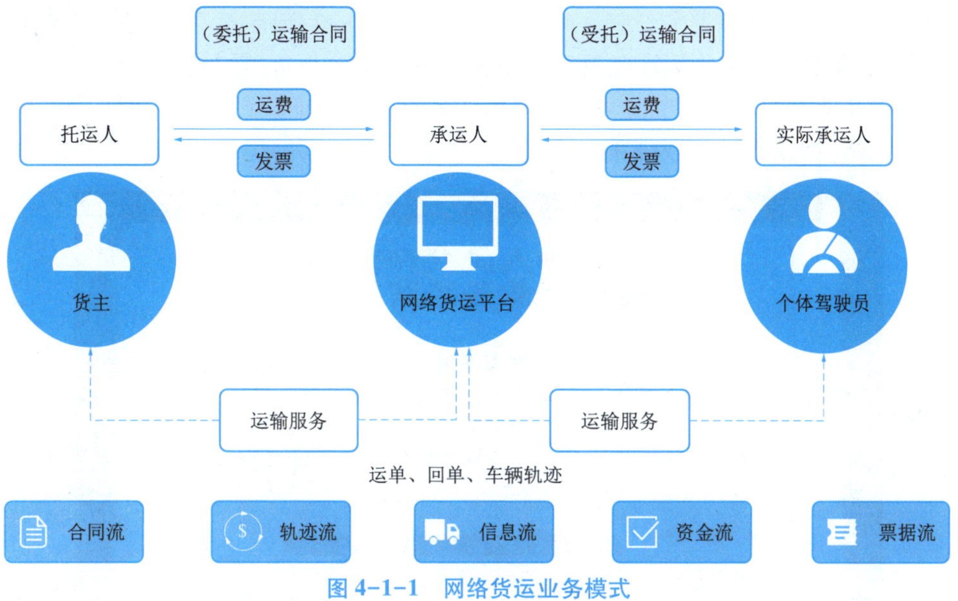

图 4-1-1　网络货运业务模式

练一练

查询无车承运人的定义以及网络货运的作用。

科技赋能

货拉拉是一家成立于 2013 年的互联网物流商城，总部位于深圳，成长于粤港澳大湾区。该公司提供包括同城/跨城货运、企业版物流服务、搬家、跑腿、冷运、零担、汽车租售及车后市场服务在内的全方位物流解决方案。通过共享模式整合社会运力资源，完成海量运力储备，并依托移动互联、大数据和人工智能技术，搭建"方便、科技、可靠"的货运平台，实现多种车型的即时智能调度，为个人、商户及企业提供高效的物流解决方案。截至 2023 年 12 月，货拉拉业务范围覆盖全球 11 个市场，包括中国及东南亚、南亚、南美洲等地区，其中中国国内总共覆盖 363 座城市，月活司机达 90 万，月活用户达 1 200 万。

三、网络货运申请条件

微课：网络货运平台对行业的价值

1. 针对企业自身的条件要求

（1）建议注册资本高于 500 万元（最好不低于 1 000 万元）。

（2）不以危险品运输为主，应以一般货物运输为主。

（3）在最近的三年里，没有出现逃税漏税现象。

2. 企业要想取得网络货运运营资质，需要具备相应的线上服务能力

动画：ICP 认证流程

（1）取得《中华人民共和国增值电信业务经营许可证》（ICP）（以下简称《增值电信业务经营许可证》），如图 4-1-2 所示。

《网络平台道路货物运输经营服务指南》中指出，从事网络货物运输的企业经营者需要申请《增值电信业务经营许可证》（公司名称与网络货运经营申请人名称一致）。

中华人民共和国
增值电信业务经营许可证

经营许可证编号：

根据《中华人民共和国电信条例》及国家有关规定，经审查，准许你公司按照本经营许可证（正文和附件）载明的内容经营增值电信业务，特颁发增值电信业务经营许可证。

公司名称：

法定代表人：

业务种类（服务项目）及覆盖范围：
信息服务业务（仅限互联网信息服务）不含信息搜索查询服务、信息社区服务、信息即时交互服务和信息保护和加工处理服务。【依法须经批准的项目，经相关部门批准后方可开展相应经营活动】
信息服务业务（仅限互联网信息服务）不含信息搜索查询服务、信息社区服务、信息即时交互服务和信息保护和加工处理服务。【依法须经批准的项目，经相关部门批准后方可开展相应经营活动】

发证机关(盖章):

发证日期： 2019年 12月 13日

有效期至： 2024年 04月 28日

图 4-1-2　增值电信业务经营许可证

（2）取得三级等保资质。

动画：三级等保资质测评流程

需要取得符合国家关于信息系统安全等级保护要求的资质（单位名称与网络货运经营申请人名称一致，建议取得三级及以上《信息系统安全等级保护备案证明》及相关材料），申请流程如下：定级报告→备案材料→等保测评→网安备案，三级等保资质样本如图 4-1-3 所示。

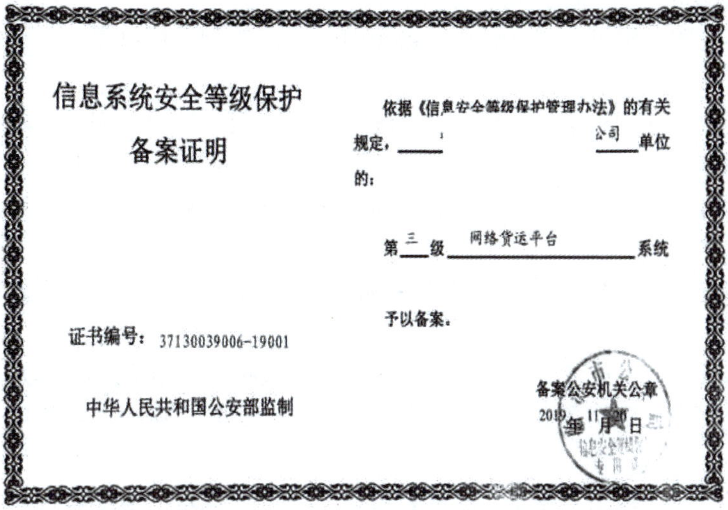

课堂笔记

信息系统安全等级保护

备案证明

依据《信息安全等级保护管理办法》的有关规定，______ 公司______单位的：

第<u>三</u>级<u>网络货运平台</u>系统

予以备案。

证书编号：37130039006-19001

中华人民共和国公安部监制

备案公安机关公章

2019年11月20日

图 4-1-3　三级等保资质样本

（3）对接省级监管平台。

网络货运平台须接入省级网络货运信息监测系统、部级网络货运信息交互系统，如图 4-1-4、图 4-1-5 所示。

图 4-1-4　省级网络货运信息监测系统

部级网络货运信息交互系统

图 4-1-5　部级网络货运信息交互系统

(4) 具备健全的功能，具体要求如下。

①信息发布（网络货运平台应具备车源、货源管理，信息发布、修改、推送等功能）。

②线上交易（网络货运平台应具备线上组织运力、整合资源生成电子运单、完成线上交易等功能）。

③全程监控（网络货运平台应具备运输轨迹全程跟踪、证件到期提示、违规行为报警等功能）。

④金融支付（网络货运平台应具备核销对账、交易明细查询、生成资金流水单等功能）。

⑤咨询投诉（网络货运平台应具备咨询、举报投诉、结果反馈等功能）。

⑥在线评价（网络货运平台应具备对托运人、实际承运人进行信用打分及评级的功能）。

⑦查询统计（网络货运平台应具备对运单、资金流水、运输轨迹、信用记录等信息进行统计的功能）。

⑧数据调取（网络货运平台应具备让交通运输、税务等相关部门可依法调取数据的条件）。

四、申请开办网络货运平台需要的资质文件

申请开办网络货运平台需要的资质文件可归纳为“一个工具、六大资源、四个牌照”。

“一个工具”指建设或部署一个符合法律法规要求的网络货运平台，且平台需具备前述的八大功能。

“六大资源”包括数据资源、技术资源、运力资源、服务资源、金融资源以及供应链管理能力。

ICP“四个牌照”为《增值电信业务经营许可证》、三级等保资质、《线上服务能力认定结果》、网络货运行政许可（《道路运输经营许可证》）。

五、网络货运平台申请流程

微课：网络货运平台申请流程

第一步：搭建一个网络货运执行平台。

平台需具备八大功能：信息发布、线上交易、全程监控、金融支付、咨询投诉、在线评价、查询统计、数据调取。在平台搭建的同时需编制系统功能说明书等相关文件。

第二步：申请《增值电信业务经营许可证》。

(一) 申请《增值电信业务经营许可证》应符合的条件

(1) 经营者为依法设立的公司。

(2) 有与开展经营活动相适应的资金和专业人员。

(3) 有为用户提供长期服务的信誉或者能力。

(4) 在省、自治区、直辖市范围内经营的，注册资本最低限额为 100 万元人民币；在全国或者跨省、自治区、直辖市范围经营的，注册资本最低限额为 1 000 万元人民币。

（5）有必要的场地、设施及技术方案。

（6）公司及其主要出资者和主要经营管理人员三年内无违反电信监督管理制度的违法记录。

（7）国家规定的其他条件。

（二）申请办理《增值电信业务经营许可证》应向电信管理机构提交的申请材料

（1）公司法定代表人签署的经营增值电信业务的书面申请。内容包括申请经营电信业务的种类、业务覆盖范围、公司名称、公司通信地址、邮政编码、联系人、联系电话、电子邮箱等。

（2）公司的企业法人营业执照副本及复印件。

（3）公司概况。包括公司基本情况，拟从事增值电信业务的人员、场地和设施等情况。

（4）验资报告及电信管理机构规定的其他相关会计资料。

（5）公司章程、公司股权结构及股东的有关情况。

（6）申请经营电信业务的业务发展、实施计划和技术方案。

（7）为用户提供长期服务和质量保障的措施。

（8）信息安全保障措施。

（9）证明公司信誉的有关材料。

（10）公司法定代表人签署的公司依法经营电信业务的承诺书。

（11）申请经营的电信业务依照法律、行政法规及国家有关规定须经有关主管部门事先审核同意的，应当提交有关主管部门审核同意的文件。

第三步：申请三级及以上《信息系统安全等级保护备案证明》及相关材料。

申请流程：定级报告→备案材料→等保测评→网安备案。

第四步：申请线上服务能力认定。

申请人应当将网络货运平台接入省级网络货运公共服务平台，并向企业注册地市县（区）负有道路运输监管职责的机构提交线上服务能力认定材料，具体包括如下内容。

（1）《增值电信业务经营许可证》原件及复印件（公司名称与网络货运经营申请人名称一致）。

（2）公安部门核准颁发的《信息系统安全等级保护备案证明》（三级及以上）原件及复印件（单位名称与网络货运经营申请人名称一致）。

（3）网络货运平台已经按照要求接入省级网络货运信息监测系统的证明材料。

（4）平台服务功能符合《网络平台道路货物运输经营服务指南》要求的证明材料或承诺书。

（5）真实性声明。

（6）其他需要提供的证明材料。

各市县（区）负有道路运输监管职责的机构受理线上服务能力资料后，按要求上报至省道路运输局。省道路运输局负责实施线上服务能力认定，出具《线上服务能力认定结果》或在官网公示，并抄送省交通运输厅。

第五步：申请网络货运的行政许可，即《道路运输经营许可证》。

获得线上服务能力认定的申请人，方可申领《道路运输经营许可证》，申请人

应向所在地市县负有道路运输监管职责的机构提出申请，并提交以下材料。

（1）网络货运平台道路货物运输经营申请表。

（2）负责人身份证明，经办人的身份证明和委托书。

（3）安全生产管理制度文本，包括安全生产责任制度、安全生产业务操作规程、驾驶员和车辆资质登记查验制度、托运人身份查验登记制度等。

（4）设立相应的安全生产管理部门或者配备专职安全管理人员的任命文件。

（5）《线上服务能力认定结果》。

（6）法律、法规规定的其他材料。

第六步：发放经营许可

对符合法定条件的网络货运平台申请做出准予行政许可决定的，应当出具《道路货物运输经营行政许可决定书》，向被许可人颁发《道路运输经营许可证》，在《道路运输经营许可证》经营范围栏目中注明“网络货运”。

项目 4-2 网络货运平台申办案例

在四个牌照的申请过程中，应注意资料的收集整理，并完成平台申请条件中“健全的功能和制度”所指的八种功能的相关制度建设，用于后面开展网络货运工作时的制度上墙，以规范企业网络货运平台的运营。

在四个牌照都申请成功后，即可申请接入省级监测平台，接入成功后，网络货运平台申请工作完成。

数字货运

铁铁网络货运平台的构建

铁铁智慧物流（天津）有限公司（以下简称“铁铁智运”）作为河钢集团在供应链金融战略指导思想下打造的物流集成服务平台，是集团汽运业务的统一归口单位和集团唯一的汽运业务承运人。铁铁智运结合国家网络货运的相关政策和建设标准，投入研发了铁铁网络货运平台。该平台集业务流、物流、资金流、票据流于一身，其构建的“人、车、企、货”四位一体运作模式实现了线上找车、找货、交易、结算、支付、风控等，做到全业务流程可视化、智能化、集成化、动态跟踪物流节点，推进企业大宗运输向管理智能化、运输过程可视化、流程标准化、结算自动化、成本最优化、税务合规化的方向发展。平台利用云计算、卫星定位、人工智能、大数据分析等现代信息技术，搭建智慧化物流运输服务平台，实现与交管、税务、公安等政府和其他社会服务平台对接，配合国家和省级主管部门完成信息上报要求，使平台具有较高的技术和审核管控方面的安全保障能力。

铁铁智运自主研发和运营的网络货运平台，能够实现在线签章、实时监控运输全流程、实时支付运费到单车，解决大宗货物运输结算周期长和物流企业垫资成本高的痛点。同时，为集团内部运输成本管控提供了强有力的数据支撑，提升集团运输资源的整合效力，大幅度降低集团的运输成本。

课堂笔记

任务实施

任务 1：查询网络货运平台申请的条件

提示：查询交通运输相关网站，搜索“网络平台道路货物运输经营服务指南”，根据查询结果梳理申请条件，同时需要注意查看不同地区是否有地方性要求，完成申请方案的撰写。

小磊开始着手收集网络货运平台申请的条件，由于涉及全国性的文件资料，于是小磊登录交通运输部网站，如图 4-1-6 所示。

图 4-1-6　交通运输部网站

通过搜索“网络平台道路货物运输经营服务指南”，了解了企业开展网络货运业务需要具备的基本条件。

任务 2：查询网络货运平台申请流程及注意事项

提示：回归课本，梳理课本中讲述的申请流程，再按照流程里面的要求，查询当地的相关网站，整理各个环节的申请具体要求，完成申请方案的撰写。

小磊和网络货运部门负责人通过对网络货运平台申请条件的了解与分析，确认企业自身的基本条件都是符合要求的，现需进行任务 3 的工作。

任务 3：梳理企业网络货运平台的申请流程

网络货运平台的申请流程如图 4-1-7 所示。

图 4-1-7　网络货运平台的申请流程图

小磊在刘经理的带领下，一起学习了运多星网络货运平台的申请流程，然后开始着手本企业的网络货运平台申请工作。请帮助小磊把具体的执行步骤梳理出来。

任务评价

以小组为单位，撰写河北省石家庄市货运企业网络货运平台申请的规划方案，

连同整理的申请网络货运平台所需资料文件及流程步骤一起作为实训作业上交。

本任务采用自我评价、组间评价、教师评价相结合的方式，主要从团队协作、任务完成数量和质量、任务分析的逻辑性和完整性、任务实施的正确性、专业知识的灵活运用和掌握能力等方面进行评价。任务完成后，请填写任务考核评价如表（表 4-1-1）。

表 4-1-1　任务考核评价表

任务名称：________ 专业：________ 班级：________第________小组

组长：________ 小组成员（姓名、学号）：________

成员分工						
评价维度	评价内容	分值	自我评价（20%）	组间评价（30%）	教师评价（50%）	得分
方案设计	对任务 1 中申报条件的描述全面、逻辑清晰、内容完整、结论正确。申报条件错一条扣 4 分	18				
	对任务 2 申报资质文件的准备完整、充分，符合法律法规。多或少一个文件扣 4 分	17				
	任务 3 网络货运平台申请方案的撰写合理可行，系统模块的组成合理，运营模式选择的理由充分。一处逻辑不通扣 3 分	15				
格式排版	严格按照规范格式要求进行排版，有封面、目录，行距、字体、字号等符合要求，错误一项扣 1 分	10				
小组汇报	PPT 制作逻辑清晰、排版美观、内容完整；汇报声音洪亮、表述清楚，回答问题准确、熟练，能反映本小组设计思路、特点	30				
团队协作	团队成员分工明确，任务完成过程中的协同性好，按时提交设计方案	10				

课堂笔记

【课后小测】

一、单选题

1. 申请网络货运平台过程中的“一个工具”指（　　）。

A. 建设或部署一个符合法律法规要求的网络货运平台

B. 申请《增值电信业务经营许可证》(ICP)

C. 申请线上服务能力认定

D. 申请三级等保资质

2. 申请网络货运的企业需要具备注册资本高于（　　）万元的条件。

A. 100　　B. 500　　C. 1 000　　D. 1 500

3. 申请《增值电信业务经营许可证》时，在省、自治区、直辖市范围内经营的，注册资本最低限额为（　　）万元人民币。

A. 100　　B. 500　　C. 1 000　　D. 1 500

4. 申请《增值电信业务经营许可证》时，在全国或者跨省、自治区、直辖市范围经营的，注册资本最低限额为（　　）万元人民币。

A. 100　　B. 500　　C. 1 000　　D. 1 500

5. 网络货运平台申请流程的第一步是（　　）。

A. 搭建网络货运执行平台　　B. 递交材料

C. 线上服务能力认定　　D. 申请网络货运的行政许可

6.《增值电信业务经营许可证》的缩写字母是（　　）。

A. EDI　　B. ISP　　C. ICP　　D. SP

7. 下列不是网络货运平台特点的是（　　）。

A. 强风控　　B. 重资产　　C. 强适应性　　D. 重技术

8. 将“无车承运人”更名为“网络平台道路货运”的时间是（　　）。

A. 2017 年 11 月 15 日　　B. 2018 年 2 月 8 日

C. 2018 年 4 月 9 日　　D. 2019 年 9 月 9 日

9. 三级及以上《信息系统安全等级保护备案证明》的申请流程是（　　）。

A. 备案材料→等保测评→网安备案→定级报告

B. 定级报告→备案材料→网安备案→等保测评

C. 定级报告→备案材料→等保测评→网安备案

D. 备案材料→定级报告→等保测评→网安备案

10. 网络货运平台至少要满足几个功能？（　　）

A. 6　　B. 8　　C. 10　　D. 12

二、多选题

1. 企业申请网络货运平台自身应具备的条件包括（　　）。

A. 建议注册资本高于 500 万元

B. 不以危险品运输为主，应以一般货物运输为主

C. 在最近的三年里，没有出现逃税漏税现象

D. 必须拥有用于道路货运的车辆

2. 企业要想取得网络货运运营资质，需要具备相应的线上服务能力，这包括(　　)。

A.《增值电信业务经营许可证》(ICP)

B. 三级等保资质

C. 对接省级监管平台

D. 具备健全的功能和制度

3. 以下属于向企业注册地市县负有道路运输监管职责的机构提交的线上服务能力认定申请材料的(　　)。

A. 营业执照

B.《信息系统安全等级保护备案证明》

C. 安全生产管理制度文本

D. 三级等保测评报告

4. 以下为申请网络货运行政许可所需提交材料的是(　　)。

A. 网络平台道路货物运输经营申请表

B. 负责人、经办人身份证明和委托书

C.《线上服务能力认定结果》

D. 安全生产管理制度文本

5. 以下属于搭建网络货运执行平台所需要的八大功能的是(　　)。

A. 全程监控　　B. 咨询投诉　　C. 线下交易　　D. 查询统计

三、判断题

1. 三级等保资质的申请流程为：备案材料→定级报告→等保测评→网安备案。(　　)

2. 负责人、经办人身份证明和委托书为线上服务能力认定申请需准备材料之一。(　　)

3. 申请《道路运输经营许可证》的准备材料包括《线上服务能力认定结果》。(　　)

四、简答题

1. 简述三级等保资质的申请流程。

2. 简述网络货运平台的申请流程。

3. 简述申请网络货运平台时，企业所搭建的网络货运平台需要具备的八大功能。

五、论述题

论述申请《增值电信业务经营许可证》应当符合的条件。

课堂笔记

任务二　网络货运平台运营前期准备

任务资讯

小磊在任务一中完成了上海迅捷供应链管理公司在河北省石家庄市申请网络货运平台的方案。现在，小磊需要查询网络货运平台运营的基本要求、运营模式、平台的使用要求等，以及石家庄当地对这些指标有没有额外的要求。请结合课本所学内容以及该企业定位，进行相关资料的收集及整理。

任务分析

小磊在进行网络货运平台申请的过程中，积极收集网络货运平台运营的相关资料，熟悉并分析网络货运平台运营的基本要求、运营模式，为后面顺利开展网络货运平台运营做好准备工作。小磊拟从以下三个方面开展前期的相关准备工作。

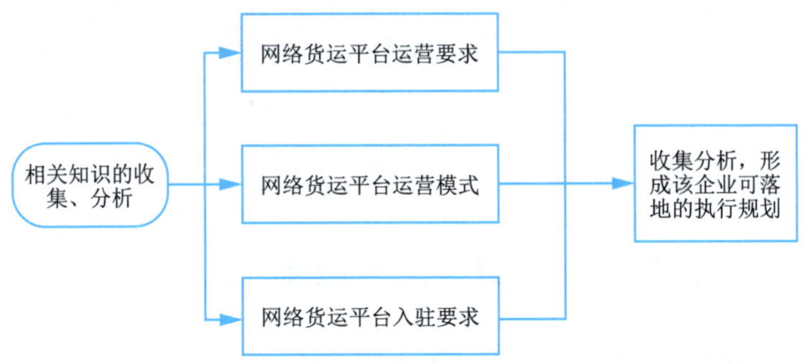

知识储备

一、网络货运的相关概念

（一）网络货运经营

网络货运经营是指经营者依托互联网平台整合配置运输资源，以承运人身份与托运人签订运输合同，委托实际承运人完成道路货物运输，承担承运人责任的道路货物运输经营活动。网络货运经营不包括仅为托运人和实际承运人提供信息中介和

交易操作等服务的行为。《网络平台道路货物运输经营管理暂行办法》对网络货运经营者有关承运车辆及驾驶员资质审核、货物装载及运输过程管控、信息记录保存及运单数据传输、税收缴纳、网络和信息安全、货车驾驶员及货主权益保护、投诉举报、服务质量及评价管理等做出了系统规定，合理界定平台责任，规范平台经营行为。

（二）承运人

实际承运人是指接受网络货运经营者委托，使用符合条件的载货汽车和驾驶员，实际从事道路货物运输的经营者。

承运人的责任期间是指从托运人处接收货物时起至收货人处交付货物时止，货物处于承运人掌管之下的全部期间。责任期间内，货物发生灭失或者损坏，承运人应当负赔偿责任。

承运人将货物运输委托给实际承运人履行的，除合同另有约定外，承运人仍然应当对全部运输负责。

（三）网络货运边界：网络货运经营者承担承运人责任

网络货运经营者与货运代理人和货运经纪人相比，其法律地位、风险责任都有所不同，网络货运经营者的责任边界详情如表 4-2-1 所示。

表 4-2-1　网络货运经营者的责任边界

项目	网络货运经营者	货运代理人	货运经纪人
法律地位	缔约承运人	中介组织	中介组织
风险责任	作为承运人，承担运输过程中所有的责任和风险	代表货主，承担代理合同内规定的责任和运输过程中的所有风险	仅承担承运人和托运人之间的撮合责任，撮合成功后其责任义务即结束
与托运人的关系	签署运输合同	签署委托合同	签署居间合同
与实际承运人的关系	签署运输合同	以托运人的名义签署运输合同	签署居间合同
利润点	运费差价	代理费用	撮合费用

二、网络货运平台运营的基本要求

1. 网络货运平台的规范条件——“五流合一”

（1）保证订单数据的真实性，整合合同流、轨迹流、信息流、资金流、票据流等五大流程，网络货运平台的“五流合一”如图 4-2-1 所示。

（2）保证人车一致。

（3）定位跟踪，实时管控整个运输过程。

图 4-2-1　网络货运平台的“五流合一”

2. 平台系统需满足“八大功能”

可通过分析总结得知，网络货运平台的建设需满足“八大功能”，如图 4-2-2 所示。

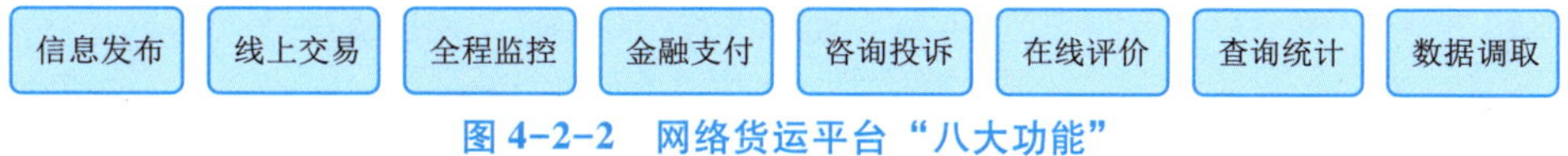

图 4-2-2　网络货运平台“八大功能”

（1）系统由软件和硬件组成。

应用系统分为 PC（个人计算机）端和移动端两部分。PC 端包含货主和承运人的登录入口，而移动端包含货主、承运人和驾驶员的登录入口。

平台功能分为注册车辆认证管理、车主的资质审核、订单管理、招标管理、运营管理、车辆管理和驾驶员管理、车主管理、定位管理、票据管理、价格管理、资金结算和账户管理、税务管理以及重要的外部接口。

其他如后台管理、统计订单管理、数据库分析功能等都是根据企业自身需求构建的。

（2）系统需实现以下功能。

货源整合、运力整合、竞标管理、车辆运输调度、物流过程可视化、实时信息跟踪、车辆定位与轨迹跟踪、货运单跟踪与查询、退货收发、在线收发分拣、税务与财务对接、数据分析、客户维护与管理、外部数据对接等。

正式的网络货运平台需要有人员和车辆的认可，运输轨迹是真实存在的，并且有“五流合一”的数据对接国家指定平台。网络货运平台的必要条件是互联网和信息技术。必须具备相对完善的互联网物流信息平台管理能力，具备与业务发展相适应的信息和数据交互处理能力，可以通过现代信息技术来管理实际承运人车辆运行的全过程。

3. 取得《道路运输经营许可证》

发展网络货运平台，取得《道路运输经营许可证》是必要的基础保障条件。许可证的经营范围栏目中必须注明“网络货运”。

三、网络货运平台的运营模式

网络货运平台运营模式包括以下三种类型，如图 4-2-3 所示。

1. 控货型平台：合同物流企业、大宗/危化企业、电商平台

控货型平台的特点是平台自身就是货主或货源的供给方，掌控着物流订单的分配

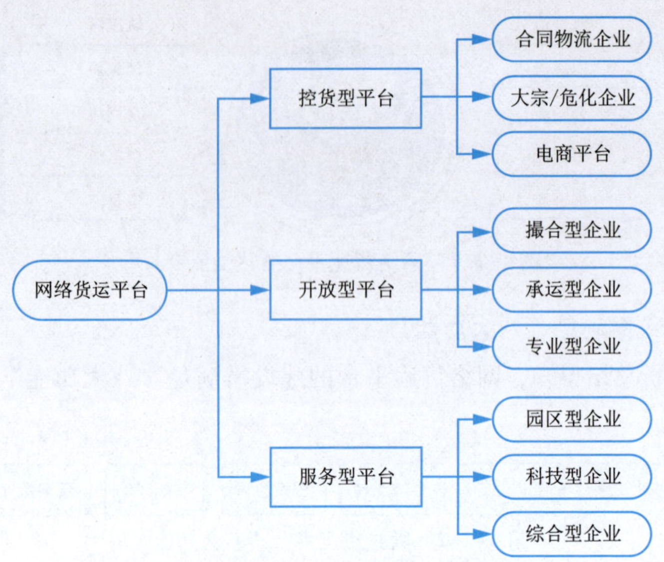

图 4-2-3 网络货运平台运营模式的三种类型

权。在成本压力下，货主需要寻找社会上的运力资源，用来扩充运力池，降低运力的采购成本。比较典型的控货型平台有合同物流企业、大宗/危化企业、电商平台等。

（1）合同物流企业：中外运、安得、一站网、申丝、新杰、大田、大恩。

服务于合同物流的网络货运平台，大多是合同物流企业自身孵化的子公司。典型代表企业如中外运、安得、一站网、申丝、新杰、大田、大恩、荣庆等，都是早期无车承运人试点企业。这类平台建立的初衷是解决企业自身业务的物流问题。

每一家合同物流企业都拥有自己的运力池，一般是由自有车、挂靠车以及长期合作的运力供应商三类组成，规模相当有限，并且良莠不齐，难以满足企业各种运力需求。搭建平台的意义，就是扩充运力池的边界，通过使用公共运力池（社会运力），不断把更优质、更便宜的运力装进自有运力池，形成稳定长期的运力为自己所用，降低运力成本。

（2）大宗/危化企业：货达、世德现代、安达、运友、远迈、京博、青岛港。

多数大宗/危化类企业投资成立的平台都参与了无车承运人试点，代表企业有：煤炭行业的货达、世德现代；钢材行业的安达、运友；电力行业的远迈；危化行业的京博；港口企业青岛港等。

大宗和危化品运输与普货运输有较大差别。大宗运输的货源以“黑货”为主，即煤炭、钢铁、矿石、粮食、石油等，而危化品运输则多是易燃易爆、具有强腐蚀性的化学制品，且需要专人专车运输。

搭建网络货运平台，一是能够在管理上整合运力，实现对个体驾驶员的监管；二是能够实现数据化，打通货主、贸易商、驾驶员之间，以及货价、运价之间的信息壁垒；三是解决税务问题，帮助驾驶员开票，同时实现结算本地化。

（3）电商平台：京东物流（京驿货车）、苏宁物流。

现如今，电商平台已成为商流的重要渠道之一，掌握了大量的物流订单，比如京东物流、苏宁物流这一类大货主，其物流成本不仅是触达末端消费者的快递费，还包括前端厂家仓、经销商仓、电商仓、门店等多节点之间的干支线以及仓内等物流成本。从逻辑上来看，运力端整合同样适用于电商平台。

2. 开放型平台：撮合型企业、承运型企业、专业型企业

开放型平台既不是货主，也不是运力供应商，而是专注于货主与运力供应商之间的有效匹配，是面向整体市场开放的，接受自然竞争的纯第三方企业。这类企业可分为撮合型、承运型、专业型三类。

其中，撮合型以临时性整车订单为主，倾向于做信息撮合，平台自身不参与物流环节，其价值体现在降低货主、驾驶员的交易成本。承运型以计划型整车订单为主，倾向于只做承运业务本身，其价值体现在通过管理降低运输成本。专业型则是专注于特殊市场，如能源炼化、港口配送，或者是局部的、区域内的运力整合。

项目 4-3 京东物流低调上线“京驿货车”

（1）撮合型代表企业：满帮集团。

目前来看撮合型整车平台已经迎来大结局，代表企业就是满帮集团。贵阳货车帮科技有限公司、江苏满运软件科技有限公司早前都是无车承运人试点企业，两者合并后的满帮成为目前最大的整车平台，总用户数（驾驶员+货主）近 1 000 万，年成交额 8 000 亿元，市场估值近 100 亿美元。

撮合型平台的诞生解决了车货信息匹配问题，提升了物流效率，也加速了物流行业信息化、数字化的发展。

（2）承运型代表企业：福佑卡车。

承运型平台侧重于承运业务本身，代表企业如福佑卡车。其在业务上以计划性整车为主，如快递、快运的干线外包业务，业务周期虽长，但运输时间、路线都相对固定，对运输质量的要求比较高。

2019 年，福佑卡车在整体战略上进行了部分调整，从其运营模式中去除了“信息部”这一节点，由福佑卡车直接管理车辆。这一举动，将管理的颗粒度细化到了个体驾驶员层级，进一步强化了承运能力。但对福佑卡车而言，管理压力也随之增大。

（3）专业型代表企业：拉货宝、滴滴集运、山西快成、恰途、物云通。

专业型平台的特点是做差异化竞争，聚焦于一定区域或特殊行业。其中具有代表性的企业包括：服务于能源危化品行业的拉货宝，背靠山东炼化能源集团，主营山东区域大宗危险品运输；服务于集装箱运输业的滴滴集运，主营天津港及周边的港口集装箱物流业务；山西快成主要做大宗商品流通，如煤炭、新能源等；恰途、物云通则是服务于当地的专线及网点，做区域内的运力整合。

3. 服务型平台：园区型企业、科技型企业、综合型企业

服务型平台的特点是多业务线并行，盈利途径除车货匹配，还来自为客户提供 SaaS 支持、资质申办、税务合规、金融、油卡、ETC 等多种物流服务。服务型网络货运平台可以分为园区型、科技型、综合型三类。

企业案例——合规操作避免责任风险

（1）园区型企业：传化、卡行天下、天地汇、黑豹。

园区型平台的切入点就是有自己的物流园区，代表企业如传

化、卡行天下、天地汇、黑豹等。这类平台运用自身的资源优势，直接服务于园区内的专线企业。

以传化为例，其具备很好的线下基础，在沈阳、哈尔滨、济南、杭州、长沙、遵义、成都、重庆、福建、贵阳等全国多地都建立了传化公路港。平台成立后，能够快速将园区内的专线公司转化为客户，为其提供运力服务，并解决税务合规的问题。

（2）科技型企业：中交兴路、G7 易流。

科技型平台的典型代表有中交兴路、G7 易流，二者都是“带货入局”，以车载传感器、GPS、SaaS 支持、大数据、车联网等物流科技产品切入，以技术赋能物流企业，是典型的技术派平台。

业务上，他们是各大物流企业的设备供应商，同时还拥有大量底层运力数据，能帮助客户搭建数据接口和系统等；此外，还能利用大数据优势和风控能力，切入物流金融、保险等方面的业务领域。

（3）综合型企业：路歌、共生、物润船联。

综合型平台的代表企业有路歌，共生、物润船联等。这类企业的主营业务不仅是解决大小货主、物流公司、卡车驾驶员的物流需求问题，还能为客户提供税务合规、金融保险、车后服务、协助网络货运平台资质申办等综合类服务。

案例：运多星的企业运营模式

运多星着力构建“人、车、企、货一体化”全流程安全高效的数字货运平台系统，涵盖 OMS、TMS、BMS 等系统模块，提供一站式货运场景解决方案。其早期定位以开放型的撮合平台为基础，做扎实平台的数据化资源，实现后期的车后市场服务型转变规划。运多星的企业网络货运运营模式如图 4-2-4 所示。

图 4-2-4　运多星的企业网络货运运营模式

数字货运

铁铁网络货运平台在河北钢铁集团内部积极推动业务发展，不断创新管理和组织模式，聚集社会优质物流企业、驾驶员、车辆资源，打破常规第三方物流公

课堂笔记

司运营模式，实现货源直接对社会的单车模式，快速提升运输组织效率和降低运输成本。目前，铁铁智运定位于大宗生产资料物流网络货运平台，以河钢集团庞大资源体量为依托，专注于“互联网+物流”数字经济新时代商业模式创新，在聚合河钢集团物流业务的基础上，逐步发展外部车辆加入平台，提供油气、保险、轮胎、维修、汽车租赁等车辆后市场增值服务。以平台化思维快速集聚供应链上下游物流资源要素，打造集用户管理、信息发布、运价走势分析、物流在途管理、金融服务等为一体，车货高效匹配、全程物流可视可控的网络货运平台，努力构建一个合作共生、多方共赢、业界有影响力的大宗生产物流产业生态圈，努力成为大宗商品物流服务引领者。

四、网络货运平台运营模式的未来发展趋势

微课：开票型的网络货运平台运营

一是由控货走向开放。大型制造业、商贸业、电商平台、合同物流企业搭建的网络货运平台，大多是服务于母公司自身。随着物流资源的进一步整合，以及业务规模的逐渐扩大，这类控货型平台向开放型转变是未来发展的必然趋势。

二是抢夺车后市场。网络货运平台在解决货源与运力之间的精准匹配问题，形成完整的履约交付结算链条和业务闭环以后，已然进入下一阶段的竞争，将加速拓展车辆销售、维修、保养等车后市场，以及金融、保险等延伸服务，增强用户黏性，构建上下游生态系统，通过多元化的服务来提升各自的综合竞争力。

三是聚焦供应链一体化服务。供应链管理是物流发展的终极阶段。未来网络货运平台也将从物流生态升级为供应链生态，通过与物流业不同供应商建立全方位、多维度、立体化的协作，整合优势资源构建服务网络，形成从原材料采购、生产到销售的全链条服务体系，为客户提供全面的供应链可视化管理和多场景体验。

四是由网络货运切入多式联运。2020 年，国务院办公厅转发国家发展改革委、交通运输部《关于进一步降低物流成本实施意见的通知》，其中明确提出：严格落实网络货运平台运营相关法规和标准，促进公路货运新业态规范发展。鼓励物流企业向多式联运经营人、物流全链条服务商转型。跟国外的多式联运发展相比，国内的网络货运平台也初步具备了这些启动条件。

五是形成属地化管理。随着网络货运平台的开放化，地方保护会形成网络货运的属地化管理，地方政府不会放任大量税收流失到其他省份，所以平台化企业会大量成立地方性的公司，使属地化管理流程合法合理。

动画：网络货运平台运营技能

总的来说，网络货运平台大都利用自身的运营服务价值来实现盈利目标，其未来走的将是一条规模化发展道路。

警示教育

2020 年，吉林长春某饭店向苏州某食品公司订购锅包肉等食品，因与某物流公司有长期的运输业务往来，食品公司遂联系某物流公司运输该批食品。后物流公司在货运平台发布信息，要求运输车辆为冷藏车，驾驶员李某接单。物流公司员工将驾驶员李某信息告知食品公司，李某按期至约定地点装货。饭店接收时却发现运输车辆为普通货车，食品已化冻变质。随后，饭店了解到驾驶员李某在大连委托另一名驾驶员马某转运该批食品，遂拒收货物。苏州某食品公司认为某物流公司擅自转交货物，应赔偿货损，遂向虎丘法院提起诉讼。

法院认为，食品公司是根据某物流公司告知的驾驶员姓名及车辆信息交付货物，虽然食品公司与物流企业未签订书面运输合同，但根据双方长期的交易习惯，食品公司实则将货物交由某物流公司运输，双方存在事实运输合同关系。据此，法院判决物流公司赔偿货运损失 7 万余元。宣判后，某物流公司不服，提起上诉，苏州中院依法维持原判。

法官庭后表示，相较于传统货运行业，网络货运平台解决了货主找车难、驾驶员找货难的问题，但并不意味着专业物流公司可滥用网络货运平台擅自转委托货车运输货物。本案中，驾驶员李某在签约后擅自转委托的行为，违反了双方在平台签订的运输合同约定，某物流公司也可根据约定要求驾驶员李某承担货物变质的赔偿责任。

任务实施

任务 1：查找网络货运平台运营的基本要求

小磊和网络货运部门的负责人在进行网络货运平台申请的过程中，进行了相关的行业、企业调研工作，并结合相关知识的网络查询，获取了网络货运平台运营的基本要求。请对之进行归纳。

提示：查询交通运输网站，搜索“网络平台道路货物运输经营服务指南”，梳理申请条件，也需要查看当地是否有地区性要求。

任务 2：确定本企业网络货运平台的运营模式

通过对网络货运平台运营模式的了解与分析，梳理网络货运平台运营模式的类型及发展趋势，为本企业选择合适的运营模式，并写明理由及运营思路。

任务 3：梳理网络货运平台的使用要求

根据 2019 年印发的《网络平台道路货物运输经营管理暂行办法》的要求，结合任务 1 和任务 2 所确定的企业性质和运营模式的梳理结果，小磊整理出网络货运平台对使用者的要求。请具体写明要求内容。

任务评价

以小组为单位，在完成河北省石家庄市货运企业网络货运平台的申请后，整理网络货运平台运营基本要求、运营模式及平台使用要求的具体内容。

本任务采用自我评价、组间评价、教师评价相结合的方式，主要从团队协作、任务完成的完整度、方案质量、任务的逻辑性、专业知识的掌握和应用、方法和能力的提升几个方面进行评价。任务完成后，请填写任务考核评价表（表 4-2-2）。

表 4-2-2　任务考核评价表

任务名称：________ 专业：________ 班级：________第________小组

组长：________ 小组成员（姓名、学号）：________

成员分工						
评价维度	评价内容	分值	自我评价（20%）	组间评价（30%）	教师评价（50%）	得分
方案设计	任务 1 对网络货运平台运营基本要求的梳理全面、合理、逻辑清晰且符合企业自身所需。基本要求的梳理错一条扣 4 分	18				
	任务 2 对平台常见运营模式的梳理完整、描述清晰。结合企业自身实际选择合适的模式，理由充分、合理。对运营模式的描述少一个扣 4 分，企业模式选择的理由不充分酌情扣分	17				
	任务 3 对网络货运平台使用要求的梳理全面、有条理。能够根据不同角度、不同参与者梳理基本要求。使用要求少一条扣 3 分	15				
格式排版	严格按照规范格式要求进行排版，有封面、目录，行距、字体、字号等符合要求，错误一项扣 1 分	10				
小组汇报	PPT 制作逻辑清晰、排版美观、内容完整；汇报声音洪亮、表述清楚，回答问题准确、熟练，反映本小组设计思路、特点	30				
团队协作	团队成员分工明确，任务完成过程中的协同性好，按时提交设计方案	10				

【课后小测】

一、单选题

1. 实施监督检查时，应当有（　　）名以上执法人员参加。

A. 4　　B. 3　　C. 1　　D. 2

2. PC 端包含货主和（　　）的登录入口。

A. 收货人　　B. 发货人　　C. 货车驾驶员　　D. 承运人

3. 检查发现经营者资质条件、经营行为不符合要求时，按照（　　）等法规规定进行处理。

A.《中华人民共和国道路运输条例》

B.《中华人民共和国合同法》

C.《中华人民共和国道路安全处罚法》

D.《道路货物运输及站场管理规定》

4. 开票型网络货运平台提供的主要是（　　），也是市场的主流模式，以税筹优化为主要赢利模式。

A. 开票服务　　B. 线上收款服务　　C. 卡券核销服务　　D. 收银结算服务

5. 网络货运平台的规范条件是保证订单数据的真实性，整合物流、信息流、（　　）三大流程。

A. 商业流　　B. 客户流　　C. 服务流　　D. 资金流

6. 网络货运平台的必要条件是（　　）和信息技术。

A. 大数据　　B. 互联网　　C. 人工智能　　D. 云计算

7. 以临时性整车订单为主，倾向于做信息撮合，平台自身不参与物流环节；价值体现在降低货主、驾驶员的交易成本，这类网络货运企业属于（　　）。

A. 专业型　　B. 承运型　　C. 撮合型　　D. 综合型

8.（　　）网络货运平台的特点是多业务线并行，盈利模式除车货匹配，还来自为客户提供 SaaS 支持、资质申办、税务合规、金融、油卡、ETC 等多种物流服务。

A. 服务型　　B. 承运型　　C. 科技型　　D. 综合型

9.（　　）平台的特点是平台自身就是货主或货源的供给方，掌控着物流订单的分配权。

A. 承运型　　B. 控货型　　C. 科技型　　D. 专业型

二、多选题

1. 制定检查方案，内容包括（　　）。

A. 监督检查的依据　　B. 监督检查的内容

C. 监督检查步骤　　D. 工作要求

2. 网络货运的运营模式有（　　）。

A. 服务型　　B. 开放型　　C. 多式联运型　　D. 控货型

3. 对实际承运人信息审核包括（　　）。

A. 驾驶员姓名　　B. 身份证号

C. 联系方式　　D. 道路运输从业资格证号

4. 网络货运平台运营的基本要求之一是“五流合一”，那么五流包括（　　）。

A. 合同流　　B. 轨迹流　　C. 信息流　　D. 资金流

E. 票据流

5. 网络货运平台运营模式的未来发展趋势有（　　）。

A. 控货走向开放　　B. 抢夺车后市场

C. 聚焦供应链一体化服务　　D. 形成属地化管理

E. 由网络货运切入多式联运

三、判断题

1. 运力共享是通过网络货运平台的零散规模，建立平台内的运力池。（　　）

2. 产业互联网型企业要做物流工业互联网，应以供方需求为基础搭建一个深度运营的管理体系。（　　）

3. 网络货运经营者与托运人和实际承运人签订运输合同的保存时间应自签订之日起不少于四年。（　　）

四、填空题

1. 应用系统分为________和________两部分。

2. 网络货运经营者应按照《民法典》的要求，分别与________和________签订运输合同。

3. 网络货运平台的使用要求包括________、________与________。

五、简答题

1. 简述网络货运平台运营的基本要求。

2. 简述网络货运控货型平台的特点及代表性企业。

3. 简述网络货运开放型平台的特点及代表性企业。

4. 简述网络货运服务型平台的特点及代表性企业。

任务三 网络货运平台运营

任务资讯

在完成本项目任务一和任务二的基础上，下一步小磊需要结合教材所学知识，模拟网络货运平台的运营。他需要与团队成员一起完成以下任务。

1. 制定网络货运平台使用者管理办法。

2. 梳理网络货运平台的运营流程。

3. 从平台运营评价的不同维度制定和分析平台运营过程中涉及的平台使用者管理指标、运营流程指标和运营评价指标。

任务分析

基于对网络货运平台运营相关知识的已有认知，结合网络货运平台运营的相关法律法规，为了确保网络货运平台能正常运行上线，小磊拟从以下三个方面展开本企业的网络货运平台运营工作。

网络货运平台的使用者管理。

网络货运平台运营流程的梳理。

网络货运企业运营的评价分析。

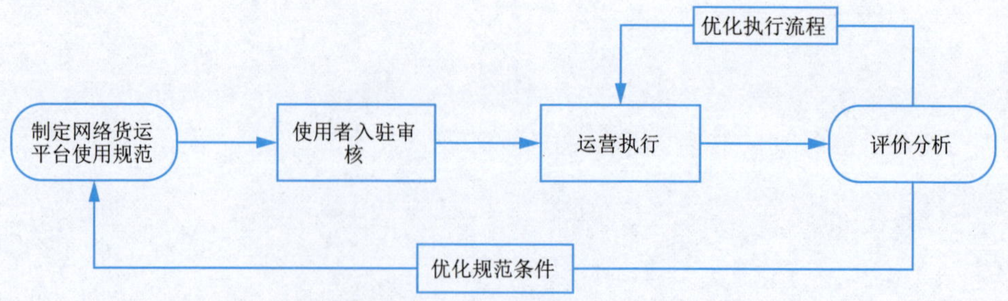

课堂笔记

知识储备

一、网络货运平台运力的内涵及作用

（一）网络货运平台运力的内涵

狭义的运力是指运输过程中所需的对应资源，通常包括营运性货运车辆、营运驾驶人员、陪护人员等。网络货运平台的运力应符合以下要求：运力资源可靠，运力匹配速度快、智能化，基础运输设施和信息网络完善，运输线路多，输送范围广，运输业务多样化，业务处理流程化，运输过程可视化，数据透明化。

网络货运平台运力与传统运力的区别：在传统模式下，运力供给松散无序，信息不透明；网络货运平台运力供给有序、多样，运力信息透明、丰富。这两者之间的转变将导致货运行业的技术和设备、业务流程等产生多方面的变化。

（二）网络货运平台运力组织的作用

（1）交易由原来的“熟人”“中介”转变为智能化、精准化匹配。传统模式中的市场运力组织较为零散，主要是依靠好友、固定客户的“熟人圈”等。在这种模式下，货运驾驶员工作辛苦、投入成本高，但收入和货源却不稳定。而网络货运平台除了可以将市场上松散的运力进行有序整合，还拥有完善先进的信息技术和网络，可以使运力供给和运力需求双方的信息实现智能化、迅捷化的精准匹配。

（2）实现货物运输业务流程和交易环节的简明化、可视化，运营效率大幅提高。传统模式中运力调度的业务流程基本是以线下为主，这个流程不仅繁杂低效，而且中间环节多，服务和交易成本也较高。但是，在从网络货运平台上筛选合适运力的过程中，双方不但可以借助 GIS（Geographic Information System，地理信息系统）技术、计算机技术等对地理空间数据和路线数据进行综合分析，获取高效便捷的运输方案，而且能节省业务流程中不必要的环节和开支。业务流程中间环节的减少，加上交易信息也逐渐透明化，会带来服务和交易成本的大幅降低。

（3）行业信息更加丰富透明，市场环境更加诚信。在传统的公路货运市场中，货运供给大多是以个体、小规模的运力为主，故运力组织也是小型化的，而货源的组织却是以信息交易服务中介为主，这样就会使运力供给和需求之间的信息不对称。但是，在网络货运平台上，货运市场的信息交易是透明的、对称的，一旦出现欺诈行为，运力的供需双方能够方便地进行记录和查询。如此一来，无论是车源还是货源的提供者，都会按照诚实守信的原则来进行合作。因此，在网络货运平台上更易于达成诚信合作，并且会促进行业环境的净化。

二、网络货运平台运力的分类

网络货运平台运力的基本类型一般分为三种：临时运力、合同运力、自有运力。

临时运力指网络货运平台临时匹配到的第三方运力。通常包括企业运力、个体运力和车队运力等。

合同运力是网络货运平台企业根据自身承运的长期运输量，用定向约定、招采方

式或招呼方式达成合作的第三方运力资源，如专业的运输企业、车队或者个人运力。

自有运力即网络货运平台企业自身所具有的运力，如企业自身所拥有的车辆，或者通过包车、共建运力的方式所使用的运力。

微课：网络货运平台业务数据审查细则

三、网络运货平台使用管理规范

1. 承运方审核、认证标准

承运方审核、认证标准如表 4-3-1 所示。

表 4-3-1 承运方审核、认证标准

角色	认证标准		
	审核项	审核要求	认证通过要求
驾驶员	身份证正反面	1. 身份证照片需为原件照片，完整、清晰，且在有效期内； 2. 审核系统中以下信息与证件是否一致：身份证号、有效期的起止时间	1. 驾驶员身份证姓名、收款账户名与驾驶证、从业资格证的所有人必须一致； 2. 审核过程如有错误或遗漏，需进行修正及补充； 3. 驾驶员不得为业务员以及与业务员有关联的人员，不得为货主公司员工； 4. 审核项全部满足要求方可通过认证
	机动车驾驶证主副页	1. 证件照片完整、清晰，且在有效期内； 2. 审核系统中以下信息与证件是否一致：驾驶证签发时间及有效期、发证机关	
	驾驶员从业资格证	1. 证件照片完整、清晰，且在有效期内； 2. 审核系统中以下信息与证件是否一致：从业资格证号（存在部分从业资格证号与身份证号不相同的情况，需详细核对）、有效期的起止时间； 注意：使用总质量 4.5 吨及以下普通货运车辆从事普通货物运输经营的驾驶员无从业资格证	
	驾驶员收款信息	如为驾驶员收款，需提供驾驶员收款信息，收款银行户名需为驾驶员本人	
车辆	机动车行驶证主副页	1. 证件照片完整、清晰，且在有效期内； 2. 驾驶黄牌车必须为持有 A、B 类驾驶证的驾驶员； 3. 审核系统中以下信息与证件是否一致：车牌号、行驶证、行驶证有效期（到期则加一年）、车辆识别代码（车架号）、行驶证发证机关； 4. 车辆所有人为公司的，挂靠点需选“是”，付款前应上传车主申明，需审核车主申明中驾驶员姓名、车牌、挂靠公司（填写公司全称）等信息是否准确无误，驾驶员签名必须为手写	1.《道路运输经营许可证》、行驶证、车辆照片、车主申明的车牌信息必须一致； 2. 审核过程如有错误或遗漏，需进行修正及补充； 3. 审核项全部满足要求方可通过认证
	道路运输证	1. 证件照片完整、清晰，且在有效期内； 2. 审核系统中以下信息与证件是否一致：道路运输经营许可证号、到期时间等； 3.《道路运输经营许可证》有效期应和行驶证保持一致，一年一审（不再是六年有效期），根据年审时间填写；如《道路运输经营许可证》无年审时间，则根据行驶证年审时间填写	
	其他	1. 绑定驾驶员； 2. 所有人电话（驾驶员电话）准确无误； 3. 所有人证件号码及道路运输经营许可证号准确无误（收款人身份证号）； 4. 人车合照（车头照）清晰，必须体现车牌号	

课堂笔记

续表

<table>
<tr><th rowspan="2">角色</th><th colspan="3">认证标准</th></tr>
<tr><th>审核项</th><th>审核要求</th><th>认证通过要求</th></tr>
<tr><td rowspan="2">车辆</td><td>收款信息</td><td>需为车队队长的银行账户，银行户名需为车队队长本人</td><td rowspan="2"></td></tr>
<tr><td>其他</td><td>1. 驾驶员/车队队长单月结算金额不可超过 15 万元；
2. 驾驶员和车辆单月承运金额不可高于 10 万元；
3. 单笔结算金额不超过 5 万元，单日结算金额不可超过 10 万元；
4. 运输队单月绑定车辆不高于 5 辆（以结算车辆为准）</td></tr>
</table>

2. 托运人审核、认证标准

托运人审核、认证标准如表 4-3-2 所示。

表 4-3-2　托运人审核、认证标准

<table>
<tr><th rowspan="2">角色</th><th colspan="3">认证标准</th></tr>
<tr><th>审核项</th><th>审核要求</th><th>认证通过要求</th></tr>
<tr><td rowspan="6">托运人</td><td>营业执照</td><td>1. 证件照片需为原件或者加盖公章的复印件，照片真实有效、清晰可见，如无法提供原件，需加盖公章；
2. 未从事危化品经营或超出公司经营范围
3. 优先与物流类、生产型企业合作，其他类型客户需经风控同意后方可合作；
4. 如为竞品公司（营业执照范围含网络货运）需谨慎审核</td><td rowspan="5">1. 审核过程如有错误或遗漏，需进行修正及补充；
2. 除《道路运输经营许可证》之外，其余审核项全部满足要求方可通过认证</td></tr>
<tr><td>法人身份证正反面</td><td>1. 身份证照片需为原件照片，完整、清晰，且在有效期内；
2. 如无法提供法人身份证，需提供法人授权管理员注册的委托书</td></tr>
<tr><td>开票信息</td><td>1. 开票信息真实、有效；
2. 核对以下信息是否正确：统一社会信用代码、开户银行、银行账号、注册电话、注册地址</td></tr>
<tr><td>税务信息</td><td>1. 税务信息真实、有效。
2. 核对税务信息与证件是否一致：
①成立日期（以营业执照为准）；
②主管税务机关（当地县区市国税局）；
③企业类型（必须为一般纳税人）；
④经营范围（未从事危化品经营或超出公司经营范围）；
⑤注册资本（以营业执照为准，或通过企查查、天眼查进行查询）</td></tr>
<tr><td>系统账号注册与联系人信息</td><td>合同中被授权人、联系人真实有效，联系方式正确</td></tr>
<tr><td>托运人费率设置</td><td colspan="2">1. 按公司流程提交申请，流程到达费率配置执行人后进行费率设置、资金账户开通；
2. 流程审批节点：部门负责人—财务—风控—费率配置执行人</td></tr>
</table>

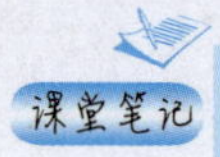

3. 订单审核标准

订单审核标如表 4-3-3 所示。

表 4-3-3　订单审核标准

<table>
<tr><th rowspan="2">审核内容</th><th colspan="3">认证标准</th></tr>
<tr><th>审核项</th><th>审核要求</th><th>审核通过要求</th></tr>
<tr><td rowspan="4">订单</td><td>订单是否重复</td><td>审核订单前，先搜索车辆历史订单，需审核订单与历史订单的装卸货时间是否存在时间交叉、时间重叠，如有交叉或重叠，不予审核订单，并跟进整改</td><td rowspan="4">1. 审核过程如有错误或遗漏，需进行修正及补充；
2. 审核项全部满足要求方可通过认证</td></tr>
<tr><td>收发货信息</td><td>1. 收发货人员姓名、电话必须填写。
2. 收发货详细地址必须填写，不可留空。
3. 交易时间需在发货时间之前。
4. 货物名称填写实际托运的详细货物名称：
（1）不得托运危险品、违禁品等国家法律法规禁运货物；
（2）不可统一写普货，需填写货物实际名称，如货物为品类不统一的日常百货，可写百货；
5. 不得超载超方，重量范围是 1~36 吨，体积范围是 1~45 立方米</td></tr>
<tr><td>计价及
结算信息</td><td>1. 核对结算合计金额与付款合计金额是否一致。
2. 付款方式的支付类型需选择银行，不可选择现金。
3. 驾驶员、载具、运输队单月承运金额、收款金额均不可高于 10 万元。
4. 单月绑定车辆不高于 5 辆（以结算车辆为准）。
5. 运输价格需满足以下条件。
（1）运价最高标准。
订单运费不得超过以下标准：
运输距离>600 千米，运费单价不得超过 8.5 元/千米；
运输距离 300~600 千米，运费单价不得超过 9.5 元/千米；
运输距离 100~300 千米，运费单价不得超过 12 元/千米；
运输距离小于 100 千米，总运费不高于 1 500 元。
（2）运价最低标准。
订单运费不得低于以下标准：
运输距离≤100 千米，总运费不得低于 300 元；
运输距离>100 千米，总运费不得低于 1 000 元</td></tr>
<tr><td>签收照片信息</td><td>1. 单据照片必须上传以下任意一组：
（1）提货单、签收单（签收单必须有收货人的签收盖章或签字）；
（2）装货照片（发车时人车货合照）、卸货照片（卸货时人车货合照）。
2. 照片务必清晰、完整、不重复。
3. 单据照片务必真实有效，不同客户、不同收件人、不同驾驶员的单据，签收人、单据模板不得相同，不得提供虚假单据照片。
4. 单据照片信息需与对应承运订单信息相符（装卸货地址、车牌、运费等信息）。
5. 如为撤销审核后重新审核的订单，照片必须重新上传原图</td></tr>
</table>

课堂笔记

续表

审核内容	认证标准		
	审核项	审核要求	审核通过要求
订单	运输轨迹	1. 系统判定运输轨迹符合方可通过审核。 2. 如系统判定运输轨迹不符合： （1）如轨迹与运单线路南辕北辙、偏差大，则该运单审核失败，不予通过； （2）如起止地在同一个区/县，则在订单上修改地址，重新审核至判定轨迹符合方可通过； （3）如地址跨区/县，或者无轨迹，则需提供货主与上游的运输合同，然后审核通过，此部分订单不应超过客户订单的10%，超出的订单不予通过	

企业案例：

微课：网络货运平台如何保障货主和承运人合法权益

铁铁网络货运平台进行实名认证管理，保障用户信息的真实性。按照《网络平台道路货物运输经营管理暂行办法》《省级网络货运信息检测系统建设指南》的要求，铁铁智运网络货运平台用户全部需要实名认证，车辆信息需识别行驶证、《道路运输经营许可证》（牵引车）、《道路运输经营许可证》（挂车）、车牌颜色、核定载重量、证件有效期等内容；驾驶员需识别身份证、驾驶证、从业资格证、证件有效期等信息；托运人需识别统一社会信用代码、法人代表、联系人、联系电话等信息；承运人的统一社会信用代码、道路运输经营许可证号、法人代表、联系人、联系电话等信息。以上信息全部需在平台录入收集，审核人员严格把关审核环节，确保用户信息真实可靠，保障平台业务的真实性。

四、网络货运平台审核全流程

1. 托运人审核

（1）CRM 流程审批：客户注册前先由销售发起流程审批，由风控人员进行审批，审批通过后完成合同签署及用户入驻。

（2）审核流程：在客户端中提交证件信息，由系统先进行识别验证，再由人工客服进行审核。托运人认证审核流程如图 4-3-1 所示。

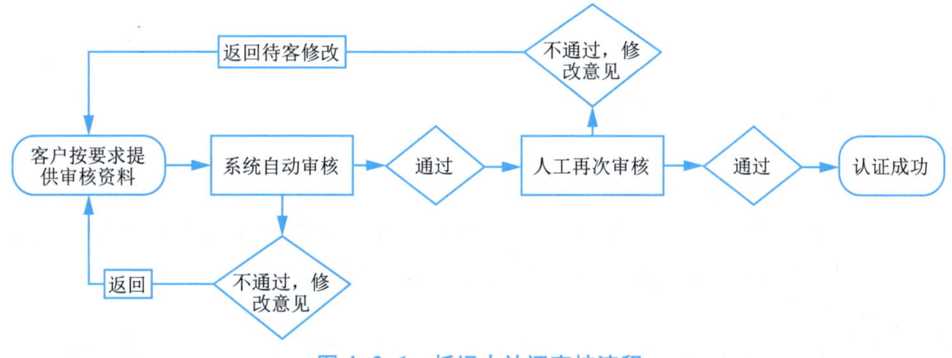

图 4-3-1　托运人认证审核流程

（3）审核要点：企业名称、企业社会信用代码、法人姓名、法人身份证号码四要素一致，超级管理员姓名、身份证、手机号码三要素一致，且证件真实有效，满足以上要求方可通过审核。

2. 承运人审核

（1）审核流程：驾驶员在 APP 中提交驾驶员及车辆证件照片后，由客服进行人工审核，驾驶员认证审核流程如图 4-3-2 所示。

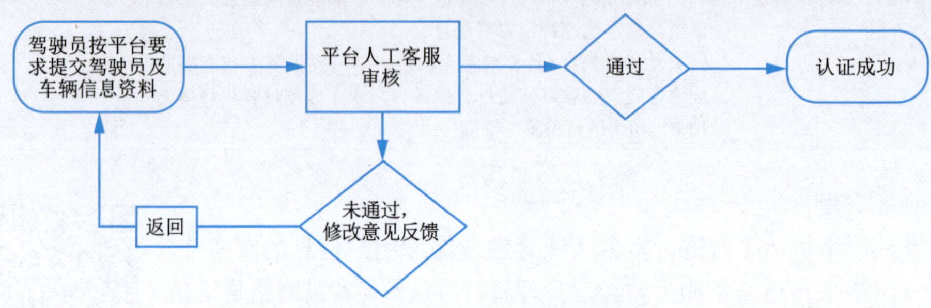

图 4-3-2 驾驶员认证审核流程

（2）审核要点：驾驶员本人姓名、手机号码及身份证号码三要素一致，驾驶员本人驾驶证及从业资格证上传无误且真实有效，车辆车头照、行驶证主副页、《道路运输经营许可证》上传无误，证件真实有效，可通过审核。

五、网络货运平台运营流程

微课：网络货运平台运作流程

网络货运平台常规的运营流程是注册过本平台的托运人，根据运输需求在平台发布发货需求单→承运人（平台）根据托运人需求进行自动配车和实际承运人的匹配（驾驶员接单）→平台自动进行订单跟进→收货人签收货物→驾驶员费用支付→收款开票→托运人可进行售后评价。网络货运平台运营流程如图 4-3-3 所示。

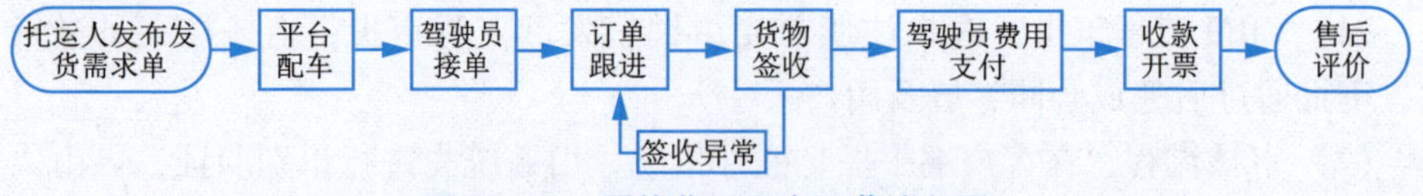

图 4-3-3 网络货运平台运营流程图

第一步：托运人发布货源信息

货主（托运人）发布货源信息，填写并核对装卸货地址、货物信息及运费信息后下单，下单时需签署《运输协议》。

第二步：平台自动撮合交易

完成平台注册认证的驾驶员（实际承运人），登录 APP 即可在线接单，接单时需签署《运输承揽协议》，发车时需上传单据照片，运输的全过程信息即时可查，运货车辆到达目的地，货物被收货人签收后需上传单据照片。

企业做法：

铁铁网络货运平台能够进行智能车货匹配，均衡运输供需。通过网络货运平台运输管理，调度人员按照运输计划，随时随地通过平台进行挂单操作；车主通过移动端在货源广场抢单，完成提货、卸货等运输过程，并及时上传提货时间、提货量、提货照片、卸货时间、卸货量、卸货照片等运输数据，使运输过程全面数字化；货主、托运人、承运人、国家监管平台等不同主体随时随地可以查看货源和车辆运输实时状况，运输完成后，各方主体也可以随时查看车辆运输过程。

第三步：平台进行单据审核

平台可以对完成的单据进行审核，确保单据无异常，可进行统计查询、数据调取等操作。

第四步：运费支付

1. 货主申请支付运费

货主确认货物已由目的地签收，即可申请支付运费。

2. 货主支付运费

货主支付运费如图 4-3-4 所示。

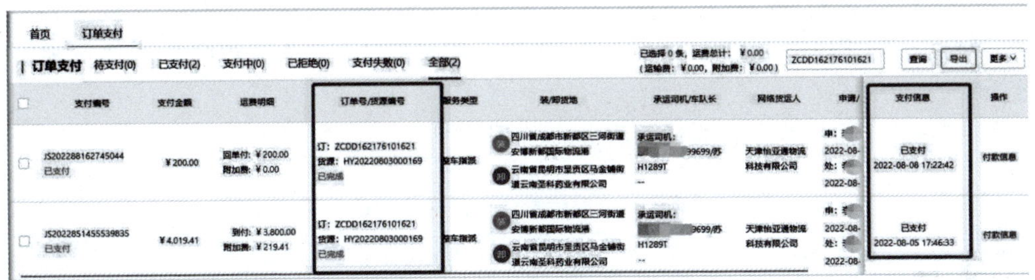

首页 订单支付

订单支付 待支付(0) 已支付(2) 支付中(0) 已拒绝(0) 支付失败(0) 全部(2)

已选择 0 条，运费总计：￥0.00（运输费：￥0.00，附加费：￥0.00） ZCDD162176101621 查询 导出 更多

支付编号	支付金额	运费明细	订单号/货源编号	务类型	装/卸货地	承运司机/车队长	网络货运人	申请/	支付信息	操作
JS202288162745044 已支付	￥200.00	回单付：￥200.00 附加费：￥0.00	订：ZCDD162176101621 货源：HY20220803000169 已完成	车指派	四川省成都市新都区三河街道安博新都国际物流港 云南省昆明市呈贡区马金铺街道云南圣科药业有限公司	承运司机：99699/苏H1289T --	天津怡亚通物流科技有限公司	申：2022-08- 处：2022-08-	已支付 2022-08-08 17:22:42	付款信息
JS2022851455539835 已支付	￥4,019.41	到付：￥3,800.00 附加费：￥219.41	订：ZCDD162176101621 货源：HY20220803000169 已完成	车指派	四川省成都市新都区三河街道安博新都国际物流港 云南省昆明市呈贡区马金铺街道云南圣科药业有限公司	承运司机：9699/苏H1289T --	天津怡亚通物流科技有限公司	申：2022-08- 处：2022-08-	已支付 2022-08-05 17:46:33	付款信息

图 4-3-4 货主支付运费

3. 平台支付驾驶员运费明细

平台支付驾驶员运费明细如图 4-3-5 所示。

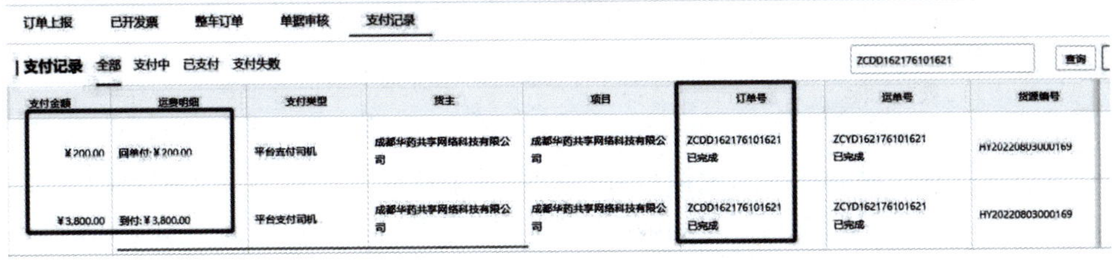

订单上报 已开发票 整车订单 单据审核 支付记录

支付记录 全部 支付中 已支付 支付失败 ZCDD162176101621 查询

支付金额	运费明细	支付类型	货主	项目	订单号	运单号	货源编号
￥200.00	回单付：￥200.00	平台支付司机	成都华药共享网络科技有限公司	成都华药共享网络科技有限公司	ZCDD162176101621 已完成	ZCYD162176101621 已完成	HY20220803000169
￥3,800.00	到付：￥3,800.00	平台支付司机	成都华药共享网络科技有限公司	成都华药共享网络科技有限公司	ZCDD162176101621 已完成	ZCYD162176101621 已完成	HY20220803000169

图 4-3-5 平台支付驾驶员运费明细

第五步：平台给货主开票

平台具备开票功能，当一份订单完成后，平台即可给货主（托运人）提供开票服务。

第六步：货主评价订单

货主（托运人）确认订单完成并支付完本订单的运费后，即可对本订单的情况进行评价。

六、网络货运企业运营评价分析

动画：网络货运平台运营

（一）外部评价分析

交通运输部依托部网络货运信息交互系统统计数据，按照《网络货运信息化监测评估指标体系》要求，以季度为周期，对各省份网络货运监测情况进行综合评估，并通过适当方式公布评估结果。

以天津为例。根据对《天津市道路运输管理局关于2022年5月全市网络货运企业经营运行监测情况的通报》中相关数据的分析，如全市网络货运企业完成的运费排名、全市交互数据规模偏少的网络货运企业名单、全市各区网络货运业务规模分析（驾驶员、车辆、运单、资金流水单、货运量、运费总金额等），全市网络货运企业线上服务能力的年审结果是合格。

（二）企业内部评价分析

结合交通运输部的评价指标，企业按部门制定不同的运营评价指标要求，通过月评估进行PDCA（Plan计划，Do执行，Check检查，Act处理）的螺旋循环提升。

表4-3-4为运营中心的月评估指标。

表4-3-4 运营中心月评估指标

序号	指标名称	指标定义公式及说明	权重/%	目标值/%
1	网络货运业务指标	网络货运营业额目标完成率	20	100
2	货源单指标完成率	货源单运输完成订单数/委运单指标	10	80
3	货主新增指标完成率	新增客户数/新增客户指标	20	90
4	客户活跃率	月活跃客户/已认证客户数	10	65
5	业务运营支持	为业务落地提供运营支持	20	100
6	天津监测平台数据数据上传	天津监测平台数据总异常率不高于1%	10	1

通过内外评价结合的多角度评价方式，可对企业的网络货运平台运营进行多维度的评估、分析，不断提出更优的解决方案与执行方法，实现网络货运平台的降本增效，实现企业的规划目标，为社会发展承担起企业应尽的责任。

数字中国

铁铁网络货运平台推行电子合同，提高合同管理效率

传统物流运输合同需在线下打印、签订，邮寄、存档，导致大量人员每天忙于装订、签订、邮寄、管理合同存档等工作，不仅签订和管理效率较低、不方便查阅，尤其是结算时查阅不方便，而且容易丢失，一旦丢失后会给合同主体带来

课堂笔记

诸多不便。借助网络货运平台，托运人可在线发布货源信息，自主选择承运人，合作双方线上签订电子合同，全面获取合同参数，如货物名称、货物种类、实际承运人、运输起讫点、货运量、收发货时间、运输单价、支付方式等数据，将运输调度、运力运费结算、运费支付等合同数据全部呈现出来，为实现数字化发展打好基础。通过线上签订电子合同，合同内容全部数字化，一方面，消除了以往的弊端，随时随地，想签就签，尤其是在疫情期间，电子合同的优势更加凸显，避免了合同双方签订者的直接接触，有助于高效、合规地签订运输合同，便于高效完成运输业务；另一方面，节约合同签署成本，避免了合同邮寄过程中丢失情况的发生，提高合同管理效率，方便随时随地进行查询、调阅，也提高了结算效率。同时，电子合同以电子数据为媒介，安全存储，不易窜改，保障了各方合同主体的利益；电子合同还有助于实现无纸化办公，进一步节约了企业内部成本。

任务实施

动画：网络货运平台运营的成本

任务 1：制定网络货运平台使用者管理办法

通过前面对网络货运平台使用要求的了解，以 2019 年印发的《网络平台道路货物运输经营管理暂行办法》的指导内容为依据，结合本企业网络货运平台的特点，小磊和刘经理分别从承运方、托运方、订单审核三个方面对本企业的网络货运平台使用管理规范进行了制定，请写出具体内容。

任务 2：梳理网络货运平台的运营流程

结合本企业网络货运平台的定位和运营模式，制定平台运营流程并绘制流程图，解读每个环节需要完成的任务内容。

任务 3：开展企业网络货运平台运营评价分析

小磊需要对外部评价和企业内部评价进行分析，设计出评价分析的指标，并确定每个指标的合理范围。

提示：发挥团队的拓展性思维，从平台运营评价的不同维度制定评价指标。

任务评价

以小组为单位，制定平台使用者管理规范，设计网络货运平台运营流程，并制定网络货运平台运营评价指标。

本任务采用自我评价、组间评价、教师评价相结合的方式，主要从团队协作、任务完成的完整度、方案质量、任务的逻辑性、专业知识的掌握和应用、方法和能力的提升几个方面进行评价。任务完成后，请填写任务考核评价表（表 4-3-5）。

课堂笔记

表 4-3-5 任务考核评价表

任务名称：________ 专业：________ 班级：________第________小组

组长：________ 小组成员（姓名、学号）：________

成员分工						
评价维度	评价内容	分值	自我评价（20%）	组间评价（30%）	教师评价（50%）	得分
方案设计	对网络货运平台使用者管理办法的梳理，全面、合理、逻辑清晰、符合企业自身所需。管理办法撰写错一条扣 4 分	18				
	绘制的网络货运平台运营流程图清晰、合理，对每个环节的描述清晰。运营流程多或少一个环节扣 4 分	17				
	企业网络货运平台运营评价指标制定全面、合理。每少一个指标扣 3 分	15				
格式排版	严格按照规范格式要求进行排版，有封面、目录，行距、字体、字号等符合要求，错误一项扣 1 分	10				
小组汇报	PPT 制作逻辑清晰、排版美观、内容完整；汇报声音洪亮、表述清楚，回答问题准确、熟练，反映本小组设计思路、特点	30				
团队协作	团队成员分工明确，任务完成过程中的协同性好，按时提交设计方案	10				

课堂笔记

【课后小测】

一、单选题

1. 结合交通运输部的评价指标，企业按部门制定不同的运营评价指标要求，通过（　　）进行 PDCA 的螺旋循环提升。

A. 日评估　　B. 周评估　　C. 月评估　　D. 季评估

2. 完成平台注册认证的驾驶员（实际承运人），登录 APP 即可在线接单，接单时需签署运输（　　）。

A.《道路货物运输及站场管理规定》

B.《运输承揽协议》

C.《运输条例》

D.《运输协议》

3. 货主确认货物已由（　　）签收，即可申请支付运费。

A. 目的地　　B. 收货人　　C. 快递员　　D. 承运人

4. 平台具备开票功能，当一份订单完成后，平台即可给货主（托运人）提供（　　）。

A. 开票服务　　B. 线上收款　　C. 卡券核销　　D. 收银结算

5.（　　）：客户注册前先由销售发起流程审批，由风控人员进行审批，审批通过后完成合同签署及用户入驻。

A. RCN 流程审批　　B. 托运人审核流程

C. 承运人审核流程　　D. CRM 流程审批

6. 货主（托运人）确认订单完成并支付完本订单的运费后，即可对本订单的情况进行（　　）。

A. 签收　　B. 评价　　C. 审核　　D. 计算

7. 承运方驾驶员审核时，下面几种情况中（　　）为认证不通过。

A. 驾驶证证件照片完整、清晰，且在有效期内

B. 身份证照片需为原件照片，完整、清晰，且在有效期内

C. 驾驶员从业资格证证件照片完整、清晰，且在有效期内

D. 驾驶员收款信息的收款银行户名是驾驶员家人的信息

8. CRM 流程审批：客户注册前先由销售发起流程审批，由（　　）进行审批，审批通过后完成合同签署及用户入驻。

A. 风控人员　　B. 客服人员　　C. 调度人员　　D. 法务人员

9. 托运人审核时，在客户端中提交证件信息，由系统先进行识别验证，再由（　　）进行审核。

A. 风控人员　　B. 客服人员　　C. 调度人员　　D. 法务人员

10. 托运人发布货源信息时，（　　）不需要填写并核对。

A. 装卸货地址　　B. 托运人身份信息

C. 运费信息　　D. 货物信息

课堂笔记

二、多选题

1. 企业通过内外评价展开运营评价的分析工作，分为（　　）。

A. 客观评价分析　　B. 主观评价分析

C. 外部评价分析　　D. 企业内部评价分析

2. 本企业的网络货运平台使用管理规范，分别从（　　）三个方面进行了制定。

A. 使用细则　　B. 承运方　　C. 托运方　　D. 订单审核

3. 托运人费率设置流程审批节点为（　　）。

A. 费率配置执行人　　B. 财务

C. 风控　　D. 部门负责人

4. 网络货运平台运力的基本类型一般分为（　　）三种。

A. 临时运力　　B. 合同运力　　C. 自有运力　　D. 综合运力

5. 下列（　　）是网络货运平台对承运方驾驶员审核的内容。

A. 身份证正反面　　B. 驾驶证主副页

C. 驾驶员性别及家庭成员　　D. 驾驶员从业资格证

E. 驾驶员收款信息

三、判断题

1. 平台可以对完成的单据进行审核，若单据有异常，可统计查询、数据调取。（　　）

2. 货主（托运人）发布货源，填写并核对装卸货地址、货物信息及运费信息后下单。（　　）

3. 托运人审核的要点是企业名称、企业社会信用代码、法人姓名、法人身份证号码，只需其中两项一致即可。（　　）

四、填空题

1. 交通运输部依托以________为周期对各省份网络货运监测情况进行综合评估，并通过适当方式公布评估结果。

2. 货主（托运人）发布货源，填写装卸货地址、货物信息及运费信息并核对后下单，下单时需签署________。

3. 托运人审核流程：在客户端中提交证件信息，由系统先进行识别验证，再由________进行审核。

五、简答题

1. 简述网络货运平台运力的类型。

2. 简述网络货运平台对承运人认证、审核的内容。

3. 简述网络货运平台对托运人认证、审核的内容。

4. 简述网络货运平台对订单信息审核、认证的内容。

5. 简述网络货运平台运营流程有哪六个步骤。

项目五

货运代理业务组织管理

项目概述

本项目通过讲述货运代理业务从客户开发、业务接收作业到业务执行管理的整个过程，把货运代理的基本业务运作模块分别予以实例化展示。项目采用的呈现方式为：以国际海运货运代理业务为主线，用执行项目任务式教材的编写方式，结合相关政策文件及教材的技术、技能知识点，把整个工作过程与相关知识点、技能点形象具体地串联起来，便于直接指导工作。

本项目分为三个任务模块，分别从货运代理客户开发、货运代理业务接收作业、货运代理业务执行管理三个方面展开全方位的讲述。

本项目导航如图 5-1 所示。

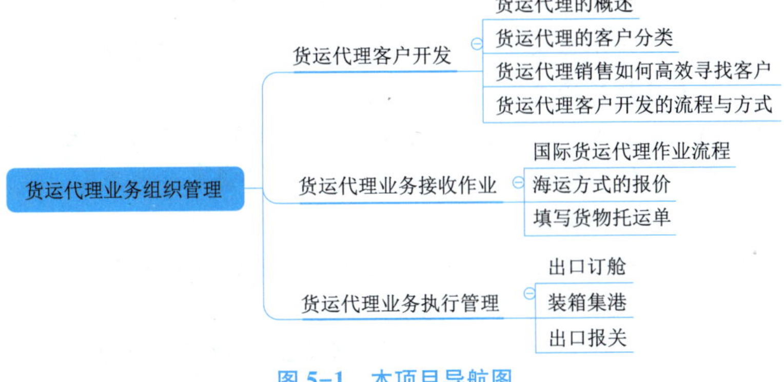

图 5-1　本项目导航图

学习目标

【知识目标】

◇ 了解货运代理的含义及分类；
◇ 熟悉货运代理的客户分类；
◇ 掌握货运代理客户开发、拜访的步骤、方法；
◇ 掌握国际货运代理的操作流程和常用业务术语；
◇ 掌握海运业务的报价方法；
◇ 掌握出口订舱的步骤及注意事项；
◇ 掌握装箱集港的步骤及异常情况的处理方法；

课堂笔记

◇ 掌握出口报关的步骤及异常情况的处理方法。

【技能目标】

◇ 能够具备运用所学知识开展客户拓展工作的能力；
◇ 能够具备协助客户完成下单及报价工作的能力；
◇ 能够具备根据所学知识完成出口订舱工作的能力；
◇ 能够具备完成装箱集港的工作安排及处理异常情况的能力；
◇ 能够具备完成出口报关的工作流转及处理异常情况的能力。

【素养目标】

◇ 开拓学生的国际视野，培养其跨国际交流与作业执行的意识；
◇ 培养学生深耕细作、精益求精的工匠精神；
◇ 培养学生求索不倦，不断追求新知识、新思想，不停探索事物的学习精神；
◇ 因材施教，鼓励学生能够将不同领域的知识融会贯通，实现企业的降本增效。

情景导入

小磊在网络货运运营部门的组建工作中，表现十分出色，以该部门为主体申请开办的网络货运平台在小磊和团队其他成员的共同努力下，已经可以平稳运营了。现经小磊主动要求，刘经理安排小磊来货运代理部门轮岗。

货运代理部门对小磊来说，是一个不小的挑战，因其会涉及许多的陌生作业环节，需要在执行的过程中不断补充新的知识。

针对本部门的轮岗，刘经理要求小磊从客户开发开始，跟进客户货物运输代理的全过程，他本人也会在执行过程中全程指导小磊工作的开展。

让我们跟着小磊一起开始新的轮岗工作吧！

小磊本次接到的是货运代理部门负责人直接给出的工作任务安排。

1. 第一个任务是进行货运代理客户开发。

2. 续接客户开发任务，接到客户的运输需求后，执行第二个任务：为客户报价。

3. 根据给客户的报价方案，执行第三个任务：完成订舱、集港、报关的货运代理业务执行工作。

对货运代理业务组织管理相关岗位任职人员的能力要求见表5-1。

表5-1 货运代理业务组织管理相关岗位任职人员的能力要求

序号	核心岗位	核心技能
1	销售岗位	听说读写能力达到大学英语四级以上水平
		熟练掌握货运代理、国际贸易相关知识，能够开拓新市场
2	操作岗位	熟悉海运相关操作：订舱、集港、报关
		具备较好的英语交际能力
		能熟练操作计算机

课堂笔记

任务一

货运代理客户开发

任务资讯

小磊是上海迅捷供应链管理公司（以下简称上海迅捷）货代业务部工作人员，他经过调研了解到宁波云峰有限公司（以下简称宁波云峰）有一批商品要从宁波运往德国汉堡，该企业正在寻找合适的货运代理公司。

小磊打算进行客户开发，于是着手深入了解客户的需求，准备进行业务洽谈。请学生分组模拟货运代理销售小磊所在的上海迅捷和有货运代理需求的宁波云峰这两家公司，自拟企业货运代理需求，不同角色组进行本组扮演角色的人物刻画，各自准备洽谈前的资料，展开角色对话，模拟完成本次客户开发的现场拜访。

任务分析

客户开发的成效，直接影响到货运企业的经营效益，甚至关系着货运代理企业经营的成败。因此，任何一家货运代理企业都要重视在其经营区域内的客户开发工作。小磊在货运代理部门的第一个任务就是熟悉客户开发的流程及相关方法。

任务实施流程图如下：

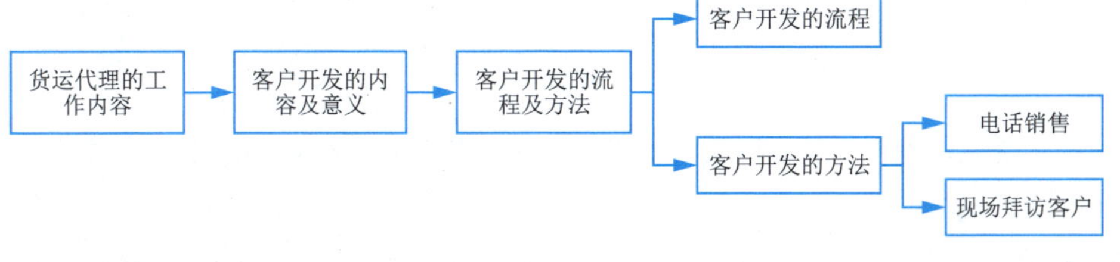

行业动态

数字化提升竞争力　掘金万亿市场

近年来，中国外贸量级不断提升，2021 年更是突破了 21 万亿元大关。在将中国商品销往全球的过程中，国际货运代理企业发挥着重要作用。

作为货运代理行业的中坚力量，义乌同天国际货运代理有限公司（以下简称义乌同天国际）长期以来与美国、欧洲等国家和地区的同行建立了相互代理的机制，开辟出了多条国际快递（空运）专线，并与各大航空公司等全球物流巨头网络建立了稳定的合作关系。义乌同天国际与著名的 OOCL（东方海外国际有限公司）、COSCO（中国远洋运输有限公司）、Evergreen（长荣海运股份有限公司）直接签约，享受具有竞争力的整柜及拼箱运价，散货拼箱业务覆盖全球 300 个港口。除提供海运服务，它还能提供门到门派送、清关等各项服务。

在宏观经济波动和跨境物流竞争对手越来越多的情况下，为了增加客户线索量，义乌同天国际上线了励销搜客宝，借助“2.7 亿+线索库”和 360°全景 B2B（Business-to-Business，企业对企业）企业数据，精准定位到目标群体。为了找到入驻跨境电商平台的商家，在智能搜索框中输入“亚马逊”“跨境”“阿里巴巴国际站”“中国制造国际站”“环球资源网”“贸易”等关键词，轻轻一点就能出现几十万潜在客户。

知识储备

一、货运代理的概述

货运代理，也被称为货代，英文为 Freight Forwarding，其业务涵盖了接受客户的委托完成货物运输的某一个环节或与此有关的其他若干环节，如代办运输手续，代提、代发、代运货物服务等。货运代理在流通领域专门为货物运输需求方和运力供给者提供各种运输服务业务，是货主和运力供给者之间的桥梁和纽带，也可以被视为货主与承运人之间的中间人、经纪人和运输组织者。

在国际货运市场上，国际货运代理是指在国际贸易中组织和安排货物运输的专业机构。他们为进出口商提供包括货物运输安排、报关、报检、仓储和配送等一揽子物流服务。

国际货运代理可以从国际货运代理人和国际货运代理企业两个角度来理解。

（一）国际货运代理人

国际货运代理协会联合会（International Federation of Freight Forwards Associations，法文缩写为 FIATA）给出的货运代理定义是：根据客户的指示，为客户的利益而承揽货物运输的人，其本身并不是承运人。货运代理人也可以依据这些条件，从事与运输合同有关的活动，如储货、报关、验收和收款等。

国际货运代理人在本质上属于货物运输关系的代理人，是联系发货人、收货人

课堂笔记

和承运人的货物运输中介人。

数字货运助推物流行业持续健康发展

随着国际贸易、运输方式的发展，国际货运代理已渗透到国际贸易的各个领域，成为国际贸易中不可缺少的重要组成部分。国际货运代理人的基本特点是受委托人委托或授权，代办各种国际贸易、运输所需要的业务，并收取一定报酬，或作为独立的经营人完成并组织货物运输、报关等业务，因而被认为是国际运输的组织者，也被誉为国际贸易的桥梁和国际货物运输的设计师。

国际货运代理人具有以下三个显著特征。

第一，货运代理人接受客户委托，客户可以是发货人，也可以是收货人。一般出口时是发货人，进口时是收货人。

第二，货运代理人不是承运人，一般没有自己的运输工具。运输工具主要指进行国际运输的工具，如船舶、飞机等。

第三，货运代理人代理国际间货物运输及相关业务。

国际货运代理人与国际贸易之间的关系如图 5-1-1 所示。

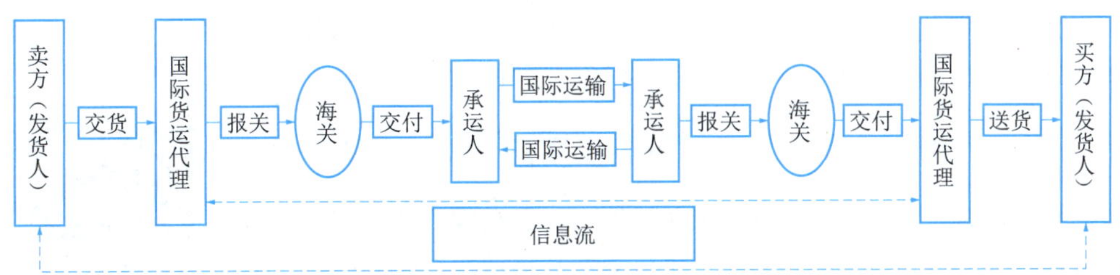

图 5-1-1　国际货运代理人与国际贸易间关系示意图

（二）国际货运代理企业

国际货运代理企业是指为委托人办理国际货物运输及相关业务并收取代理费、佣金或其他服务报酬的法人企业。其可以作为进出口货物收货人、发货人的代理人，也可以作为独立经营人，从事国际货运代理业务。

国际货运代理企业作为代理人从事国际货运代理业务，是指国际货运代理企业接受进出口货物收货人、发货人或其代理人委托，以委托人或以自己的名义办理有关业务，收取代理费或佣金的行为。

国际货运代理企业作为独立经营者从事国际货运代理业务，是指国际货运代理企业接受进出口货物收货人、发货人或其代理人委托，签发运输单证、履行运输合同并收取运费、服务费的行为。

二、货运代理的客户分类

货运代理的客户主要包括以下几类。

（一）进出口商

进出口商是货运代理的主要客户群体，他们通常需要将货物从一个国家运送到另一个国家，因此需要借助货运代理来安排物流运输。

（二）生产商和供应商

生产商和供应商通常需要将生产的产品或商品运送给全球各地的分销商或零售商。他们可以通过货运代理来安排整个货物的运送过程，确保及时准确地将产品送达目的地。

（三）零售商和分销商

零售商和分销商是货运代理的另一个重要客户群体。他们通常从生产商或供应商那里采购商品，然后将商品销售给终端消费者。货运代理可以帮助他们安排货物的运输，并确保及时交货。

（四）国际货运代理企业

国际货运代理企业之间也可以互为客户关系，一些国际货运代理企业可能需要与其他专业的货运代理企业合作，共同完成复杂的国际货物运输任务。他们可以相互合作、互为客户，为彼此提供相同的物流服务。

（五）其他相关行业企业

其他如报关行、保险公司、仓储公司等与国际货运密切相关的企业，他们与货运代理之间也可以相互合作，为客户提供全方位的服务。

三、货运代理销售如何高效寻找客户

微课：货运代理的业务类型

货运代理是一个竞争很激烈的行业，只有掌握开发客户的技巧和方法，才能得到更多客户资源，下面介绍几种高效开发客户的方法。

（一）B2B 平台

可以在阿里巴巴、慧聪网等 B2B 平台上发布公司信息和产品信息，吸引潜在客户的关注。同时，也可以通过搜索功能找到目标客户，主动发起联系。

（二）行业展会和交流会

参加与货运代理行业相关的展会和交流会。参展企业一般都会涉及进出口生意，可以通过相关渠道得到这些参展商的名录，也可以实际直接前往展会，与潜在客户面对面交流，了解他们的需求和意向。在展会上，还可以收集到大量的客户资料和名片，为后续的联系和跟进打下基础。

（三）海关数据

不管是进口还是出口，在每票外贸订单进行的完整过程中，海关都是必不可少的部门之一，通过海关数据和客户资料，可以了解到目标客户的进出口情况和采购需求，从中发现适合本公司优势航线的客户，有助于货运代理销售精准地定位目标客户，提高销售效率。

（四）利用社交媒体和在线论坛

在社交媒体平台上，如微信、微博等，可以发布公司动态和产品信息，与潜在客户建立联系。同时，也可以在在线论坛上参与讨论，了解行业动态和客户需求，

课堂笔记

主动发起与潜在客户的交流。

（五）开展市场调研

通过市场调研了解目标客户的需求和偏好，以及竞争对手的情况，有助于货运代理销售更好地定位自己的产品和服务，提高销售效率。

（六）建立良好的口碑和信誉

货运代理销售应该注重与客户的关系维护，提供专业的服务和优质的产品，树立良好的口碑和信誉。这样不仅可以吸引新客户，还可以促进老客户的复购和口碑传播。

总之，货运代理销售为了高效寻找客户需要综合运用多种方法，不断积累经验和资源，提高专业素养和服务水平。同时，也要注重与客户的沟通和关系维护，建立良好的口碑和信誉，为公司的长期发展打下坚实基础。

四、货运代理客户开发的流程与方式

微课：货运代理寻找客户方法

（一）货运代理客户开发流程

客户开发的流程如图 5-1-2 所示。

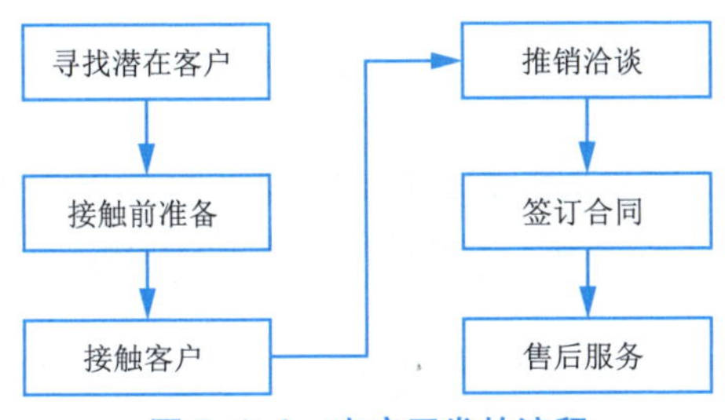

图 5-1-2　客户开发的流程

客户开发的各环节在整个过程中发挥着不同的作用。

1. 前提和基础

如何寻找新客户并增加销售额：了解目标受众

在整个客户开发的过程中，寻找潜在客户和接触前准备相当于序曲，是客户开发成功的前提和基础。

2. 主要内容

接触客户、推销洽谈与签订合同则是客户开发的主要内容，是货运代理销售施展其商业能力与推销技巧的一个环节。

3. 重要保障

签订合同后，良好的售后服务是重要保障，往往能赢得客户的信任，增进货运代理销售与客户之间的感情，稳定老客户、开发新客户，提高企业的客户拓展能力和竞争能力。

动画：客户开发

（二）客户开发之电话销售流程

客户开发可以分成电话销售和现场拜访客户两种方式。电话销

售流程如图 5-1-3 所示。

图 5-1-3　电话销售流程

步骤一：通话前准备

在打电话之前，尽量多了解客户的情况，如客户公司的业务、经营情况，招聘、推广、企业动态等，做好充分的准备，明确电话沟通的目的，准备要提出的问题，做好聆听准备，调整身体状态，时刻保持热情的态度。

步骤二：开场白

开场白内容需字字推敲，尽量做到简单明了、重点突出。要能够吸引客户，引起客户兴趣，可制造一点悬念，激发客户的好奇心或进行利益诱导，如开展优惠活动、送赠品等。先自报家门，不要一开口就先把客户问蒙了、问烦了，既然你先打电话给客户，那就请你先自我介绍一下，再去有礼貌地问客户；时刻保持客气、谦虚的态度。

步骤三：探寻需求

客户的需求是销售的核心。货运代理销售在前期调查客户背景后应对客户需求做到心中有数，电话沟通过程中要更精准地了解这些需求。

步骤四：推荐产品

了解了客户需求后，要及时向客户推荐产品。货运代理销售要表示已了解客户的情况和需求，并陈述自己的服务将如何满足客户的需求，一定要确认是否得到客户的认可。

步骤五：聆听记录

耐心、仔细地聆听客户的意见，关注客户感兴趣的要点，记录电话访问的内容。

步骤六：约见客户

想办法约见客户。如果客户同意约见，立即跟客户确定好时间、地点、对接人员等信息；若客户不同意约见，货运代理销售可转移话题，约定下次电话沟通的时间。

步骤七：道谢

不管是否约见成功、谈话的过程是否如你所愿，都要真诚地道谢。例如："谢经理，很高兴和您通话，如果您有什么物流方面的问题，可以随时与我们联系，我们非常乐意为您解答，谢谢！"

（三）客户开发之现场拜访客户流程

货运代理销售现场拜访客户，特别是拜访新客户或初访老客户时，客户往往避而不见或者在面谈两三分钟后就表露出不耐烦的神情。这是因为什么呢？

我们不妨先自问以下几个问题。

（1）是否明确知道初次拜访客户的主要目的？

（2）在拜访客户前，你做了哪些细致的准备工作？

（3）你是否通过别人了解过客户的情况？

课堂笔记

（4）初次见到客户时，你说的前三句话是什么？

（5）在与客户面谈的过程中，是你说的话多，还是客户说的话多？

现场拜访客户的五大步骤如图 5-1-4 所示。

图 5-1-4　现场拜访客户的五大步骤

现场拜访客户各步骤的注意事项如表 5-1-1 所示。

表 5-1-1　现场拜访客户各步骤的注意事项

步骤	注意事项
1. 事前准备	外表，即你的穿衣打扮，这是专业度的外在表现；信心，这是成功的必要前提。这些都可能关系到现场拜访客户的成败
2. 见面	良好的开端有助于达到预期的效果，开口后的前三句话决定了后续谈话的进展
3. 需求探寻	要把握住拜访的目的，不可过于发散，要尽快把话题绕到客户出货需求上
4. 产品介绍与展示	先口头介绍公司的营业情况和航线优势，如果客户条件允许，最好配合相关展示，这样可以达到事半功倍的效果
5. 缔结业务关系	若发觉客户有意向，一定要趁热打铁，争取直接拿下订单。这时可以跟客户说：如果您近期有出货，我们可以先合作一单试试看

说话的艺术

《荀子》有言："言而当，知也。"

说话得当，是明理和智慧的表现。

说话是一门大学问，言多必失，祸从口出，一时不慎就会伤人伤己。

在人与人的交往中，有些话不能说，有些话不必说，有些话不多说。

会说话，是人的顶级修养。

会说话，更是一门高深的艺术。

任务实施

客户拜访技巧

以小组为单位进行组内客户开发的现场演练。全班同学可划分为四组或六组，偶数组模拟客户开发的首次现场拜访，奇数组模拟客户开发的电话销售。

每组同学进一步细分为两个小组，组内成员中选出 1 至 2 名负责文档资料记录与整理，其余组内成员则分别扮演上海迅捷货代业务部工作人员（小磊所在的部门）和有货运代理需求的客户两个角色。

任务 1：准备模拟任务的背景资料

根据任务分工，模拟上海迅捷一方需明确公司名称、公司人员架构及职责分配，以及公司的业务范围、产品类型、优势路线等信息。

模拟客户一方需拟定其货运代理需求，包括货物种类、型号、数量、发运地、

发运需求等，并制作公司业务需求说明书。

各团队小组根据自身角色定位，准备对要扮演的角色进行人物特征刻画，并根据角色分工上网搜集相关资料并进行梳理，编写描述角色特征的文档。

任务 2：电话销售和现场拜访前的资料准备

复习教材，参照教材中提及的流程环节，准备必要的资料，并进行现场拜访前的预演练习。

任务 3：执行现场拜访或电话销售

依据现场拜访（电话销售）前准备的资料，进行现场拜访（电话销售）。

任务 4：整理客户开发现场拜访（电话销售）的全过程文档

整理整个过程中的相关资料形成文档，并作为团队作业提交。文档应包含角色分类、角色特征、不同角色的前期准备资料展示、演练过程记录以及总结报告。

任务评价

任务一：评价考核表

本任务采用自我评价、组间评价、教师评价相结合的方式，主要从团队协作，任务完成数量和质量、任务分析的逻辑性和完整性、任务实施的正确性、专业知识的掌握程度和灵活运用等方面进行评价。

课堂笔记

【课后小测】

一、单选题

1. (　　) 本质上属于货物运输关系的代理人，是联系发货人、收货人和承运人的货物运输中介人。

A. 国际货运代理人　　B. 国际货运代理企业

C. 国际货运代理协会联合会　　D. 承运人

2. 下列说法错误的是 (　　)。

A. 货运代理人接受客户委托，客户可以是发货人，也可以是收货人。

B. 货运代理人一般出口时是发货人，进口时是收货人。

C. 货运代理人一般有自己的运输工具。

D. 货运代理人代理国际间货物运输及相关业务。

3. 下列说法错误的是 (　　)。

A. 国际货运代理企业是指为委托人办理国际货物运输及相关业务并收取代理费、佣金或其他服务报酬的法人企业。

B. 国际货运代理企业可以作为进出口货物收货人、发货人的代理人，也不可以作为独立经营人，从事国际货运代理业务。

C. 国际货运代理企业作为代理人从事国际货运代理业务，是指国际货运代理企业接受进出口货物收货人、发货人或其代理人委托，以委托人或以自己的名义办理有关业务，收取代理费或佣金的行为。

D. 国际货运代理企业可作为独立经营者从事国际货运代理业务。

4. 下列不属于国际货运代理企业直接客户的有 (　　)。

A. 进出口外贸的公司　　B. 个人 SOHO

C. 办事处　　D. 内贸公司

E. 工厂

5. 在整个客户开发的过程中，(　　)、接触客户、推销洽谈与签订合同则是客户开发的主要内容，是货运代理销售施展商业能力与推销技巧的一个环节。

A. 寻找潜在客户　　B. 接触前准备

C. 接触客户　　D. 售后服务

二、多选题

1. 下列属于国际货运代理企业客户的有 (　　)。

A. 进出口商　　B. 生产商和供应商

C. 零售商和分销商　　D. 报关行、保险公司、仓储公司

2. 客户开发的主要内容有 (　　)。

A. 寻找潜在客户　　B. 接触客户

C. 推销洽谈　　D. 签订合同

E. 售后服务

3. 国际货运代理业务客户开发的方法，一般来说有 (　　)。

课堂笔记

A. 电话销售　　B. 逐户访问

C. 现场拜访客户　　D. 短信推广

4. 电话销售的一般流程包括（　　）。

A. 话前准备　　B. 探寻需求

C. 推荐产品　　D. 聆听记录

E. 约见客户

5. 现场拜访客户的步骤有（　　）。

A. 事前准备　　B. 见面

C. 需求探寻　　D. 产品介绍与展示

E. 缔结业务关系

三、判断题

1. 陌生拜访步骤包括前期准备、打招呼、自我介绍、破冰、巧妙运用询问话术让客户“说说说”，在结束拜访时，约定下次拜访的内容和时间。（　　）

2. 介绍解决方法和产品特点是二次拜访的步骤。（　　）

3. 国际货运代理企业可以作为进出口货物收货人、发货人的代理人，但是不可以作为独立经营人，从事国际货运代理业务。（　　）

4. 货运代理人不是承运人，一般没有自己的运输工具。被认为是国际运输的组织者，也被誉为国际贸易的桥梁和国际货物运输的设计师。（　　）

5. 在整个客户开发的过程中，接触前准备相当于序曲，是客户开发成功的前提和基础。（　　）

四、简答题

1. 简述国际货运代理人的基本特点。

2. 简述国际货运代理人的三个显著特征。

3. 简述国际货运代理企业的定义。

4. 陌生拜访时需要做的前期准备是什么？

课堂笔记

任务二

货运代理业务接收作业

任务资讯

宁波云峰需要将一批电子配件产品从中国广东省深圳市宝安区某工业园区运往德国汉堡市某仓库，托运人要求选择卸货港为大商港或鹿特丹港，并要求货物在一个月内到达。货物包装以箱装为主，外包装标有客户公司名称及产品信息。货物数量为2 000箱，每箱重量约5千克，每箱体积约6立方米，货物总价值200 000美元。这两个港口都是基本港口，若选择拼箱运输，整体运输时间预计在35天左右，海运基本运费率为310美元/运费吨，3个以内选卸港的附加费率为每运费吨加收6美元，按“W/M”计收。

若采用集装箱整箱运输，整体运输时间预计在22天左右，拟采用20英尺[①]集装箱2个，采用FAK包箱费率，海运费的基本费率为1 880美元/TEU，货币贬值附加费10%，燃油附加费5%，港口拥挤附加费2%。

无论采用哪种运输方式，客户还需要缴纳订舱费15美元/票、报关费90美元/票、换单费用约30美元、装箱集港门到门运输费100美元，代理手续费按货值金额的2%收取。小磊需要为该客户完成以下服务任务。

1. 为客户选择合理的运输方案，并说明理由。
2. 为客户进行服务方案报价，写出计算过程。
3. 为客户写出该货运代理业务接收的整体作业流程。

任务分析

客户开发的目的是促成合作，熟练的业务接收操作是实现客户开发必不可少的技能之一。小磊要想圆满完成业务接收的操作需要掌握国际货运代理的操作流程、不同运输方式运费的计算、报价的价格组成、合同的拟定等相关内容。

---

① 此单位非法定计量单位，1英尺=0.3048米。

课堂笔记

根据客户公司的需求，上海迅捷的主要任务是确保2 000箱电子配件产品的妥善准备、安排运输方案、为客户报价，同时让客户清楚操作流程，以便准备所有必要的文件和手续，并确保其合规。为完成以上任务，就需要了解国际货运代理业务的运作流程、国际贸易术语、货运代理专业术语、海运报价等相关知识。

任务实施流程图如下：

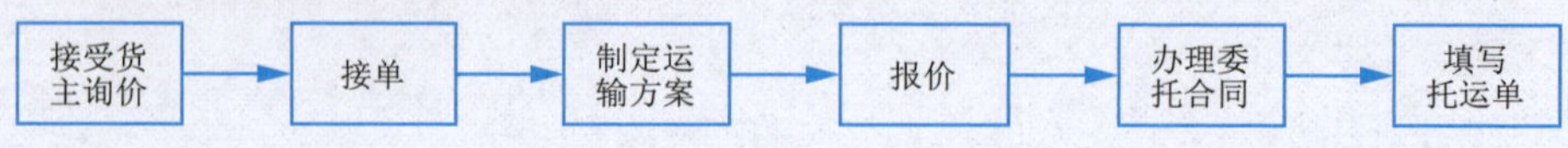

创新发展

“班列+”成创新密码

广东素有“世界工厂”的美誉，为推动“广货广出”,近年来，广铁积极探索中欧班列扩能增效，“班列+”生态成为跨境班列创新发展的“顶流密码”。跨境电商班列、国际邮包班列、精品快速班列、国际冷链班列、新能源车班列等中欧“定制化”班列，成为联系大湾区与共建“一带一路”国家和地区陆上纽带的“助推器”。

同时，铁路部门携手海关搭建起了一条高时效性、高稳定性的进出口通道。2024年1月，深圳平湖南铁路物流园开出新春首趟精品班列，运输物品含金量高，实行“7×24小时”高速通关服务。在确保严密监管的前提下，保证班列通关“随到、随查、随放”，比其他中欧班列提早6天到达。成本低，是中欧班列得天独厚的优势。为确保中欧班列畅通稳定开行，广铁集团广州铁路物流中心与广深铁路物流中心为跨境班列开辟24小时绿色暖心通道，与港区、海关、平台公司共同搭建“一体化”跨境物流平台。

知识储备

一、国际货运代理作业流程

货运代理业务接收作业是国际货运代理作业流程的重要组成部分，是其起始环节，也为后续的作业环节奠定了基础，确保了整个货运代理作业流程的顺利进行。作为货运代理销售，要想高质量、高效率地完成货运代理业务接收作业，就需要了解国际货运代理业务的整体作业流程。

整箱货出口货运代理业务流程如图5-2-1所示。

（一）接受货主询价

货主向国际货运代理企业询价，说明所托运货物的名称、数量、装运条件、目的地、到达时限等基本信息和特殊要求。国际货运代理企业根据货主需求，介绍船公司的船期、停靠或中转港口、运价（基本运费、各种附加费等）、内陆运输、报

课堂笔记

关、报检等的收费标准，并进行准确报价。

货运代理销售需要完成此项工作。为了应对的询价，货运代理销售需要提前掌握以上相关信息；对于不能及时向货主提供的内容，需请货主留下电话、姓名等联系要素，以便在尽可能短的时间内回复货主。

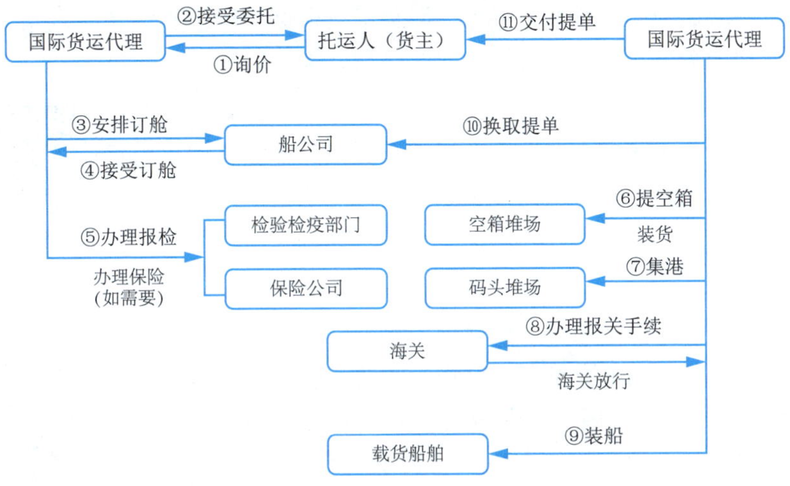

图 5-2-1 整箱货出口货运代理业务流程

(二) 接单

动画：业务接收

接单也称为接收业务委托。若双方同意建立委托关系，货主应据实填写托运委托书，并将托运委托书连同报关单据（包括退税单、外汇核销单、商业发票及海关针对不同商品需要缴验的各类单证）交给国际货运代理企业。

其中，接受货主询价和接单是国际货运代理业务接收作业的主要内容。

(三) 订舱

国际货运代理企业接受委托后，根据货主需求，选定适当的班期，填制订舱单（场站收据联），向船公司或船公司代理人申请订舱。

目前，很多船公司和船舶代理人开通了网上订舱业务，货运代理企业可以通过网络向船公司或其代理人发送订舱申请。订舱单需要填写起运港和目的港、集装箱的种类、箱型和数量、每箱的总重量，还需在备注中注明特种箱的特性和运输要求等内容。

船公司或其代理人收到货运代理企业发来的订舱申请后，根据货物托运的具体要求，考虑是否能够满足其相应的条件。一旦接受订舱，则在订舱单或场站收据联单上签章，注明船名、航次号和提单号，并安排空箱的发放以及重箱的交接、保管以及装船工作。

(四) 办理报检、保险

若货物属于法定检验检疫范围，货主或货运代理企业应填制出境货物报检单，向检验检疫部门办理报检手续。此外，为出口货物定妥舱位后，根据委托合同中的委托项目，国际货运代理企业还可为货主代办保险业务。

课堂笔记

（五）货物装箱、集港

常见的集装箱术语及规格

国际货运代理企业到码头堆场领取空箱，然后到货主储货地点装箱（或货主送到国际货运代理企业仓库装箱），加海关封志，并根据运输货物制作装箱单（CLP），然后将集装箱货物连同装箱单、设备交接单一起送到码头堆场或港区。码头堆场根据订舱清单，核对场站收据和装箱单，验收货物，验收合格后，等待装船。

（六）报关

“提单”的发放形式

货主或国际货运代理企业向海关提交全套报关单据申请出口报关。码头将船代或船公司提供的装箱单及装货清单报送海关，供海关监管装船。

（七）装船

知识拓展：集装箱的选择

集装箱码头装卸部门根据装船计划，将出运的集装箱调整到前方堆场，按预先编制的堆存可派员到现场监装，随时掌握装船进度并计划堆放。在装船过程中，国际货运代理企业受货主的委托装船后，由承运船舶的大副向托运人签发收货单，或者表示收到货物。货物装上船舶的货物依据也被称为“大副提单”。

（八）换取提单

常见的贸易术语及使用场景

货主支付运费后，国际货运代理企业凭已签署的场站收据（收货单或大副提单）向船公司或者货运代理人换取提单。需依据原始资料，通过传真向货主确认，并根据回传确定提单的内容。收到提单后查看每张正本提单是否都签全了证章，确认是否需要手签。

（九）交单结汇

国际货运代理企业将提单交给托运人后，托运人即可到银行办理结汇事宜。

二、海运方式的报价

微课：海运货船的类型

现代海洋运输按照船舶营运方式的不同，可以分为班轮运输和租船运输。目前，我国大部分进出口货物都是通过班轮运输。

经营班轮运输的公司称为班轮公司，特点是提供固定航线、固定船期、固定港口和公开费率的服务，主要承接集装箱货物的运输。

（一）班轮的运费结构

班轮运费包括基本运费与附加运费。

1. 基本运费

基本运费是班轮航线内各港口之间对每种货物规定的必须收取的费率，是构成全程运费的主要部分，基本运费等于运价与运量的乘积，按班轮运价表规定的标准计收。班轮运价本又称费率本或运价表，是班轮公司承运货物据以收取运费的费率表的汇总，是承运人为双方计算运费的依据。

2. 附加运费

附加运费指除基本运费外，针对一些需要特殊处理的货物，或者突发事件及客观情况变化等需另外加收的费用。附加运费是否收取应根据实际情况而定，一般是在基本运费的基础上，加收一定百分比的附加运费，或规定每个运费吨位加收一个绝对数。在班轮运输中，常见的附加费如表 5-2-1 所示。

表 5-2-1　常见的班轮运输附加费

序号	附加费	英文名称	释义
1	码头操作费	THC	指港口、码头、装卸公司向承运人收取的在装货港堆场接收出口的集装箱，进行堆存并将其搬运至船边的费用。按起运港和目的港不同，码头操作费可分为起运港码头操作费（OTHC）和目的港码头操作费（DTHC）两种
2	综合费率上涨附加费	GRI	一般出现在南美航线和美国航线中。由于港口、船舶、燃油、货物等原因，使得船公司的运输成本明显增加，船东为补偿这些增加的开支，于是加收综合费率上涨附加费
3	集装箱不平衡附加费	CIC	由于贸易量的不平衡或季节性变化导致货流量和集装箱的不平衡，船公司为了弥补调运空集装箱的成本而加收的一个附加费
4	燃料附加费	BAF	指因燃料价格上涨而加收一绝对数或按基本运价的一定百分比加收的附加费
5	转船附加费	Transshipment Surcharge	凡运往非基本港的货物，因需转船运往目的港而收取的附加费，其中包括转船费（包括换装费、仓储费）和二程运费
6	直航附加费	Direct Additional	运往非基本港的货物达到一定的数量，船公司可安排直航该港而不转船时所加收的附加费。一般直航附加费比转船附加费低
7	港口附加费	Port Surcharge	指船舶需要进入条件较差、装卸效率较低或港口船舶费用较高的港口及其他原因而向货方增收的附加费
8	超重附加费	Heavy Lift Additional	货物单件重量或长度超过一定限度而加收的费用。各班轮公司对超重或超长货物的规定不一。我国中远公司规定每件货物达到 5 吨或 9 米以上时，加收超重或超长附加费。超重货一般以吨计收，超长货按运费吨计收。无论是超重、超长还是超大件，托运时都须注明。如船舶需转船，每转船一次，加收一次附加费
9	超长附加费	Long Length Additional	
10	选卸附加费	Additional for Optional Destination	装货时尚不能确定卸货港，要求在预先提出的两个或两个以上港口中选择一港卸货，船方因此而加收的附加费。所选港口限定为该航次规定的挂靠港，并按所选港中收费最高者计算。货主须在船舶抵达第一选卸港前（一般规定为 24 小时或 48 小时前）向船方宣布最后确定的卸货港
11	港口拥挤附加费	Port Congestion Surcharge	有些港口由于拥挤，致使船舶停泊时间增加而加收的附加费。该项附加费随港口条件改善或恶化而变化

续表

序号	附加费	英文名称	释义
12	绕航附加费	Deviation Surcharge	由于运输航线上发生了战争、运河关闭或航道阻塞等意外情况，为了船、货安全，船舶绕取其他航道/线航行，延长了运输距离，船公司开支增大，为此船公司向托运人加收的临时性附加费用
13	货币贬值附加费	CAF	当运费的计收货币发生明显贬值时，船公司会因为货币贬值而受到较大损失。船东为了弥补损失，就会通过加收货币贬值附加费的方式把损失转嫁给托运人/货主

（二）班轮运费的计费标准

计费标准是指计算运费时使用的计算单位。集装箱班轮运费又分为整箱货运费和拼箱货运费。

1. 整箱货的计费标准（三种费率）

整箱货通常以每一集装箱为单位计算运费，根据集装箱的箱型、尺寸规定的不同，主要包括以下三种费率。

（1）FAK（Freight for All Kinds）包箱费率。

FAK（Freight for All Kinds）包箱费率也称为均一包箱费率。不细分箱内所装的货类，不计货量，只按照集装箱的类型（普通货箱、一般化工品货箱、半危险品货箱、全危险品货箱、冷藏货箱等）制定出不同规格货箱（20 英尺集装箱、40 英尺集装箱）的费率。此种费率查找比较简单，只需判断货物适合哪种类型的集装箱装运，就可查到此集装箱的运费率。FAK 包箱费率是目前各大班轮公司普遍使用的一种基本运费的计算形式。

（2）FCS（Freight for Class）包箱费率。

FCS（Freight for Class）包箱费率针对普通货物。一般将普通件杂货所分的 20 级再分为 3 个或 4 个等级费率。使用时，首先根据货名查到货物所属等级；然后按照等级和集装箱规格查找到每只集装箱的运费率。

对班轮公司而言，这种方法的计算由按“吨”（重量吨或体积吨）计算简化为按“箱”计算，减少了相关的管理费用。

（3）FCB（Freight for Class and Basis）包箱费率。

FCB（Freight for Class and Basis）包箱费率是一种既按不同货物等级或货类，又按计算标准制定的费率。这种费率形式在集装箱运输中较为常见，同一级别的费率可能因计算标准的不同而有所差异。例如，对于 8~10 级的货物，在 CY/CY（码头至码头）交接方式下，一个 20 英尺的集装箱货物如果按重量计费可能是 1 500 美元，而如果按尺码计费则可能是 1 450 美元。

这种费率形式能够更准确地反映货物的实际运输成本，但计算比较复杂，在实际业务中较少使用。

2. 拼箱货的计费标准

拼箱货的计费标准与杂货相同，按照货物的实际计费吨计收运费。另外，还要

课堂笔记

加收拼箱服务费等，但没有选卸附加费和变更目的港附加费。

拼箱货计费标准主要有以下几种。

（1）按货物的毛重计收。以重量吨（Weight Ton）为计费单位，班轮运价表中以“W”表示。每1公吨（1公吨=1吨）为1重量吨，1重量吨以下取小数点后三位，第四位四舍五入。

（2）按货物的体积计收。以体积吨（Measurement Ton）为计算单位，班轮运价表中以“M”表示。每1立方米为1体积吨，也称为尺码吨。1体积吨以下取小数点后三位，第四位四舍五入。尺码吨与重量吨统称运费吨（Freight Ton）。

（3）按毛重或体积从高计收，在班轮运价表中用“W/M”表示。

（4）按货物的价格计收，称为“从价运费”。在班轮运价表中用“A. V.”或“Ad. Val.”表示，一般按FOB货价（Free on Board，离岸价格）的一定百分比收取。

（5）按货物的毛重、体积、价格从高计收，运价表中用“W/M orA. V.”表示。

（6）按货物的件数计收。有些货物不便衡量重量或测量体积，如活牲畜、汽车等，均按件（只、头、辆）为单位计算运费。

（7）临时议定运价。在运价表中，注有“Open Rate（自由运费率）”字样。

（三）集装箱班轮运费的计算步骤

集装箱班轮运费计算的步骤（六步法）如下所示。

第1步：选择相关的运价本。

第2步：根据货物名称，在货物分级表中查到运费计算标准（Basis）和等级（Class）。

第3步：在等级费率表的基本费率部分，找到相应的航线、起运港、目的港，按等级查到基本运价。

第4步：再从附加费表中查出所有应收的附加费项目和数额（或百分比）及货币种类。

第5步：根据基本运价和附加费算出实际运价。

第6步：根据运价算出运费。

例5-2-1：某轮船从宁波港装载杂货——人造纤维，货物体积为20立方米，毛重17.8公吨，运往欧洲某港口，托运人要求选择卸货港Rotterdam（鹿特丹）或Hamburg（汉堡），这两个港口都是基本港口，基本运费率为80美元/运费吨，3个以内选卸港的附加费率为每运费吨加收3美元，按“W/M”计收。如果改用集装箱运输，则采用FAK包箱费率，海运费的基本费率为1 100美元/TEU，货币贬值附加费10%，燃油附加费10%。

例5-2-1
求解过程答案

三、填写货物托运单

当客户要求托运货物时，货运代理销售要请客户填写货物托运单。货物托运单

是国际货运代理企业与客户之间的第一份最原始的单据。货物托运单（或运输委托申请书）通常是指由托运人根据买卖合同或信用证的有关内容，为承运人或其代理人办理货物运输的书面凭证。货物托运单也是客户向国际货运代理企业提出服务需求的书面请求。货物托运单经承运人或国际货运代理企业的签认，即表示已接受这一托运，承运人与托运人之间对货物运输的相互关系即告成立。

因此，货物托运单非常重要，应要求客户准确填写。

货物托运单一般由国际货运代理企业印制并提供，也有客户自己印制的情况。货物托运单如图 5-2-2 所示。

<table>
<tr><td>Shipper\ Exporter（发货人）</td><td></td><td colspan="4" rowspan="3">这个部分填写公司标志、名称以及公司的简要介绍
Tell：
fax：
E-mail：</td></tr>
<tr><td>Consignee\ Receiver（收货人）</td><td></td></tr>
<tr><td>Notify Party（通知方）</td><td></td></tr>
<tr><td rowspan="2">Delivery Address（收货地）</td><td rowspan="2">Port of Loading
（装货港）</td><td colspan="4">Number of Container Types（箱型数量）</td></tr>
<tr><td>X20</td><td>X40'</td><td>X40' HQ</td><td>LCL</td></tr>
<tr><td rowspan="2">（卸货港）</td><td rowspan="2">（目的地）</td><td colspan="4">（服务类型）</td></tr>
<tr><td>CY-CY</td><td>CY-DOOR</td><td colspan="2">DOOR\ DOOR</td></tr>
<tr><td>（船名\ 航次）</td><td></td><td colspan="4">提单类型</td></tr>
<tr><td></td><td></td><td colspan="4"></td></tr>
</table>

<table>
<tr><td>Shipping Mark 唛头</td><td>Number of Pieces
件数</td><td>Brand Name Goods
名品</td><td>Gross Weight（kg）
毛重（千克）</td><td>Volume
体积</td></tr>
<tr><td colspan="5">提货地址、时间：
联系人：
送货地址：
联系人：</td></tr>
<tr><td>拖车安排：</td><td></td><td></td><td>报关安排</td><td></td></tr>
<tr><td>装箱时间：
装箱地点：
联系人：
特别要求：</td><td></td><td></td><td>一般贸易：
转关：
手册：
备注：</td><td></td></tr>
<tr><td>Freight and Additional Charges 运费与附加费</td><td>Prepaid
预付</td><td>Collect on Delivery
到付</td><td>Place of Payment
付款地点</td><td>Signatureof Shipper
托运人签章</td></tr>
</table>

图 5-2-2　货物托运单

任务实施

请仔细阅读“任务资讯”中的背景材料，结合本部分所学内容，以小组为单位进行合作探究并完成以下任务，将任务完成过程形成文档，作为实训作业上交。（文档中应包含文字版的货运代理业务整体作业流程资料，流程各个环节所包含业务的关键词以及流程图。)

（1）请为客户选择合理的运输方案，并说明理由。

（2）请为客户进行服务方案报价，写出计算过程。

（3）请为客户写出该货运代理业务的整体作业流程。

任务评价

任务二：评价考核表参考

本任务采用自我评价、组间评价、教师评价相结合的方式，主要从团队协作、任务完成的完整度、方案质量、任务的逻辑性、专业知识的掌握和应用、方法和能力的提升几个方面进行评价。

【课后小测】

一、单选题

1. 货运代理企业接受委托后，根据货主需求，选定适当的班期，填制（　　），向船公司或船公司代理人申请订舱。

A. 报检单　　B. 订舱单　　C. 装箱单　　D. 设备交接单

2. 陆运燃油附加费的计算方式是（　　）。

A. 运费×燃油附加费费率　　B. 运费单价×计费重量

C. 计费重量×燃油附加费费率　　D. 运费单价×实际重量

3. 采用 CFR 条件成交，买卖双方风险划分的界限是（　　）。

A. 装运港　　B. 目的港

C. 装运港的船上　　D. 目的港的船上

4. FOB、CFR 和 CIF 的风险转移界限是（　　）。

A. 装运港　　B. 目的港

C. 装运港的船上　　D. 目的港的船上

5.（　　）是指由托运人根据买卖合同或信用证的有关内容，为承运人或其代理人办理货物运输的书面凭证。

A. 报检单　　B. 订舱单　　C. 装箱单　　D. 货物托运单

二、多选题

1. 报关时，码头将船代或船公司提供的（　　）报送海关，供海关监管装船。

A. 装箱单　　B. 报关单　　C. 装货清单　　D. 核销单

2. 下列适合用干货集装箱装运的货物有（　　）。

A. 衣物　　B. 五金工具　　C. 活的植物　　D. 机械设备

E. 电子产品

3. 机械设备适用的集装箱类型有（　　）。

A. 干货集装箱　　B. 高箱

C. 冷藏集装箱　　D. 平板集装箱

4. FOB、CFR 和 CIF 三种贸易术语的共同点在于（　　）。

A. 交货地点相同　　B. 适用的运输方式相同

C. 风险划分的分界点相同　　D. 费用分担相同

5. 在下列贸易术语中，风险转移都是货物在装运港装上船之后发生的是（　　）。

A. CIF　　B. FOB　　C. CFR　　D. FCA

三、判断题

1. 货运代理业务接收作业的主要内容是接受货主询价和接单。（　　）

2. 平板集装箱是集装箱运输中最为常见和通用的一种类型，占据了集装箱总数的 70%~80%。（　　）

3. 开顶集装箱可用于装载大型、超重或超高的货物，如机器设备、钢材、木材

等。(　　)

4. EXW 是卖方责任最小的一种情况，也是唯一一个卖方不办理出口手续的情况。(　　)

5. 贸易术语 FCA 与 FOB 相比，FCA 卖方责任更小，更有利于卖方。(　　)

四、简答题

1. 简述国际货运代理业务的操作流程。
2. 列举班轮运费可能收取的附加费（至少 5 种）。
3. 简述整箱货计费标准（3 种费率）的含义。
4. 简述拼箱货的计费标准。
5. 简述班轮运费的计算步骤。

五、论述题

梳理 11 种国际贸易术语买卖双方的风险、责任和费用划分点。

课堂笔记

任务三 货运代理业务执行管理

任务资讯

货运代理销售小磊在和宁波云峰签订货运代理合同之后，需要根据合作意向进行货运代理业务的执行管理。根据客户公司的需求，货运代理服务提供商需要确保顺利地处理该批产品的货运作业，包括订舱、集港和报关等环节。以下是具体的任务描述。

（一）订舱操作

确认货物信息，包括类型（电子配件）、数量（2 000 箱）、重量（10 000 千克）、体积（12 000 立方米）和价值（200 000 美元）。

与船公司联系，需安排 2 个 20 英尺集装箱的订舱，确保满足发货日期为 2024 年 4 月 10 日的要求。

提供准确的发货地点（广东省深圳市宝安区某工业园区）和目的地信息（德国汉堡市某某仓库）。

采用整箱货运输，确认运输费用及支付方式，并获取订舱确认函。

（二）集港操作

确定装货地点和时间，以保证货物按时到达港口。

安排适当数量和类型的运输车辆，并确保满足装载要求，以便将货物运送到港口。

跟踪货物运输进度，确保货物安全顺利地运送到港口，并在必要时及时调整方案以应对任何突发情况。

（三）报关操作

准备和提交必要的报关文件，包括商业发票、装箱单、运输文件等。

与海关联系，确保报关手续符合德国及中国相关法律法规要求，并提前了解可能存在的进口限制或税收政策。

协调海关检验和审查，确保货物顺利通关，且可在预计到达时间 2024 年 5 月 10 日之前到达目的地仓库。

处理可能出现的报关问题或延误，并及时与客户公司沟通，以共同解决问题并最大程度地减少影响。

课堂笔记

请根据本任务所学知识，梳理出口订舱、装箱集港、出口报关三大业务实施流程，及各个环节会涉及的关键元素及业务实施过程中的标准，用流程图工具制作相关的流程图并形成货运代理业务实施流程的文档。

任务分析

小磊在接受客户委托后，完成了托运受理工作，本任务的主要内容是货运代理业务的实施，可分解为三大基本工作。

1. 出口订舱
2. 装箱集港
3. 出口报关

同时，需要持续跟踪货物的运输状态，确保按时到达目的地，并与目的地联系人确认收货细节和交付要求。在执行过程中，货运代理公司工作人员需随时应对可能出现的问题，如运输延误或货物损坏等。

任务实施流程：

委托代理→订舱→提取空箱→货物装箱→整箱货交接签证→换取提单→装船

一带一路

丝绸之路旧貌焕新颜，共建国家共同谋发展

千百年前，古丝绸之路开启东西方交流的大时代，架起了中国与世界交往的桥梁；千百年后，“一带一路”倡议让丝绸之路重新焕发生机，我们在丝绸之路上建造铁路、输送油气，甚至拥有了一条“数码丝绸之路”。从亚洲到欧洲，从非洲到拉美，共建“一带一路”正在让无数梦想成真。

2023 年是共建“一带一路”倡议提出十周年。十年来，中国与 150 多个国家、30 多个国际组织签署了 230 多份共建“一带一路”合作文件，中国与“一带一路”共建国家进出口总额累计 19.1 万亿美元，年均增长 6.4%；与共建国家双向投资累计超过 3 800 亿美元。共建“一带一路”从中国倡议走向国际实践，成为深受欢迎的国际公共产品和国际合作平台。

知识储备

一、出口订舱

（一）订舱的定义

订舱（Booking）是托运人或其代理人向承运人，即船公司或它的营业所或代理机构等申请货物运输，承运人对这种申请给予承诺的行为。订舱简单地说就是货运代理企业向承运人预订舱位。与租船运输不同，班轮运输中承运人与托运人之间通常是以口头或订舱函电进行预约的。

只要承运人对这种预约给予承诺，并在舱位登记簿上登记，即表明承、托双方已建立了有关货物运输的关系，并着手开始货物装船承运的一系列准备工作。

一般来说，在国际贸易中，出口商总是力争以 CIF（到岸价格）条件成交。在这种情况下，出口商须承担出口货物的托运工作，将货物运交国外的进口商，所以订舱工作多数在装货港或货物输出地由出口商办理。但是，如果出口货物是以 FOB 价格条件成交，则订舱工作就可能在货物的输入地或卸货港由进口商办理。这样的订舱称为卸货地订舱。

（二）订舱的分类

订舱按性质可分为如下两类。

1. 暂时订舱

暂时订舱是托运人或国际货运代理企业向承运人订舱时只是为了预订舱位而没有特定的货物要运载，指在运输船舶到港前一段时间（如一个月）提出的订舱。采用暂时订舱是因为怕舱位紧张，在许多国家，除危险品运输之外托运人的口头订舱是允许的。

由于运输工具配载时实际货量可能没有预订的多，即暂时预订的舱位没有被使用而变成“被风吹走”的订舱，即虚舱，所以承运人通常会让运输舱位超订 10%~20%以应对这种虚舱的情况。这种做法虽在一定程度上带有不确定性，但能使承运人大致了解今后一段时间内的货源情况，为承运人的货运组织与管理奠定基础。

订舱的国际货运代理企业也存在风险，因承运人要收取虚舱费或称为死费(DeadFee)。托运人要避免支付虚舱费必须在舱位不用之前通知为之订舱的国际货运代理企业，以便其他的托运人可以使用这些舱位。

2. 确定订舱

确定订舱是委托人根据信用证或合同的要求和货物出运的时间，选择合适的船舶，在船期表规定的截单日期之前，向承运人以口头或书面形式提出的订舱。其包含货源的如下确切信息：订舱船名、接货地点、装货港、卸货港、交货地点、揽货代理名称、货名、数量、包装、重量、接货方式、交货方式、所需空箱数、装箱地点等。一般向船公司确定订舱是在截单日的前 7 天，因为通常船公司到那个时候才

课堂笔记

放舱。

（三）订舱的方式

订舱方式主要有如下三种。

1. 离线订舱

离线订舱主要是通过传真、电话或者 E-mail（电子邮件）、EDI（Electronic Data Interchange，电子数据交换）等途径实现。网上离线订舱可以使用离线订舱软件，然后发 E-mail 给承运人完成订舱。

2. 在线订舱

在线订舱也称为电子订舱，它可以提供给客户一个交易平台，平台通过因特网把客户要价和服务供应商的报价在网上进行对碰，从而使双方达成交易。

3. 卸货地订舱

通常的订舱都是装货地订舱，即由出口商订舱，而卸货地订舱就是由进口商订舱。贸易术语使用 F 组或 E 组时，国外的买方即进口商负责签订运输合同，但他们一般自己不订舱，而是委托某国际货运代理代为订舱，通常还指定要订某承运人的运输工具。

（四）执行出口订舱任务的流程

知识拓展：船公司的选择

上海迅捷作为一家长期从事供应链管理的企业，已经有了固定的合作船公司，于是需要小磊根据客户的需求与货物的情况向合适的船公司订舱。

下面为出口订舱的流程。

第一步：订舱前的准备：审核出口货物托运单。

重点审核货物到达的目的港，客户要求的装货日期，客户要求提供的箱型与箱量，所装货物的名称、重量、尺码，运费支付方式和特殊要求等。

第二步：选择船公司：落实船期和运价。

完成对客户出口货物托运单的审核工作之后，本着安全、快捷、准确、节省的原则，为客户选择最优的运输路线，选择船公司，确定船期、运价和附加费。

由于船公司的船期、运价和附加费等经常发生变化，所以在正式订舱前订舱人员应再次落实船期和运价，确认最新的船期和运价信息并反馈给客户。

第三步：选择集装箱：落实箱型和箱量。

根据托运单中客户提供的托运物品、数量及尺码，选择箱型、箱量，在正式订舱之前，订舱人员务必再次与客户落实货物的重量、尺码，并和客户再次确认选择的箱型与箱量。

第四步：填写订舱单。

以上信息确认好后，就需要向船公司订舱了，需填写一份订舱单（也称为订舱委托书），订舱单的内容与货物托运单的内容基本一致，所以订舱人员根据客户货物托运单上的内容填写订舱单即可。现在大部分的订舱单都通过计算机在网上完成了，实现了无纸化订舱。

经认真审核、确保订舱单信息准确无误后，订舱人员在订舱单上签字盖章。目前广泛使用网上订舱，可采取电子签名或者双方认可的签名方式。至此，完整的订舱单完成并生效，可提交给船公司进行订舱处理。

第五步：跟进订舱单的确认情况。

订舱单以传真或者 E-mail 的方式发给船公司后，由于情况会不断变化，因此需要与船公司保持联系：一是确认船公司已收到订舱单；二是紧跟船公司的放舱情况。尽快拿到船公司回传的订舱确认书。

取得订舱确认书后，须再次与船公司确认所订航线的船舶本航次所停靠的港口、船期、运价和各种附加费是否有变化。应保持关注，多与船公司保持联系，掌握各种信息，及时了解各种相关信息的临时变动。

国际货运代理企业发出订舱单，船公司接受订舱并发回订舱确认书后，订舱的环节就完成了，双方的契约即告成立。

世界最大修船基地——长兴岛运船基地

二、装箱集港

国际货运代理企业在收到船公司的订舱确认书、完成订舱手续后，就进入装箱集港的环节，即安排集装箱拖车、提取空箱、装载货物，再将装上货物的重箱返回集装箱堆场，等待装船。装箱集港作业流程如图 5-3-1 所示。

图 5-3-1　装箱集港作业流程图

（一）装箱集港的相关概念

1. 装箱

装箱是指在仓库管理中将多种商品装在箱子里，用于在仓库中流通和分拨、运输。

集装箱装箱一般分为内装和产装这两种方式，内装是指将货品送到堆场或者仓库，在这些地方进行装箱，之后再运送到码头等待集港。

产装是指直接把空集装箱运送到货物所在的工厂或仓库，直接进行装箱，之后就同内装一样等待集港，这里一般由集装箱车队负责集港。

船公司为了给货主提供方便，对于较大宗货物，或有特殊要求的货主，还可提供产地装箱服务。

小知识：如何判断“内装”和“产装”？

当发货人拿到的是“送货通知”，需要将货物送到指定场站或仓库的，就是内装。

当发货人拿到的是“调箱单”（也称为提箱单），需要自己或委托拖车公司进行打单、提箱，到货物产地装箱、还箱以及集港的，就是产装。

2. 拼箱

在报关完毕之后，托运人开始将出口托运的货物运抵集装箱中转站准备装箱。当出口方的出口货物数量不能装满整个集装箱时，由船公司的集装箱货运站办理拼箱业务，将托运人交付的货物与其他托运人交付的不足整箱货物装到同一只集装箱里。拼箱货物需要满足的一些基本条件是：应为同一目的港口；货物的性质不相互抵触，可以将其放在一起等。

3. 监装

托运人也可以自己将货物发运到船公司的指定集装箱中转站，由中转站负责将货物依次装入集装箱。这时，托运人要经常到现场查看装货情况，防止短装或装错，这就是经常所说的“监装”。

“监装”不是海运业务中的必要环节，但就目前船公司的服务水平来看，多数托运人尚不能对交付运输的货物做到完全放心，而要到货运站亲自查看整批货物的全部装箱情况。

4. 集港

集港是指在某个时间段内安排某某船的集装箱可以进入码头等待装船的过程。这个过程需要按照码头制订的集港计划进行，这样才能保证不会有过多的货物在码头堆积。在船挂靠码头之前，码头会制订集港计划，指在某个时间段内安排某某船的集装箱可以进入码头摆放，等待装船。这个时候这条船将装载的、已经封箱的箱子就可以通过码头闸口进入码头了，这个过程叫集港。

集港时间通常也被称为开港时间，也就是允许进入码头的最早时间。与之对应的是截港时间，这个截止时间仅仅是为了配舱，因此只要不发生爆舱或其他意外，截港之后若船尚未离泊仍可以办理加急，但是会收取一定的费用。

（二）装箱集港作业流程

第一步：装箱前的准备：落实装货地点、时间。

在集装箱装船之前，各船公司一般都会给出 7 天的免费堆存期，所以装货时间最好安排在这 7 天的免费堆存期内。货运代理企业安排集装箱拖车运输，须与托运人先落实好装货的地点、时间。

一般会根据以下三种情况落实装货地点、时间。

（1）如果客户在货物托运单上已注明是在发货人的工厂或仓库内装货（即厂装或产装），那么在安排集装箱拖车前要向客户进一步落实工厂或仓库的详细地址、装货时的联系人姓名和电话，装货时间也要安排得尽量精确。

（2）如果客户的货物已事先运至货运代理企业自备的仓库内，装货是在货运代理企业自己的仓库内进行，就要事先与仓库的管理人落实所装货物是否处于适装的状态，如货物是否已经全部到齐、货物的包装是否完好、唛头是否符合要求等。在货运代理企业自己的仓库内装货的，确定的装货时间同样要精准，以便仓库安排装卸工人及设备。

(3) 如果货物是在外地，需要安排拖车公司去装运时，也应该事先向客户预报拖车到达的时间和地点，以便客户做好装箱准备。

第二步：安排集装箱拖车。

货运代理企业操作人员将订舱确认书及安排车辆的联系单传给车队的调度人员，由调度人员安排车辆。

安排车辆的联系单通常也叫派车单，派车单应列明装货时间、装货地点、联系人、联系电话及相关的特殊要求等。

第三步：再次与发货托运人核对装箱信息。

在安排好集装箱拖车后，要再次与发货人沟通，将集装箱拖车的车牌号、驾驶员姓名、联系电话、大致到达时间通知发货人，以便发货人做好装货准备，并随时与驾驶员联系。

第四步：装箱集港作业的实施。

以上步骤安排妥当后，即可执行装箱集港作业，装箱集港作业流程如图 5-3-2 所示。

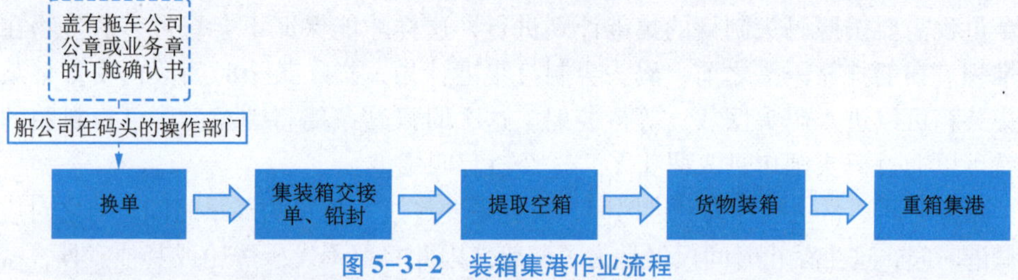

图 5-3-2　装箱集港作业流程

1. 集装箱拖车单位向船公司设在码头的操作部门换单

当货物准备好装箱时，首先需要进行换单操作。换单是指根据船公司要求，更换原有的提单为正式装运提单。

集装箱拖车部门在收到订舱确认书后，在订舱确认书上加盖拖车部门的公章或者业务章，然后根据确认书上标明的换单地点及时间，安排人员前往船公司设在码头的操作部门换单。

换单时注意确保提单上的信息准确无误，特别是货物数量、类型和目的地等信息。

2. 集装箱交接单、铅封

船公司在码头的操作部门收回订舱确认书后，再打印一份集装箱交接单（又叫“设备交接单”或“集装箱收发单”），连同一个铅封交给集装箱拖车单位。

铅封是在集装箱装上货物后封箱用的专用标志，每个铅封都有一个号码，就是通常说的封条号。每个铅封只能使用一次，铅封锁上后，除非将它损毁，否则是无法打开的。

集装箱交接单的各栏分别由集装箱管理单位（船公司或其代理人）、用箱人或运箱人（货运代理或集卡车队）、码头堆场的经办人填写，具体要求如下。

（1）集装箱管理单位填写进出场集装箱交接单中的用箱人/运箱人、返回/收箱地点、船名/航次、尺寸/类型、营运人、免费期限和进（出）场目的/状态。

（2）用箱人/运箱人应在进出场集装箱交接单中注明运载工具牌号、来自地点、集装箱号、提单号、封志号、货重和危品类别。

（3）码头（站、场）经办人填写进出场日期、检查记录、出场集装箱交接单中的提箱地点、集装箱号。

集装箱交接单一式多联，分别用于进出集装箱堆场及各有关部门留存。其流转程序如下。

（1）集装箱管理单位填制其负责的相关栏目。

（2）用箱人或运箱人到码头、堆场提箱时对照集装箱交接单检查集装箱，双方签字。码头堆场留下集装箱管理单位联和码头堆场联（共两联），将用箱人或运箱人联退还给用箱人或运箱人。

（3）码头、堆场将留下的集装箱管理人联退还给集装箱管理单位。

3. 凭着集装箱交接单到集装箱堆场提取空箱

在装货之前，需要提前安排提取空箱的操作。换取集装箱交接单后，集装箱拖车单位的驾驶员即可开车进入指定的集装箱堆场，凭集装箱交接单提取空箱，空箱是用来装载货物的集装箱。提取集装箱空箱流程如图 5-3-3 所示。

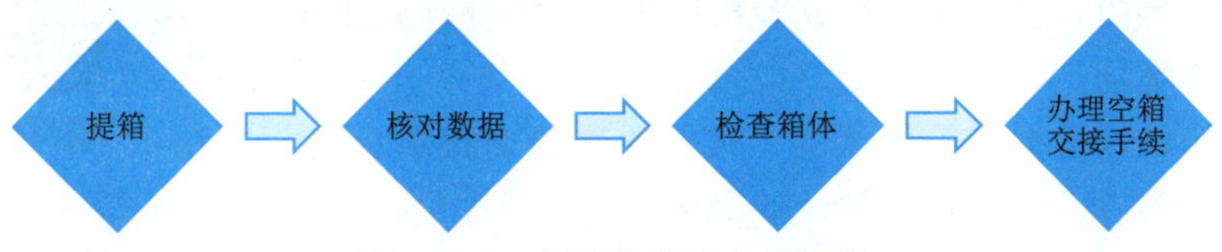

图 5-3-3　提取集装箱空箱流程

在提取空箱时，需提醒驾驶员认真核对所提取空箱的箱型、尺寸是否与订舱单上所订的一致，检查集装箱箱体上的箱号与设备交接单上的箱号是否一致。

在同一个集装箱堆场上，往往存放着不同船公司装载于不同船舶、不同航次的空箱，所以驾驶员要弄清楚所提的集装箱是不是所订的船名、航次的集装箱，是不是到所订目的港的集装箱。

另外驾驶员在提取空箱时，应同集装箱堆场的验箱人员一起对所提的集装箱进行仔细检查，验箱合格后，再将空箱提出来。

在以上检查都没有问题后，驾驶员在集装箱堆场办理空箱交接手续，集装箱堆场打印一份设备交接单给驾驶员。（如果在换单时未拿到铅封，此时将得到一个铅封。）驾驶员提取空箱的环节就完成了。

4. 取空箱驶往发货人指定的装货地点进行装箱作业

驾驶员提到合格的集装箱空箱后，与发货人再次确认时间、地点，就可以驶往发货人指定的装货地点进行装箱作业。

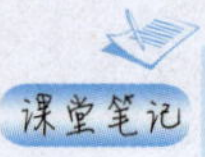

由于集装箱货物在整个运输过程中可能涉及多种运输方式，特别是海上运输区段风险较大，如果货物在箱内的积载（摆放位置）不当，可能会造成货物的损失，甚至会造成运输和装卸机械等设备的损毁，因此在将货物装入集装箱时应多加注意。

装箱人装箱后要编制装箱单。装箱单是记载每个集装箱内所装货物的名称、数量、尺码、重量、标志和箱内货物积载情况的凭证，是集装箱运输的辅助货物舱单。每个集装箱都要编制一份装箱单，一式五联，其中码头、船代、承运人各一联，发货人或装箱人两联。

货物装集装箱时的注意事项

装箱单记载的事项应与站场收据和报关单据上的相关事项一致，否则会影响正常装船和报关。对特殊货物应加注特定要求，如冷藏货物要注明对箱内温度的要求，对危险货物则要加注标志等。

发货人（或货运站）将货物装箱并缮制装箱单后，连同装箱单货物一起送至码头集装箱堆场。集装箱堆场的业务人员在五联单上签收后，留下码头联、船代联和承运人联，将发货人、装箱人两联退还给送交集装箱的发货人（或集装箱货运站）。发货人（或集装箱货运站）联除自留一份备查外，将另一份寄交给收货人或卸箱港的集装箱货运站，供拆箱时使用。集装箱堆场自留码头联，据此编制装船计划，将船代联及承运人联分送船舶代理人和船公司，据此缮制积载计划和处理货运事故。

5. 装货完毕，重箱返回堆场

货物由发货人在其工厂或者仓库装上集装箱后，一般由发货人自行铅封，再由驾驶员经短途或者长途运输，将重箱返回船公司指定的集装箱堆场。

装箱单的作用

集装箱堆场根据订舱确认书，核对集装箱交接单后接收重箱，验收核对无误后，再打印一份设备交接单交给驾驶员，这份设备交接单和提取空箱时的集装箱交接单格式相同，但内容更详细，一般港口称之为“重柜纸”。货运代理或发货人将凭这份设备交接单上的内容办理报关及缮制其他单证。

返回堆场后，需要及时更新货物的状态信息，以便随时跟踪货物的位置和运输进度。需与运输车队协调，安排合适数量的运输车辆，确保及时将货物运送到港口。

第五步：集港后的持续跟进工作。

货运代理企业操作人员在集装箱拖车过程中需要全程跟进，随时与发货人、驾驶员保持联系，及时处理过程中遇到的各种异常情况，保证短驳集港作业的顺利完成。

科教兴国

增强科教兴国强国抱负　担当科技创新重任

2024 年 3 月 8 日，习近平总书记在看望参加政协会议的民革、科技界、环境资源界委员时指出：要进一步增强科教兴国强国的抱负，担当起科技创新的重任，加强基础研究和应用基础研究，打好关键核心技术攻坚战，培育发展新质生产力的新动能。要务实建言献策，助力深化科技体制改革和人才发展体制机制改革，健全科技评价体系和激励机制，进一步激发各类人才的创新活力和潜力。

三、出口报关

动画：货物报关

（一）报关的定义

报关又称为申报，是指在货物进出境时，进出口商或其代理人向海关申报，请求办理货物进出口手续的行为。按照法律规定，所有进出境运输工具、货物、物品都需要办理报关手续。

（二）执行出口报关任务的流程

报关的基本程序为：申报、查验、征税、放行。

1. 申报

（1）出口货物的发货人在根据出口合同的规定，按时、按质、按量备齐出口货物后，即应当向船公司办理租船订舱手续，准备向海关办理报关手续，或委托专业（代理）报关公司办理报关手续。

需要委托专业或代理报关公司向海关办理申报手续的企业，在货物出口之前，应在出口口岸就近向专业报关公司或代理报关公司办理委托报关手续。接受委托的专业报关公司或代理报关公司要向委托单位收取正式的报关委托书，报关委托书以海关要求的格式为准。

（2）准备好报关用的单证是保证出口货物顺利通关的基础。一般情况下，报关应备单证除出口货物报关单，还包括托运单（即下货纸）、发票一份、贸易合同一份、出口收汇核销单及海关监管条件所涉及的各类证件。

（3）申报应注意报关时限的问题。报关时限是指货物运到口岸后，法律规定发货人或其代理人向海关报关的时间限制。出口货物的报关时限为装货的 24 小时以前。不需要征税费、查验的货物，自接受申报起 1 日内办结通关手续。

2. 查验

查验是指海关在接受报关单位的申报并以已经审核的申报单证为依据，通过对出口货物进行实际的核查，以确定其报关单证申报的内容是否与实际进出口的货物相符的一种监管方式。通过核对实际货物与报关单证来验证申报环节所申报的内容与查证的单、货是否一致；通过实际的查验发现申报审单环节所不能发现的有无瞒报、伪报和申报不实等问题；通过查验还可以验证申报审单环节提出的疑点，为征税、统计和后续管理提供可靠的监管依据。海关查验货物后，要填写一份验货记录。

验货记录一般包括查验时间、地点，进出口货物的收发货人或其代理人名称、申报的货物情况，查验货物的运输包装情况（如运输工具名称、集装箱号、尺码和封号），货物的名称、规格型号等。需要查验的货物自接受申报起 1 日内开出查验通知单，自具备海关查验条件起 1 日内完成查验，除需缴税的货物外，自查验完毕 4 小时内办结通关手续。

3. 征税

根据《海关法》的有关规定，进出口的货物除国家另有规定外，均应征收关税。关税由海关依照海关进出口税则征收。需要征税费的货物，自接受申报 1 日内开出税单，并于缴核税单 2 小时内办结通关手续。

4. 放行

（1）对于一般出口货物，在发货人或其代理人如实向海关申报，并如数缴纳应缴税款和有关规费后，海关在出口装货单上盖“海关放行章”，出口货物的发货人凭此装船起运出境。

（2）出口货物退关：申请退关货物发货人应当在退关之日起三天内向海关申报退关，经海关核准后方能将货物运出海关监管场所。

（3）签发出口退税报关单：海关对出口退税专用报关单进行审核通过后，在报关单上加盖相关印章（可能包括“验讫章”），并将之和已向税务机关备案的海关审核出口退税负责人的签章一起退还报关单位。

当货物经过订舱、装箱、报关、投保等环节，并最后经海关验讫放行后，就可以装船，货物装船由船公司负责。

货物装上船后，船公司就要缮制海运提单，并将提单签发给货物的托运人。

提单签发给货物的托运人，货运代理业务的作业实施随即完成，后续还要跟进货物的运输、清关、转运、签收事宜，直至货物完成跨境物流运输作业。

> 《海商法》给提单下的定义是：“提单，是指用以证明海上货物运输合同的货物已经由承运人接收或者装船，以及承运人保证据以交付货物的单证。提单中载明的向记名人交付货物，或者按照指示人的指示交付货物，或者向提单持有人交付货物的条款，构成承运人据以交付货物的保证。”

任务实施

动画：业务方案执行管理动画

请仔细阅读本任务中“任务资讯”的内容，根据本节所学知识完成以下 2 个任务。

任务 1：帮小磊梳理出本任务的业务实施流程及各环节应注意的事项，包括出口订舱、装箱集港、出口报关的三大业务环节，用流程图工具制作相关的流程图，并配以文字描述，形成货运代理业务实施流程的文档。

任务 2：在任务 1 的基础上，以小组为单位进行角色扮演，组内成员分别扮演货主、货运代理企业、船公司、报关行相关工作人员，根据任务实施要求设定不同的岗位角色和场景，演示本出口货运代理业务完整的实施流程，业务流程见前述内容。

要求各组分别写出角色分工、每个角色的工作内容、各岗位的上下游衔接岗位、各岗位需要准备的单据及工作要点，形成文档并提交。

课堂笔记

任务评价

本任务采用自我评价、组间评价、教师评价相结合的方式，主要从团队协作、任务完成的完整度、方案质量、任务的逻辑性、专业知识的掌握和应用、方法和能力的提升几个方面进行评价。

任务三：评价考核表参考

【课后小测】

一、单选题

1. 报关又称为申报，是指在货物进出境时，进出口商或其代理人向海关申报，请求办理货物进出口手续的行为。不需要办理报关手续的是（　　）。

A. 进出境运输工具　　B. 进出境货物

C. 进出口物品　　D. 进出境人员

2. 通常的订舱都是装货地订舱，即由（　　）订舱。

A. 进口商　　B. 出口商　　C. 代理商　　D. 中间商

3. 出口货物的报关时限为装货的（　　）小时以前。

A. 48　　B. 24　　C. 12　　D. 10

4. 下列说法错误的是（　　）。

A. 装箱单是承运人向发货人提供的货物明细清单

B. 装箱单是货物进出口报关的单据之一，也是装载此集装箱船舶进出口报关的单据之一

C. 装箱单是发货人、集装箱堆场、码头之间交换货物的清单

D. 装箱单是办理集装箱保税运输手续和拆箱作业的重要凭证

5. 不需要征税费、查验的货物，自接受申报起（　　）内办结通关手续。

A. 7 日　　B. 5 日　　C. 3 日　　D. 1 日

二、多选题

1. 按照法律规定，（　　）需要办理报关手续。

A. 进出境运输工具　　B. 货物

C. 物品　　D. 人员

2. 订舱按性质分为（　　）。

A. 离线订舱　　B. 暂时订舱　　C. 在线订舱　　D. 确定订舱

3. 报关的基本程序为（　　）。

A. 申报　　B. 查验　　C. 征税　　D. 放行

4. 拼箱货物需要满足的基本条件是（　　）。

A. 同一种商品　　B. 同一目的港口

C. 货物的性质不相互抵触　　D. 消防条件一致

5. 装箱单的作用有（　　）。

A. 是发货人向承运人提供的货物明细清单

B. 装箱单是货物进出口报关的单据之一

C. 是装载此集装箱船舶进出口报关的单据之一

D. 是发货人、集装箱堆场、码头之间交换货物的清单

三、判断题

1. 在报关的征税环节中，需要征税费的货物，自接受申报 1 日内开出税单，并

于缴核税单2小时内办结通关手续。(　　)

2. 一般情况下，国际贸易中的出口商总是力争以FOB价格条件成交。(　　)

3. 托运人要经常到现场查看装货情况，防止短装或装错，这就是经常所说的“监装”。(　　)

4. 取得订舱确认书后，所订航线的船舶本航次所停靠的港口、船期、运价和各种附加费就不能再发生变化了。(　　)

5. 产装是指直接把空集装箱运送到货物所在的工厂或仓库，直接进行装箱，之后就同内装一样等待集港，这里一般由集装箱车队负责集港。(　　)

四、简答题

1. 简述出口订舱的流程。
2. 简述装箱集港的作业流程。
3. 简述订舱、集港、监装的定义。
4. 简述出口报关的流程。

项目六 跨境物流运输组织管理

项目概述

在全球市场整合和贸易自由化的大趋势下，跨境物流的重要性日益凸显，其消除了地理界限，促进了不同国家和地区企业间的贸易往来。它连接供应与需求，通过高效可靠的运输与配送服务，推动商品流通，增强了全球市场的互联互通。本项目详细阐述了跨境物流运输业务的组织与作业管理流程。通过讲述跨境物流业务从客户下单、业务接受至业务作业执行管理的全过程，将国际专线、邮政物流、国际商业快递的作业组织流程予以实例化展示。

本项目导航如图 6-1 所示。

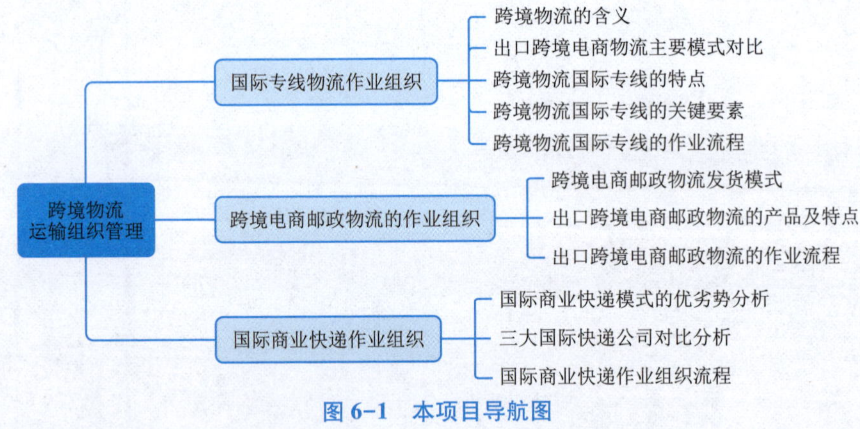

图 6-1 本项目导航图

学习目标

【知识目标】

◇ 了解跨境物流的含义；

◇ 熟悉出口跨境电商物流的主要模式；

◇ 掌握国际专线作业的组织管理；

◇ 掌握邮政跨境物流产品体系；

◇ 熟悉国际邮件传递涉及的组织机构；

◇ 掌握国际邮件传递的作业流程；

课堂笔记

◇ 掌握国际商业快递的作业流程。

【技能目标】

◇ 能够具备执行国际专线作业流程的能力；
◇ 能够具备执行国际商业快递作业流程的能力；
◇ 能够具备执行邮政国际包裹作业流程的能力。

【素养目标】

◇ 培养合作共赢的国际视野与团队精神；
◇ 培养科技赋能、勇于探索的创新精神；
◇ 树立可持续发展的环保和社会责任意识；
◇ 坚守法治精神，确保贸易活动的规范有序。

情景导入

在货运代理部门的轮岗工作期间，小磊对跨境物流领域产生了浓厚的兴趣，并决定扩展自己的知识视野。在跨境物流部门同事小张的协助下，小磊开始了对跨境物流相关知识的系统学习与认知。小张向小磊指出，了解跨境物流应从两个主要方面着手：首先是国际专线业务组织管理及其干线与支线的业务流程，包括头程和尾程；其次是国际快递业务的组织管理及其相关的作业流程。

小磊通过初步的资料收集、学习，准备从以下几个方面展开本项目的梳理工作。

1. 国际专线：国际专线的认知及其流程的梳理，头程尾程运输作业的流程梳理。

2. 商业快递：国际商业快递及其组织管理的认知，国际商业快递作业流程的梳理。

3. 邮政快递：邮政快递及其组织管理的认知，邮政快递作业流程的梳理。

对跨境物流运输组织管理相关岗位任职人员的能力要求见表 6-1。

表 6-1　跨境物流运输组织管理相关岗位任职人员的能力要求

核心岗位	核心技能
跨境物流专员	具备跨境物流的相关理论知识，能处理运输作业各环节中遇到的问题
	具备跨境物流所需的专业外语能力，能完成海内外业务的对接
	能够熟练使用相关软件来处理日常工作
	学习能力强，思维敏捷，工作积极主动，有责任心

任务一 国际专线物流作业组织

任务资讯

国际专线最明显的特征是国际专线公司一般都拥有自己的跨境物流专线。为了让小磊对国际专线有一个完整的了解，小张特意让小磊跟着跨境物流国际专线部门同事，熟悉相关的跨境物流作业流程。

本任务：小磊所在的跨境物流国际专线部门接到客户 A 的运输订单，要求在 30 天内将 1 000 台笔记本电脑从中国南京运输至美国芝加哥。货物总重量为 1.5 吨，体积为 2.5 立方米，货物价值为 50 万美元。部门相关业务人员根据货物性质和运输距离选择了海运方式，将货物先运输至美国旧金山港，然后再通过陆路运输至芝加哥。

经估算，海运费用采用 FOB 价格为 350 美元/立方米，货物到达目的国后，合作物流公司的陆运费用报价为 0.5 美元/千克。海关申报服务费用为 1 000 美元。此外，还为客户提供了 100%保险服务，保险费用为货物价值的 0.5%。

请你帮小磊写出完成本次任务的作业组织流程，并计算相应运费。

任务实施流程图如下：

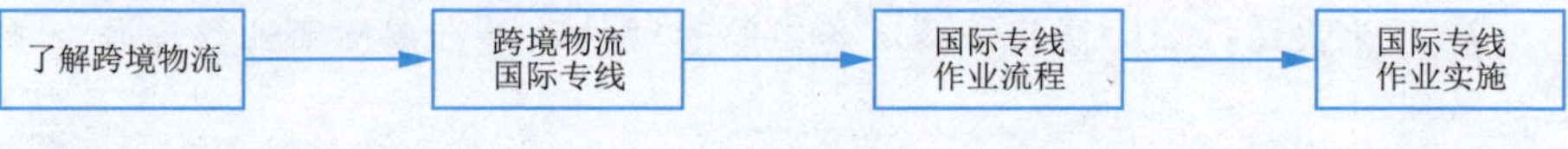

任务分析

国际专线物流作为跨境物流的模式之一，通过提供高效、准确的物流服务，在国际贸易和跨境物流领域中发挥着重要作用。为了完成此任务，需要了解主要的出口跨境物流模式，了解国际专线物流的特征、核心要素以及作业流程等内容，这将有助于帮助客户选择合适的跨境物流服务方案，提升物流效率并降低物流成本。因此，必须预先掌握以下知识内容，以便顺利地完成本项任务。

政策前沿

跨境电商是发展速度最快、潜力最大、带动作用最强的外贸新业态，其目前仍处于高速发展期。党中央、国务院高度重视跨境电商发展，据统计，政府工作

课堂笔记

报告已连续10年对跨境电商工作提出明确要求。跨境电商作为外贸新业态，有利于促进贸易数字化转型，有利于连通国际国内市场、整合国际国内两种资源。随着《关于同意在鄂尔多斯等27个城市和地区设立跨境电子商务综合试验区的批复》的发布，我国已在132个城市和地区设立了跨境电商综试区，且综试区的覆盖范围还在进一步扩大，将为跨境电商创新发展提供更为有力的支撑。

跨境电商综试区，是通过制度创新、管理创新、服务创新和协同发展，为推动我国跨境电商的发展提供可复制、可推广经验的综合改革试点。其要在跨境电商交易、支付、物流、通关、退税、结汇等各环节的技术标准、业务流程、监管模式和信息化建设等方面开展先行先试。

知识储备

一、跨境物流的含义

跨境物流是指以海关关境两侧为端点的实物和信息有效流动及存储的计划、实施和控制管理的过程，包括“前端揽收、分拣处理、出口报关、干线承运、境外清关、国外仓库操作及末端派送”等活动。在电子商务环境下，跨境物流特别指依靠互联网、大数据、信息化和计算机等先进技术，实现物品从跨境电商企业向跨境消费者的实体流动过程。跨境物流流程如图6-1-1所示。

图6-1-1　跨境物流流程

合作共赢

中国物流企业扬帆出海：竞合共进，共拓全球物流新纪元

近年来，海外物流需求的迅猛增长为中国物流企业提供了新的发展空间。京东、菜鸟、极兔、顺丰以及三通一达等国内知名物流企业纷纷扬帆出海，探索国际物流市场的新机遇。

这片广阔的海域并非风平浪静，中国物流企业在海外不仅要与同胞竞争，还要面对UPS（United Parcel Service，美国联合包裹运送服务公司）、FedEx（联邦

快递）等国际物流巨头的挑战。这些巨头在全球物流市场上占据了重要地位，中国物流企业必须不断提升自身实力，才能在激烈的竞争中站稳脚跟。例如，圆通速递通过购买飞机、成立航空公司等方式增强空运能力、缩短物流时效、提高客户满意度。这是中国物流企业在海外竞争中积极自我提升的缩影。

中国物流企业也深谙“团结就是力量”的道理。在出海过程中，他们不仅相互竞争，更展现出了深厚的合作精神。例如，菜鸟与速卖通联手推出全球5日达服务，通过优化和共享资源提升物流效率和服务质量。此外，菜鸟积极与海外企业合作，自2018年起与多家国际航空公司达成战略合作，开通多条国际货运航线。这些合作不仅扩展了菜鸟的物流网络，也为其海外市场的发展打下坚实基础。

中国物流企业在海外市场面临竞争与合作并存的局面，既促进了企业的创新，也推动了行业的健康发展。展望未来，中国物流企业将继续秉持“合作共赢”的理念，共同开拓更广阔的海外市场。

二、出口跨境电商物流主要模式对比

动画：尾程配送方案

出口跨境电商物流按照运输方式可分为海洋运输、铁路运输和航空运输，按照物流方向可分为进口跨境电商物流和出口跨境电商物流。进口跨境电商物流主要采用直邮物流模式、集货物流模式和保税模式；出口跨境电商物流主要采用直邮模式和海外仓模式。

直邮模式是指境外消费者通过跨境电商平台下单后，商品以跨境包裹方式直接邮递给境外消费者。出口直邮通常由境内集货、国际运输和境外配送三段操作组成。中小型卖家在刚起步阶段，通过直邮小包方式发货，大多可免去产品滞销及清关风险；在开发新市场、缺少备货渠道的条件下，卖家也只能通过直邮的方式发件。

海外仓模式指的是商家预先将商品运送至海外的仓库进行存储，待消费者下单后，商品将直接从海外仓库发出至消费者手中的一种物流方式。该模式具有运输速度快、退货率低、消费者满意度高等优势。然而，海外仓模式需要商家预先投入大量资金用于建设仓库和管理库存，同时对商品库存和销售预测提出了较高的要求。此模式适用于那些有能力针对市场需求进行大量备货的商家，以及那些体积庞大或超限的商品。

出口直邮模式的发货渠道主要有邮政物流、国际商业快递和国际专线。三种出口直邮模式服务特点对比如表6-1-1所示。

表6-1-1　主流跨境物流出口直邮模式式对比

对比内容	邮政物流	国际商业快递	国际专线
重量段	包裹≤2kg	单件≤30kg	小包为主，≤20kg
客户群	跨境电商 B2C	商务件/高货值	B2B/B2C
特点	清关快/严、全球通	全球网络、清关快/严	固定路线或产品

课堂笔记

续表

对比内容	邮政物流	国际商业快递	国际专线
流程	门到门、全域	门到门、部分通达	门到仓/港、门到门
追踪	全程或出境记录	全程详情直至签收	关键节点或全程
时效	慢	快、准	较稳定
价格	最低	最高	介于邮政与国际商业快递之间
适用对象	价值小，对时效无要求或要求不高的轻小商品	对时效要求高的贵重商品	对时效要求一般，重量体积较小的商品

1. 邮政物流模式

邮政物流模式是指通过邮政系统进行的小件货物运输，可分为中国邮政和国际邮政。其中国际邮政小包、国际 e 邮宝和国际及台港澳 EMS 是跨境电商平台中小卖家使用频率较高的物流产品，具有价格相对较低、覆盖范围广、操作简单等优点，通常适用于轻小件、价值不高、对运输时间要求不高的商品。

2. 国际商业快递模式

国际商业快递模式是指通过商业快递公司完成电商包裹在两个或两个以上国家（地区）之间的寄递。知名国际商业快递企业有 DHL、FedEx、UPS、TNT 等。国际商业快递的价格通常较高，且在货物的重量、尺寸和禁运品等方面有严格的要求。

3. 国际专线模式

国际专线模式指的是由物流服务商（货代）独立开发的专线专发服务，该服务通过海陆空等综合运输方式将货物从起始地运送到目的地国家（地区）。此模式具备向特定国家运输带电产品的能力，具有方便快捷、资费性价比高以及清关流程顺畅的优势，通常适用于大规模货物的运输。国际专线服务通常需要预先预约，其对货物的包装和尺寸也有明确的要求。

三、跨境物流国际专线的特点

跨境物流国际专线是实现跨境物流运输高效、快速和安全的重要方式。它是指由国际快递公司或物流企业通过航空专线、海运专线、铁路专线、快递专线等方式将货物从一国运输到另一国，并由合作公司在目的地进行派送的物流运输渠道。这种专线服务通常包括门到门的提货、报关、转运、派送等全方位服务，以满足不同客户的需求。国际专线与其他跨境物流方式相比，具有以下特点。

1. 时效可控性强

国际专线物流拥有自主专线，可控性非常强，一般采用包机、包舱的直达运输方式，中转少、时效可控性强，不容易受到淡旺季等外部因素的影响，配送时间相对稳定。

2. 成本低

国际专线物流能够集中大批量到某一特定国家或地区的货物，通过规模效应降低单位成本。因此，相比其他跨境物流方式，国际专线物流的成本较低，服务更稳定。

3. 安全性高

国际专线物流一般有额外赔偿和保险，丢包率较低。由于目的国的合作物流商负责单件配送，相对配送距离近，因此丢包率远远低于国际配送的小包。

4. 可追踪性

国际专线物流服务一般在国内就可以获得目的国配送物流商的单号，从而实现从国内到国外妥投的全过程追踪，方便客户随时了解货物的运输情况。

5. 清关便利

国际专线物流将货物批量运输至目的地国，对货物进行统一清关，并有专业人员跟进，这样就减少了清关出现问题的概率，而且不需要买家处理清关手续，提升了买家的服务体验和清关效率。

6. 灵活性高

在整个运输过程中，国际专线物流可以随时调整方案以适应市场变化，从而有效降低客户的运输成本。此外，物流商还可以提供多元化的物流服务，如仓储、分拣、配送、代理报关等，从提高效率、降低成本的角度出发，为客户提供一站式的物流服务。

跨境物流国际专线模式需要一定的货量来分摊成本，因而一般只针对需求量大的热门线路进行开设，如对美国、欧洲、俄罗斯、东南亚等国家或地区开通的专线较多，但通达范围有限。开设跨境物流专线，运营商需要具备全球网络经营、物流信息管理、跨境支付等方面的能力和经验，同时，国际专线的建设和运营还需要考虑跨境运输的相关法律和规范，如海关、商检、税收等方面的要求。

行业视野

微课：认识国际专线物流

四、跨境物流国际专线的关键要素

菜鸟物流海外物流网络建设

跨境物流国际专线的关键组成部分及核心要素包括以下内容。

1. 揽收网点的分布和服务质量

国内揽收网点的分布和服务质量直接影响客户体验，如果网点能够提供快速、准确、可靠的服务，并且能够处理各种不同类型的货物，国际专线物流的整体服务水平也会得到相应提升。在规划和优化国际专线物流服务时，必须充分考虑国内揽收网点的分布和服务质量。这包括国内仓与货源及航空口岸的距离、选择合适的合作伙伴、建立高效的物流网络、提供多样化的服务选项等方面。

2. 清关能力

国际专线服务通常涉及跨国运输，而不同国家和地区有自己的进口和出口规定、关税政策、清关流程等。因此，国际专线服务提供商需要具备专业的清关能力，包括准备必要的文件、与海关进行沟通、支付关税和税费、处理任何可能的延误或问题等。国际专线服务提供商通常与当地的清关代理合作，以确保货物的清关过程顺利进行。

3. 运输方式

国际专线物流可以采用不同的运输方式，如航空、海运、铁路、公路等，这是国际专线物流的基础，它决定了货物如何从一个地方运输到另一个地方。选择何种运输方式取决于多种因素，如货物的性质、运输距离、时间和成本要求等。

4. 运输路线

国际专线物流需要建立起稳定的运输路线，确保货物的安全、快速和有效运输。这需要综合考虑运输时间、成本、地形、交通状况、海关和清关程序等因素，以制定最优的运输路线规划。

5. 运输设备

运输设备是国际专线物流不可或缺的组成部分，因为货物需要适当的设备来装载、运输和保护。不同的货物可能需要不同类型的运输设备，如集装箱、拖车、船舶或飞机。

6. 尾程派送服务

尾程派送服务是指将货物从物流中心或分拣中心运送到最终目的地或收货人手中的过程，包括配送时效、配送准确性、货物安全、配送人员和客户服务等。国际物流公司需要综合考虑这些要素，并采取有效的措施来确保尾程派送服务的质量和效率。

7. 信息化系统

国际专线物流需要建立完善的信息化系统，对运输过程进行监控和管理，实现货物跟踪和信息共享。这是现代国际专线物流的重要特征。

动画：国际专线作业组织

五、跨境物流国际专线的作业流程

跨境物流国际专线的作业流程包括境内集货、出口报关、干线直达运输、境外清关和尾程派送等环节，如图 6-1-2 所示。

图 6-1-2 国际专线物流的作业流程图

1. 境内集货

境内集货指的是将跨境包裹从跨境电商客户发货场所集中到专线运营商分拣处理中心的活动。包括自建网络和团队揽收集货、渠道商集货、客户寄递集货三种方式。

其中，渠道商集货指的是渠道商为产品提供揽收、集运、仓储、分拣、打包、打单等服务。

2. 出口报关

通过跨境电商 9610 报关模式或邮局海关完成出口报关。

查一查

9610 出口报关模式是如何简化申报流程的？

什么是 9610 模式？

什么是 9810 模式？

3. 干线直达运输

通过航空运输、海运快船、公路卡航等方式实现干线直达运输。一个专线产品使用一种对应路线的运输方式，每条线路独立运营管理，舱位有保障。

4. 境外清关

由自有清关团队或者渠道商完成境外清关（含包税及不包税两种）。

微课：国际物流中头程和尾程的派送渠道

5. 尾程派送

一般由境外合作企业完成海关口岸的提货、仓储、运输、派送等综合尾程派送服务。

查一查

国内外有很多在跨境物流国际专线领域拥有强大实力和知名度的企业，例如，顺丰国际、云途物流、燕文物流、飞特物流等，请上网查找近两年在跨境物流国际专线领域市场份额占比排名前十的国际专线物流企业，选取其中两家并详细介绍其业务范围、优势等。

任务实施

本次任务的具体作业流程如下。

任务 1：分析货品情况，制定物流方案

公司的国际专线物流部门收到客户 A 的订单后，对订单进行审核并制定了运输方案和报价，具体内容如下。

货物共计 1 000 台笔记本电脑，重量为 1.5 吨，体积为 2.5 立方米。货物价值为 50 万美元。为了保证货物安全快捷地运达美国，公司制定了以下物流方案。

（1）运输方式：采用海运+陆运的方式，先从中国南京港运往美国旧金山港，然后由其合作物流公司进行陆运配送。

（2）运输路线：货物从中国南京港出发，经过运输公司的转运，最终运抵美国旧金山港。

（3）转运方案：公司与境外合作物流公司一起合作，确保货物在到达美国后能够快速便捷地进行陆运配送。

（4）海关申报：国际专线物流部门会根据美国海关的要求，准备相应的报关资料，确保货物能够顺利进入美国市场。

任务 2：运费计算，给客户报价

根据物流方案，结合项目五所学知识，计算出以下费用。

（1）海运费用：根据货物的重量和体积，采用 FOB 价格计算海运费用。运价为 350 美元/立方米，运费共计 875 美元。

（2）陆运费用：根据货物的目的地和运输距离，与合作物流公司商定了合理的陆运费用，运价为 0.5 美元/千克，费用共计 750 美元。

（3）海关申报费用：根据客户要求，公司为客户提供了海关申报服务，费用为 1 000 美元。

（4）保险费用：根据货物价值，公司为客户提供了 100%保险服务，费用为 2 500 美元。

综上所述，总运输费用为 5 125 美元。

任务 3：货物提取揽收

公司的国际专线物流部门与客户 A 经过谈判和协商，明确了运输方式和费用，双方达成合作协议后，国际专线物流部门派遣工作人员前往客户 A 的仓库，对货物进行验收和标记，并进行打包和装箱。

任务 4：海运安排

国际专线物流部门根据货物的性质和运输距离，选择了最合适的海运航线和船公司，并进行运输安排和舱位预订。

任务 5：出口报关

为了确保货物能够顺利进入美国市场，国际专线物流部门协助客户 A 准备了以下报关资料。

（1）发票：包括货物的品名、数量、价格、总价值等信息。

（2）装箱单：包括货物的重量、体积、包装方式等信息。

（3）产地证明：证明货物的生产地为中国。

（4）进口许可证：由美国海关颁发的进口许可证，证明货物可以进入美国市场。

（5）其他证明文件：根据客户要求和美国海关的要求，准备可能需要提供的其他证明文件，如卫生证书、环保证书等。

任务 6：运输跟踪

在运输过程中，要与客户保持密切联系，及时向客户提供货物运输的状态更新和相关信息。国际专线物流部门通过信息化系统对货物运输过程进行实时监控和跟踪，并提供相关信息给客户 A。

任务 7：境外清关

在货物到达美国旧金山港后，国际专线物流部门协助客户 A 完成清关手续和相关证明的申请，确保货物能够顺利进入美国市场。要进入美国市场，需要符合美国海关的下列要求。

准备完整、准确的报关资料。

缴纳相关税费，如进口关税、增值税等。

符合美国海关的标准和要求，如产品质量、环保要求等。

安全合规，符合美国海关的安全要求，如货物安全、运输安全等。

任务 8：陆运安排

一旦货物到达美国，国际专线物流部门会通知客户，并安排合作物流公司进行快速的陆运配送，将货物从旧金山港运至芝加哥，并协调相关车队进行运输。

任务 9：尾程派送

国际专线物流部门将货物送至客户 A 的指定地点，并进行货物验收和确认。

任务 10：售后服务

国际专线物流部门为客户 A 提供货物保险、仓储、配送等售后服务，并与客户 A 保持沟通和合作关系，持续为客户提供满意服务。

任务巩固

“一带一路”建设取得丰硕成果

根据所学内容，请完成以下任务。

1. 任务背景：某跨境物流国际专线公司接到客户 Y 的运输订单，要求 30 天内将 8 000 件配件从中国汕头运输至德国汉堡。货物总重量为 950 千克，体积为 0.8 立方米，货物价值为 7.5 万美元。该公司根据货物性质和运输距离选择了海运方式，将货物运输至德国汉堡港，然后通过合作的当地物流公司运输至目的地。

经估算，海运运价采用 FOB 价格为 350 美元/立方米，货物到达目的国后，合作物流公司所报陆运价格为 0.8 美元/千克。海关申报服务费用为 1 000 美元。为客户提供了 100%保险服务，保险费用为货物价值的 0.5%。

2. 任务要求：请结合本项目所学内容，完成本次国际专线物流业务的实施，要求写出具体的作业步骤，以及每一步骤的主要作业要点。

3. 任务考核评价：本任务采用自我评价、组间评价、教师评价相结合的方式，主要从团队协作、任务完成的完整度、方案质量、任务的逻辑性、专业知识的掌握和应用、方法和能力的提升几个方面进行评价。任务完成后，请填写任务考核评价表（表 6-1-2）。

课堂笔记

表 6-1-2 任务考核评价表

任务名称：________ 专业：________ 班级：________第________小组

组长：________ 小组成员（姓名、学号）：________

小组成员（学号、姓名）						
评价维度	评价内容	分值	自我评价（20%）	组间评价（30%）	教师评价（50%）	得分
任务实施情况	能够根据任务背景给出的条件，设计合理的跨境物流国际专线方案	15				
	能够根据任务背景给出的条件，计算出总运输费用，作为报价方案的参考	15				
	能够根据任务背景写出报关和清关需要的资料，错误或漏写一项扣 2 分	15				
	能够完整写出国际专线物流公司跨境物流运输作业的全流程，涵盖主要作业要点和注意事项；漏或缺一项扣 2 分	25				
小组汇报	PPT 制作逻辑清晰、排版美观；汇报声音洪亮、表述清楚，回答问题准确、熟练，能反映本小组设计思路、特点	10				
学习表现	团队成员分工明确，任务完成过程中的协同性好，按时提交设计方案	10				
	遵守课堂纪律、实训规章制度	10				

【课后小测】

一、单选题

1. 以下关于跨境物流的说法，正确的是（　　）。

A. 跨境物流仅仅是物品在海关关境内的流动和储存过程

B. 跨境物流存在通关、法规及地理等固有屏障

C. 跨境物流是物品从国内电商向国内消费者的实体流动过程

D. 跨境物流是物品在单一国家内的运输和配送过程

2. （　　）通常价格相对较低，适用于轻小件、价值不高的商品。

A. 邮政物流模式　　B. 商业快递模式

C. 国际专线模式　　D. 海外仓模式

3. 国际专线模式的特点不包括（　　）。

A. 可发带电产品　　B. 时效快

C. 资费性价比高　　D. 适用于小件紧急补货

4. 在跨境物流中，（　　）环节涉及将商品从出口国家运送到进口国家的过程。

A. 前端揽收　　B. 分拣处理　　C. 干线承运　　D. 尾程派送

5. 在跨境物流中，以下（　　）因素不是选择物流模式时需要考虑的。

A. 货物的性质和价值　　B. 运输时间和成本

C. 目的地国家的政治稳定性　　D. 物流公司的广告投入

二、多选题

1. 按照物流方向划分，跨境物流可分为（　　）。

A. 进口跨境电商物流　　B. 海外仓跨境物流

C. 直邮物流　　D. 出口跨境电商物流

2. 以下是常见的国际商业快递承运商的是（　　）。

A. UPS　　B. DHL

C. 邮政国际小包　　D. FedEx

3. 国际专线物流的优势包括（　　）。

A. 在某些特定国家时效可以媲美国际商业快递

B. 能自主控制干线运输

C. 价格较国际商业快递更便宜

D. 通达范围有限

4. 在规划和优化国际专线服务时，需要考虑的国内揽收网点的因素有（　　）。

A. 网点的分布　　B. 服务质量

C. 网点装修风格　　D. 与货源及航空口岸的距离

5. 采用9610模式进行出口报关时需要“三单对碰”，“三单信息”指的是（　　）。

A. 订单信息　　B. 出口商信息　　C. 物流信息　　D. 支付信息

三、判断题

1. 跨境电商的发展离不开线下物流体系的支撑，跨境电商和跨境电商物流是相

辅相成、相互促进的正反馈关系。(　　)

2. 出口跨境电商物流主要采用直邮物流模式、集货物流模式和保税模式。(　　)

3. 国际专线物流的优势包括时效优、价格低、可承接物品丰富、固定的网点等。(　　)

4. 国际专线物流的运输成本比其他跨境物流模式要高。(　　)

5. 国际专线物流一般不提供境外的运输订单追踪服务。(　　)

四、简答题

1. 简述跨境物流的含义。
2. 简述出口跨境电商物流的主要模式及特点。
3. 简述跨境物流国际专线的含义。
4. 简述跨境物流国际专线的特点。
5. 简述跨境物流国际专线的作业流程。

任务二 跨境电商邮政物流的作业组织

任务资讯

国际专线物流具有显著的优势，也有明显的不足，主要体现在发货时间的不确定性上。中国邮政向客户提供多种跨境物流解决方案，成为众多客户青睐的物流服务商。那么，邮政跨境物流的作业组织与流程具体如何呢？

小磊带着这个疑问来到了中国邮政速递物流股份有限公司国际业务部进行实习。有一天，他接到客户张先生的寄递需求订单。张先生需要将一件总重量不足2千克的小型运动器械从中国广州寄往美国纽约，货品采用长方形包装，包装尺寸为30厘米×30厘米×20厘米。客户对时限要求不紧急，但希望中国邮政能提供全程跟踪、异常情况查询、收件人签收服务。

任务：客户想让小磊帮忙推荐适合该货物寄递的性价比较高的物流产品。请帮小磊为客户做出推荐，并给客户完整讲出作业组织流程。

任务实施流程图如下：

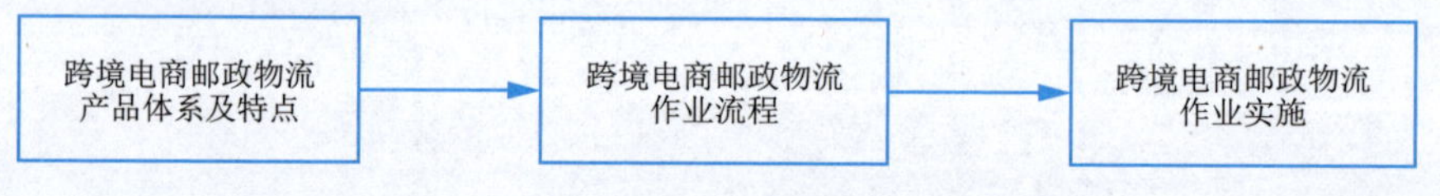

任务分析

邮政业具有通政、通商、通民功能，是推动流通方式转型、促进消费升级的现代化先导性产业，邮政体系是国家战略性基础设施和社会组织系统的重要组成部分。中国邮政是目前跨境电商出口直邮最大的物流服务商，是跨境物流的重要参与者，其提供的跨境物流服务已成为深化“一带一路”成员国之间互联互通关系的桥梁和纽带，在促进国际交流、服务经贸发展等方面发挥着重要作用，为电商企业进行跨国贸易和国际物流提供重要的保障。中国邮政跨境物流产品类型多样，分为邮政渠道产品和商业渠道产品，能有效满足各类电商平台和个人寄递跨境产品的进出口业务需求。为给客户推荐性价比高的产品和服务，小磊需要熟悉中国邮政跨境物流产品体系中各类产品的优劣势、寄递限制、计费规则、运作流程等，还需结合客户的寄递需求，这样才能为客户推荐合适的物流产品。为此，小磊需要先储备以下知识内容。

课堂笔记

政策前沿

万国邮政联盟推出数字化发展新项目

2023 年 2 月，万国邮政联盟（UPU）面向多利益主体推出了新的倡议项目“connect. post（互联邮政）”，以弥合数字和物理的鸿沟，使邮政在服务社区经济社会发展中发挥更大作用。该项目与联合国可持续发展目标以及联合国的数字合作路线图目标保持一致。

国际电信联盟数据显示，目前人类超过 1/3 的人口还没有接入互联网，至少 50%的企业还没有在互联网上进行交易。万国邮政联盟的最新预测显示，在全球超 65 万家邮局中，有超 10 万家仍未连接互联网。邮政可以在减少数字化发展不平衡方面发挥重要作用，可以连接社区与企业、政府，尤其是在偏远地区，邮局往往是唯一的公共服务接入点。connect. post 可以实现邮政的数字化连接，也可以与万国邮政联盟的其他项目相关联。该项目将为邮政数字化转型提供基本的构建模块，旨在使全球的邮局成为数字金融服务、电子商务、电子政务等的社区中心。

印度邮政最近开展了一项大规模的邮局连接项目，使用多种技术，如多协议标签交换（MPLS）、无线/射频、宽带 VPN（虚拟专用网络）、国家光纤网络入户和基于 3G/4G 模拟连接等，将印度的 15. 5 万个邮局进行了联网。该项目使得印度偏远地区居民可获取到包裹派送信息、实时转账信息和其他邮政金融等多项便民服务。

万国邮政联盟希望更多利益相关方参与 connect. post，缩小全球社区数字发展差距。

知识储备

一、跨境电商邮政物流发货模式

跨境电商邮政物流发货模式是指通过万国邮政联盟各个会员的邮政网络完成跨境电商包裹寄递。邮政企业自行揽收或第三方物流商揽收包裹后交邮政企业，邮政企业负责出关、国际运输及目的国（地区）的清关与配送。

对于尚不熟悉出口跨境电商物流领域的相关从业者来说，无论目标市场位于何处，他们通常都会将邮政服务作为首选，以简化通关流程并实现全球范围内的货物配送。作为当前跨境电商出口直邮领域最大的物流服务提供商，中国邮政在前端揽收能力、物流信息上网速度、通关便捷性、邮件享有最低免征额及航班资源等方面展现出了显著优势。

中国邮政跨境物流产品体系按照渠道划分，可分为邮政渠道和商业渠道两大类；按照进出口划分，又可分为出口产品和进口产品两大类。每种产品都有自身的特点和市场定位，并综合形成了覆盖多个目标市场的产品体系，具体如表 6-2-1 所示。

课堂笔记

表 6-2-1　中国邮政跨境物流产品体系

产品体系	邮政渠道	商业渠道	市场定位
出口产品	邮政国际小包		跨境电商寄递市场
	e 邮宝	e 速宝	
	e 特快		
	国际及台港澳 EMS	中速快件	个人/商务寄递市场
		中邮海外仓	跨境电商海外仓配市场
	国际包裹		个人寄递市场
进口产品	进口 EMS 包裹	进口商业快件	进口市场
		保税进口	
		中邮海外购	

本任务主要介绍中国邮政面向出口跨境电商领域的邮政渠道的物流产品，包括邮政国际小包、e 邮宝、e 特快、国际及台港澳 EMS、国际包裹等五种产品。

二、出口跨境电商邮政物流的产品及特点

微课：邮政国际小包与国际 e 邮宝的区别

从产品角度看，传统直邮的“平邮、挂号”小包属于邮政体系的基础服务产品，而 e 邮宝属于类专线的经典产品，国际及台港澳 EMS 和 e 特快则属于时效类快递产品。

（一）邮政国际小包

1. 产品定位

邮政国际小包简称邮政小包，是中国邮政基于万国邮政联盟网络，针对 2 千克以下轻小件物品的直邮型产品，通达全球 200 多个国家和地区。可通过线上与线下两种渠道为客户提供经济实惠、清关便捷的轻小件寄递服务。邮政国际小包可细分为平邮小包和国际挂号小包两种。

（1）平邮小包，简称平包，是资费水平最低的出口跨境电商物流产品，只计实重，不计首重，按克计费，平均重量在 70~80 克，没有单票处理费。在 Wish/Joom/MyMall（均为跨境电商平台）等平台上有大量 5 美元以下的低值轻小件商品，其发货渠道除平邮小包之外别无他选。包裹进入目的国邮政网络后，无法全程跟踪查询，没有签收记录，也不承诺妥投，卖家只能通过收货人评价和订单退款率来评估签收情况。平台给予的收货确认期也较长，丢件率略高，丢件后只能重发。遇到旺季邮寄过程可能长达几十天，且境外邮政不做条码扫描，只能查到中国出关的出口交航信息。中国邮政在境内已经实现了所有邮件的条码化。

（2）国际挂号小包，简称挂包。该产品在诸环节均登记交接，客户可以查询轨迹跟踪。这项服务需要额外收取挂号费，适合货值低、重量较轻、时效性要求不高的商品。其时限稳定、计费方式统一、清关能力强，范围能够覆盖全球，一单一件，签收纠纷比率较低。

2. 收寄重量和体积限制

邮政国际小包收寄重量和体积限制如表 6-2-2 所示。

表 6-2-2　邮政国际小包收寄重量和体积限制

项目	要求	
收寄重量限制	单件包裹限重 2 千克	
收寄体积限制	最大尺寸	长方形包装：长+宽+高≤90 厘米，最长边≤60 厘米 圆卷状包装：2 倍直径+长度≤104 厘米，单边长度≤90 厘米
	最小尺寸	长方形包装：至少有一面的长度≥14 厘米，宽度≥9 厘米 圆卷状包装：2 倍直径+长度≥17 厘米，单边长度≥10 厘米

3. 计费规则

邮政国际小包按起重和续重分档收取资费。平邮小包 30 克及以下包裹统一收取起重资费（件资费），30（不含）~80 克和 80 克以上包裹按两档设置续重资费（千克资费）。

国际挂号小包按照 0~150 克，150（不含）~300 克、300 克以上三档设置起重资费（千克资费）和续重资费（千克资费）。

4. 邮政国际小包的优势

（1）平台认可：邮政国际小包业务是最早在主流出口跨境电商平台上线的物流解决方案之一，可通过线上线下两种渠道发货。

（2）交寄便利：全国大部分地区可交寄邮政国际小包，线上渠道提供上门揽收、客户自送等多种交寄方式。

（3）通达范围广：凭借万国邮政联盟的强大网络，可通达全球 220 多个国家和地区。

（4）性价比高：平邮小包为经济型产品，资费相对较低，性价比高，其中提供"平+小包服务"的路向还会提供 1~2 个境外段关键节点的反馈信息；国际挂号小包需要收取一定挂号费并在主要路向提供全程跟踪信息，还提供异常情况查询、收件人签收等增值服务，具有赔付保障、全程可控的优势。

（5）渠道多样：部分路向提供航空、陆运等多种运输方式。

（6）优先通关：万国邮政联盟规定，国际邮件享有优先通关权，可以缩短商品通关时限。

（二）e 邮宝

1. 产品定位

e 邮宝，业内惯称 EUB，主要是中国邮政为适应跨境轻小件物品寄递需要推出的标准类直发寄递业务，单件包裹限重 2 千克。其最初是中美邮政打造的跨境电商专线，基于两国邮政之间的"双边协议"进行定价，价格较为独立，不受万国邮政联盟"多边协议"价格波动的直接影响，可通达主要跨境目标国家和地区，目前已提供超过 64 个国家（地区）的配送服务。境内段使用邮政 EMS 网络发运，出口至

境外后，由寄达国（地区）邮政通过其境内轻小件网络按邮件进行投递。该业务依托邮政网络资源优势，境外邮政合作伙伴优先处理，为客户提供价格优惠、时效稳定的跨境轻小件寄递服务。

2. 收寄重量和体积限制

e 邮宝收寄重量和体积限制如表 6-2-3 所示。

表 6-2-3　e 邮宝收寄重量和体积限制

项目	要求	
收寄重量限制	单件包裹限重 2 千克	
收寄体积限制	最大尺寸	长方形包装：长+宽+高≤90 厘米，最长边≤60 厘米 圆卷状包装：2 倍直径+长度≤104 厘米，单边长度≤90 厘米
	最小尺寸	长方形包装：单件长度≥14 厘米，宽度≥11 厘米 圆卷状包装：2 倍直径+长度≥17 厘米，单边长度≥11 厘米

3. 计费规则

首重 50 克，包裹重量不足 50 克按照 50 克计算，续重按每克计算，暂不计泡，无挂号费。

4. e 邮宝的优势

e 邮宝在出口跨境电商领域受到广泛欢迎，业务模式拓展到多个国家和地区，具有以下优势。

（1）在线打单：在线订单管理，方便快捷。

（2）时效稳定：相对国际邮政小包，e 邮宝平均时效更快更稳定，重点路向全程平均时效 7~15 个工作日，服务可靠。

（3）可全程跟踪：提供主要跟踪节点的扫描信息和妥投信息，安全可靠，支持退件服务，不提供收件人签收证明。

（4）平台认可：主流电商平台认可和推荐的物流渠道之一，品牌保障。

（5）清关便捷。通过邮政 EDI 方式便捷通关，清关稳定。

（三）e 特快

1. 产品定位

e 特快业务是中国邮政为适应出口跨境电商高端寄递需求而设计的一款快速类直发寄递服务，在内部处理、转运清关、落地配送、跟踪查询、尺寸规格标准等各方面均有更高要求，是提高出口跨境卖家发货效率，提升客户体验，协助店铺增加好评、提升流量的重要服务品牌。

e 特快适用于单件包裹重量在 2~30 千克（个别国家或地区有突破，具体可查询中国邮政速递物流官网）的高端出口跨境电商物流市场。

2. 计费规则

计费重量取邮件体积重量和实际重量较大者。邮件任一单边长度超过 40 厘米（含 40 厘米）时开始计泡，体积重量=长（厘米）×宽（厘米）×高（厘米）/6 000，资费=50克首重资费+续重资费。

3. e特快的优势

（1）时效快。e特快属于优先类直发寄递产品，在中国境内全程使用邮政特快专递EMS网络优先处理，国际运输使用最快的运输工具，采用邮政EDI快速便捷通关，境外使用快递类网络优先处理和投递。包裹从中国寄往欧美一般仅需3~5个工作日，寄往日韩一般1~3个工作日。

（2）性价比高：50克起续重计费，计费方式比EMS优惠。

（3）全程跟踪：提供邮件信息的全程实时跟踪，信息反馈完整。

（4）在线打单：支持使用发件系统在线下单、自主打单，高效方便，主流电商平台均认可。

（四）国际及台港澳EMS

1. 产品定位

国际及台港澳EMS（Express Mail Service），又称为国际（地区）特快专递，是中国邮政与各国（地区）邮政合作开办的中国大陆与其他国家和地区寄递特快专递（EMS）邮件的快速类直发寄递服务，为用户快速传递各类文件资料和物品，同时提供多种形式的邮件跟踪查询服务。该业务在各国（地区）邮政海关、航空等部门均享有优先处理权。

2. 资费标准

国际及台港澳EMS采用首重加续重的计费方式，起重为500克，续重为每500克或其零数（不足500克的按500克计），不同通达国家和地区的资费标准不同；同时，文件和物品类快件的首重收费金额也不同。具体可查询中国邮政官网。

对交寄的物品长、宽、高三边中任一单边达到40厘米（包含40厘米）的物品进行计泡，计泡公式：体积重量（千克）=长（厘米）×宽（厘米）×高（厘米）/6 000，邮件长、宽、高的测量值精确到厘米，厘米以下去零取整。

3. 国际EMS的优势

（1）覆盖范围广。国际EMS包裹目前可以发往全球220多个国家和地区，它的网点遍布多个国家和地区。

（2）价格相对便宜。与UPS、DHL等相比价格要低。除了邮件资费外，无燃油附加费、偏远附加费、个人地址投递费，也没有其他附加服务费用。

（3）通关能力强。国际及台港澳EMS属于邮政渠道，与一般商业快递不同，享受邮件便捷进出口清关服务，在海关和航空等部门享有优先处理权。它采用批量通关的方式，效率会更高，清关能力也更强。

（4）妥投时效快。在中国邮政提供的服务中，国际及台港澳EMS是速度最快的，一般为2~15天。

（5）信息全程跟踪，增值服务好。提供邮件信息的全程跟踪，可随时了解邮件状态，还提供保价、代客包装、代客报关等一系列综合延伸服务。

一带一路

拓宽"邮路"，连通"丝路"，中国邮政服务助力"一带一路"发展

中国邮政集团有限公司（以下简称"邮政集团"）通过优化产品服务、打造优势线路、完善航空网络、布局海外仓等举措，加强与"一带一路"沿线国家和《区域全面经济伙伴关系协定》区域邮政快递领域的合作，持续提升邮政服务能力，拓宽中国快递物流"出海"通道，推动全球产业链延伸和供应链衔接，更好服务国家"双循环"新发展格局。

"邮政号"强势出击。邮政集团已开通了13条中欧班列铁路运邮线路，将邮政国际包裹及国际小包业务覆盖至全部"一带一路"国家（地区），使国际e邮宝、国际及台港澳EMS分别通达33个、82个"一带一路"国家（地区）。重庆是获国家批准首个可开展中欧班列进口运邮的城市，2022年，成功打通回程进口运邮通道，利用中欧班列（渝新欧）回程班列带运欧洲至中国国际进口邮件，在重庆口岸完成清关分拨至全国各地，成为全国唯一实现双向运邮通道贯通的口岸。

"丝路网"日趋完善。邮政集团持续打造空运、海运、多式联运等综合化特色产品，形成各具优势的跨境出口渠道，形成了日益完善的"丝路网"。邮政集团共拥有自有货机42架，自主国际航线16条，重点辐射日韩、东南亚等国家和地区，同时，以加强北京、上海、广州、郑州、南京、香港六大重点航空口岸建设为基础，构建了通达"一带一路"国家和地区的航空网络，打造了"满洲里—俄罗斯""二连浩特—蒙古""凭祥—越南"等陆运专线，实现了货源地和口岸地的有效联动；打造了自波兰、白俄罗斯的中欧班列入欧双通道，开拓了俄罗斯、蒙古国、中亚、东南亚向的陆运通道；通过与外部航运公司合作，累计搭建20条海运专线。

三、出口跨境电商邮政物流的作业流程

通过邮政渠道传递的出口跨境电商包裹可统称为国际邮件。国际邮件的传递过程可划分为收寄环节、处理环节、运输环节和投递环节。其中，收寄、处理和运输环节是由中国邮政负责运营的，邮件在运输到寄达国之后，交由寄达国邮政进行投递，出口跨境电商国际邮件传递过程如图6-2-1所示。

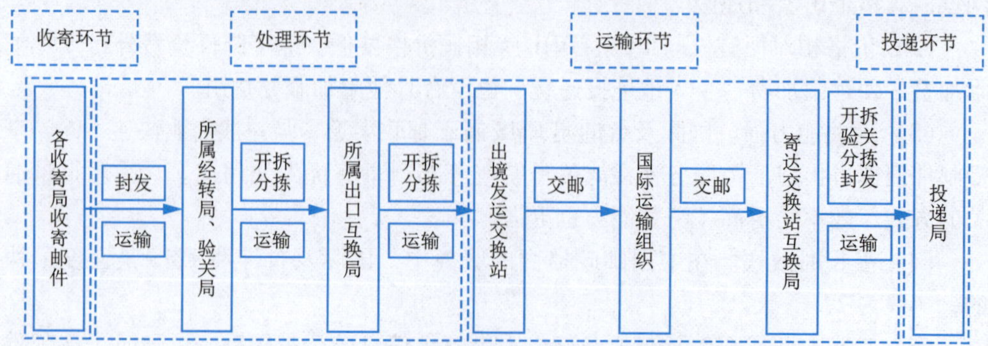

图6-2-1　出口跨境电商国际邮件传递过程

课堂笔记

（一）国际邮件收寄环节

国际邮件业务开办局负责本市（县）范围内国际业务的邮件处理和经营管理工作。各开办局可以根据实际情况和需要设立收寄、投递点和代办揽收及投递邮件处，主要负责国际邮件的收寄和投递工作。

1. 收寄物品的包装

收寄各类国际邮件时，需要严格执行实名制和验收制度。收寄时要确保商品处于良好状态，选择合适的包装材料，如气泡袋、纸箱等，以确保商品在运输过程中不受损。同时，确保包装上的信息清晰、准确，包括寄件人和收件人姓名、地址、联系方式等。

2. 准备必要的文件资料

根据目的地国家的进口规定和海关要求，寄件人需要准备相应的文件，如发票、装箱单、运单、清关文件等。这些文件需详细列明商品的名称、数量、价值、规格等信息，并确保与实际商品相符。

3. 包裹处理与分类

邮政专业人员对包裹进行称重、测量尺寸，根据发往目的地计算运费，打印标签、分配运单号等。同时，根据目的地国家的不同，可能还需要进行特殊的处理，如安检、消毒等，国际 EMS 邮件详情单样例如图 6-2-2 所示。

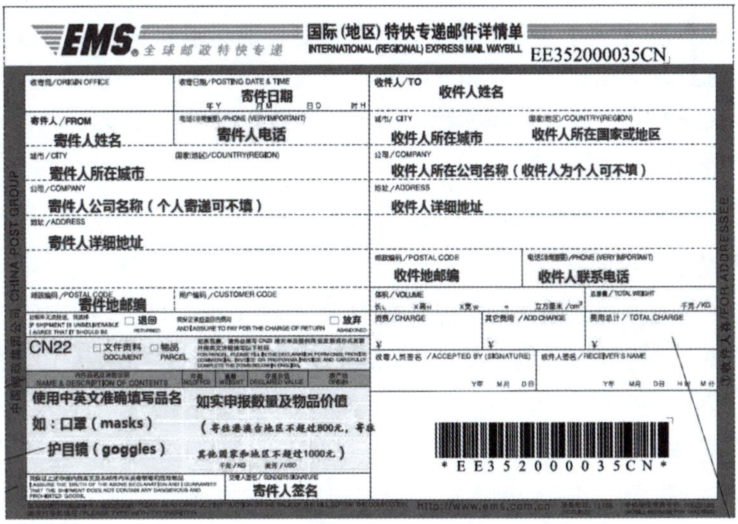

图 6-2-2　国际 EMS 邮件详情单样例

（二）国际邮件分拣处理

接收后的邮件按照本地的经转关系会进入相应的经转局、验关局、互换局及国际交换站。

1. 国际邮件经转局的处理

国际邮件经转局负责本省、自治区、直辖市，或者指定地区的进出口国际邮件

的接收、分拣、转运和分发处理工作。

2. 国际邮件验关局的处理

国际邮件验关局指设有海关驻邮局办事处的邮政机构，其任务是将内装应受海关监管物品的进出口和转口特快邮件以及进出口和过境邮件提交海关查验放行。验关局的设置及监管范围由海关总署和中国邮政集团有限公司联合审定。

验关局将各局发来未办妥验关手续的出口邮件交给海关查验。海关会对邮件进行查验，核实邮件内的商品与申报信息是否一致。邮件报关过程中，如有问题，海关可能会要求寄件人提供相关证明文件或进行进一步的说明。经海关查验不准出口的邮件，应在封面上加注“海关不准出口”字样，立即退回收寄局转退寄件人。

3. 国际邮件互换局的处理

国际邮件互换局是与国外邮政机构有直接封发交换邮件总包关系的邮局，是国与国之间建立通邮关系的具体实施单位。互换局的设立和撤销由国家邮政管理部门决定。国际邮件必须经由国际邮件互换局封成邮件总包，交由国际邮件交换站与外国的交换站（或通过交通部门）进行交换。

国际邮件互换局的任务主要包括向指定的境外互换局封发国际邮件总包，接收、开拆、处理境外发来的邮件总包，处理散寄过境的国际邮件业务。互换局同时兼有经转局的业务功能。

4. 国际邮件交换站的处理

国际邮件交换站负责与国外邮政机构或其委托的运输机构直接交换国际邮件总包，但不具有封发国际邮件总包和开拆、处理国外邮政发来的国际邮件总包的功能。按照规定，交换站在接收、装卸和转运国际邮件总包时需要在海关监管下进行。

（三）国际邮件运输处理

国际邮件的发运路由包括国际邮件在国内的发运路由和国际邮路两部分。

1. 国内发运路由的选择

国际邮件在国内的运递，即国际邮件在收寄局（投递局）、指定经转局及互换局之间的运输，国际邮件总包在互换局、交换局之间的运输，其利用的路由比照同类国内邮件路由来决定。

2. 国际邮路的选择

经过海关查验后，包裹会被运往指定的国际运输渠道，如航空、陆运或海运等。根据万国邮政联盟的规定，国际邮件的发运路由应由总包原寄局邮政根据迅速、准确、安全和经济的原则制定。在此过程中，邮政服务提供商会确保包裹的安全和准时到达。

（四）国际邮件的进口报关

邮件到达目的国后，会将物品的清关工作交给当地的清关代理，或者邮政企业会负责相应物品的清关工作。将准备好的资料提交给海关，进行申报、支付相关税费，海关会对资料进行审核，并确定是否需要查验。对符合条件的包裹，海关会放行，允许其进入国内物流环节。

课堂笔记

（五）目的国邮件派送

微课：国际邮政的组织机构

经过海关查验放行后，目的地国家的邮政服务提供商会对包裹进行分拣和投递。他们会根据收件人的地址信息，将包裹送至指定的投递点或直接送至收件人手中。在此过程中，邮政服务提供商会确保包裹的准确送达。

需要注意的是，出口跨境电商国际邮件的作业实施流程可能因地区、国家、物品类型等因素而略有不同。

绿色邮政

绿色邮政建设行动

任务实施

在分析客户需求后，小磊为客户进行了以下产品的推荐，并详细向客户讲解了本次寄递业务的实施流程。

任务 1：产品类型推荐

从客户需求来看，该客户寄递的产品属于 2 千克以下轻小件物品，从中国广州寄往美国纽约，长方形包装尺寸为 30 厘米×30 厘米×20 厘米，对时限要求不紧急，希望提供全程跟踪、异常情况查询、收件人签收服务。因此，推荐性价比较高的邮政国际挂号小包产品。

任务 2：寄递作业组织流程如下

步骤一：接收订单信息。

中国邮政客服人员接收到客户张先生的订单后，对相关信息进行登记并核实。客户提供的订单信息包括寄件人姓名、联系方式、寄件地址，收件人姓名、联系方式、收件地址，寄送物品名称、数量、重量等。经称重，该产品重量为 1.8 千克。

步骤二：确定费用。

邮政国际小包按起重和续重分档收取资费，平邮小包 30 克及以下包裹统一收取起重资费（件资费），30（不含）~80 克和 80 克以上包裹按两档设置续重资费（千克资费）；国际挂号小包按照 0~150 克，150（不含）~300 克、300 克以上三档设置起重资费（千克资费）和续重资费（千克资费）。

经查询中国邮政国际小包价格报价表，计算出该货物寄递费用为 40 美元。

步骤三：包装物品。

客户将小型电子产品打包，并在包裹外部附上相应的运单、报关单等必要的文件和标签。

步骤四：清关资料及过程。

中国邮政专业人员根据美国海关要求，帮助客户准备清关资料。清关资料包括商业发票、海关申报单、进口许可证等。专业人员对资料进行审核和整理，并提交给美国海关进行审核。如果有需要，中国邮政专业人员会与客户协商解决相关问题。

步骤五：发运过程及运用的技术。

中国邮政选择合适的运输方式和航班，将客户的货物安全地运送到美国纽约。在运输过程中，中国邮政使用一系列先进的物流技术和系统进行监控和管理，以确保货物安全和及时到达目的地。

步骤六：派送过程。

货物到达目的国后，由美国邮政公司组织尾程的派送。客户可以通过邮政公司提供的跟踪号码，随时了解货物的运输和派送情况。

在整个运输过程中，邮政公司可能会遇到一些问题和困难，如货物滞留、航班取消等。当发生此类问题时，快递公司将与客户及时沟通，并提供相应的解决方案，如更换航班、寻找替代运输方式等。

任务巩固

微课：邮政国际小包和国际e邮宝区别

某跨境电商公司正计划将其商品拓展至美国市场。为了实现这一目标，该公司需要寻找一种可靠、经济且高效的物流方式，以便将货物从广州寄往加拿大。鉴于邮政服务在出口跨境电商物流领域的广泛应用和良好口碑，该公司考虑使用邮政寄递服务。

一、货物详情

（1）货物名称：箱包。

（2）货物重量：单件约 0.5~20 千克。

（3）货物体积：根据货物大小选择合适尺寸的包装。

（4）货物性质：普通商品，非易碎品、非危险品。

二、寄达要求

（1）时效性要求：公司希望货物能在 7 个工作日内到达目的地。

（2）安全性要求：由于货物价值较高，公司特别强调货物的安全性，要求在整个运输过程中保持货物的完好无损。

（3）清关手续：由于货物涉及跨境运输，需要办理相关清关手续。公司希望邮政服务能提供必要的协助，确保货物顺利通关。

（4）追踪与反馈：公司需要实时了解货物的运输状态和位置，以便及时调整销售策略和物流计划。因此，要求邮政服务提供全程追踪和及时反馈服务。

（5）签收要求：为确保货物准确送达指定人，公司要求目的地收货人凭有效身份证件签收。

（6）成本效益：在满足以上要求的前提下，公司还希望选择一种成本效益最好的邮政跨境物流产品，以减轻运营成本。

三、任务目标

基于以上货物详情和寄递要求，假如你是接待该客户的业务人员，请为客户选择合适的邮政跨境物流产品。这需要考虑产品的时效性、安全性、成本效益等多方面因素，并对比不同邮政跨境物流产品的优缺点，最终给出推荐方案。

四、实施步骤

（1）对比分析：列表对比分析本任务提到的邮政跨境物流产品，对比其限重、时效、计费规则、信息跟踪、成本等方面的信息。

（2）方案推荐：根据邮政跨境物流产品对比结果和客户需求，综合考虑时效性、安全性、成本效益等因素，为客户推荐最优的邮政跨境物流方案。

（3）组织实施：学生将推荐方案提交给客户，并协助客户实施寄递操作，为客户梳理该业务寄递作业实施的全流程。

五、任务评价

本任务采用自我评价、组间评价、教师评价相结合的方式，主要从团队协作、任务完成的完整度、方案质量、任务的逻辑性、专业知识的掌握和应用、方法和能力的提升几个方面进行评价。任务完成后，请填写任务考核评价表（表 6-2-4）。

表 6-2-4　任务考核评价表

任务名称：________ 专业：________ 班级：________第________小组

组长：________ 小组成员（姓名、学号）：________

成员分工					
评价维度	评价内容	分值	自我评价（20%）	组间评价（30%）	教师评价（50%）
方案设计	能综合分析不同的邮政跨境物流产品，对比其限重、时效、计费规则、信息跟踪、成本等方面的信息，要求分析完整、清晰，特点描述正确，描述错一处扣 2 分	20			
	能根据客户需求并结合邮政跨境物流产品特点，综合考虑时效性、安全性、成本效益等因素，为客户推荐最优的邮政跨境物流方案，要求理由充分、有理有据、方案合理	25			
	能够完整写出中国邮政实施该业务的作业全流程，要求流程描述完整，能够涵盖主要作业要点和注意事项；漏或缺一项扣 2 分	25			

续表

成员分工					
评价维度	评价内容	分值	自我评价（20%）	组间评价（30%）	教师评价（50%）
小组汇报	PPT 制作逻辑清晰、排版美观、内容完整；汇报声音洪亮、表述清楚，回答问题准确、熟练，能够反映本小组设计思路、特点	20			
团队协作	团队成员分工明确，任务完成过程中的协同性好，按时提交设计方案	10			

课堂笔记

【课后小测】

一、单选题

1. 中国邮政推出的跨境服务产品中，通达范围最广的是（　　）。

A. e 邮宝　　B. e 包裹　　C. 邮政国际小包　　D. e 速宝

2. 万国邮政联盟的简称是（　　）。

A. UPU　　B. APPU　　C. APU　　D. UUP

3. 中国邮政基于万国邮政联盟网络，针对 2 千克以下轻小件物品的直邮型产品，通达全球 200 多个国家和地区的产品是（　　）。

A. 邮政国际小包　　B. e 邮宝

C. e 速宝　　D. e 特快

4. 中国邮政为适应跨境轻小件物品寄递需要推出的标准类直发寄递业务，单件包裹限重 2 千克，目前已提供超过 64 个国家（地区）配送服务的产品是（　　）。

A. 邮政国际小包　　B. e 邮宝

C. e 速宝　　D. e 特快

5. 中国邮政推出的出口跨境物流产品体系中，单件重量在 2~30 千克（个别国家或地区有突破），主要针对高端跨境电商物流市场的产品是（　　）。

A. 邮政国际小包　　B. e 邮宝

C. e 速宝　　D. e 特快

二、多选题

1. 按服务范围分类，邮政包裹分为（　　）。

A. 国际包裹　　B. 普通包裹　　C. 国内包裹　　D. 保价包裹

2. 下列属于邮政跨境物流的特点的是（　　）。

A. 价格便宜　　B. 时效快　　C. 全程可控性强　　D. 通关能力强

3. 下列有关邮政国际小包描述正确的是（　　）。

A. 是主流电商平台认可和推荐的物流渠道之一

B. 性价比高，资费低

C. 邮政包裹可以给消费者提供多样化的产品

D. 通过邮政包裹运输的产品可以免交关税

4. 以下属于邮政渠道产品体系的是（　　）。

A. 邮政国际小包　　B. e 邮宝

C. e 速宝　　D. e 特快

5. 在下面中国邮政推出的出口跨境电商物流产品体系中，用户可寄递 2 千克以下的产品有（　　）。

A. 邮政国际小包　　B. e 邮宝

C. 国际 EMS　　D. e 特快

三、简答题

1. 简述邮政渠道的出口跨境物流产品名称，至少列举5个。
2. 简述邮政国际小包的特点和适用范围。
3. 简述e邮宝的特点和适用范围。
4. 简述国际及台港澳EMS的特点和适用范围。
5. 简述出口跨境电商国际邮件传递过程。

课堂笔记

任务三　国际商业快递作业组织

任务资讯

小磊所在公司的跨境物流部门也提供了当前主流的国际商业快递代理服务，同事小张建议小磊参与到具体的业务中，以进一步了解国际商业快递作业组织的流程。

本任务：小张向小磊介绍了一个需要使用国际商业快递服务的客户 F 的需求，让小磊为其推荐合适的国际商业快递服务。

客户需求如下：客户 F 计划将一批货物寄送到美国。该货物为普货，体积为 50 厘米×40 厘米×30 厘米，重量为 13 千克。目的地为美国纽约市。该客户希望选择一家国际快递公司，以确保货物能够在 15 天内安全地到达，并且费用合理。

基于这些要求，小磊需要完成以下任务。

任务一：仔细考量各大国际快递公司的服务特点，列出至少三家可选的国际快递公司，并简要介绍它们的特点和优势。

任务二：计算该货物的体积重量，并根据货物的体积重量、实际重量确定最终的计费重量。

任务三：分析哪家国际快递公司最适合提供符合客户 F 需求的国际商业快递方案。

任务四：为该客户写出国际快递公司完成该包裹寄递作业的全流程，以及每个环节应重点注意的内容。

任务实施流程图如下：

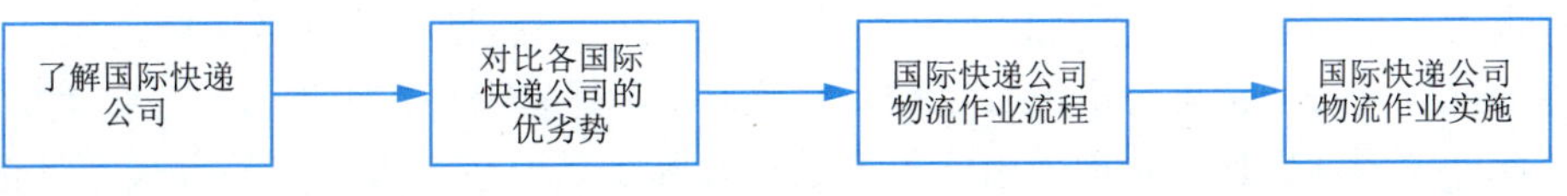

任务分析

国际商业快递组织通过其高效的运输网络和专业的服务，极大地促进了跨境贸易的发展。要完成本任务，需要对比分析三大国际快递公司的物流服务能力、优势线路等，了解国际商业快递组织的作业流程，以便能帮助企业和客户选择合适的国

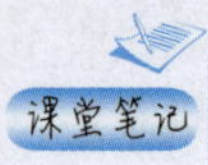

际商业快递组织。先和小磊一起来学习以下知识内容。

知识储备

一、国际商业快递模式的优劣势分析

国际商业快递在我国跨境物流业务中扮演着重要角色。随着出口跨境电商的快速发展，国际商业快递业务量不断增长，由于其具有独特的优势和重要性，因而已经成为跨境物流的主要方式之一。

目前，世界主要的国际快递公司包括 UPS、DHL、FedEx 等。此外，还有 EMS 国际快递、日本运通公司、顺丰国际、德邦国际快递等其他国际快递公司。国际快递公司共同的优势有以下几点。

1. 全球化服务

UPS、DHL 和 FedEx 作为三大国际快递巨头，拥有遍布全球 220 多个国家和地区的物流网络，为客户提供几乎覆盖所有国家和地区的快递服务。

2. 速度更快

三大国际快递巨头拥有高效的物流系统，包括先进的分拣技术、货物追踪和实时更新系统、高效的配送系统等，确保包裹能够快速、准确地送达目的地。

3. 安全可靠

国际快递公司以其高度安全可靠的快递服务，赢得了客户的信任。在快递寄运的过程中，邮件自始至终都由同一公司负责，其在各节点的处理遵照统一的操作规范与服务标准，这使得邮件信息的反馈更加通畅和及时，传递过程也更加安全和可靠。

4. 多元化服务

除了标准的快递服务外，国际快递公司还提供了一系列增值服务，如定制配送、退货处理、国际货运等，以满足不同客户的需求。

但是，与国际 EMS 以及国内快递公司相比，国际快递公司也存在以下劣势。

（1）计费规则更苛刻。三大国际快递公司在计费时，一般采用每 0.5 千克为一个计费重量单位。首重是指第一个 0.5 千克（或称为起重），其后每增加 0.5 千克则被视为一个续重。0.5 千克以及 0.5 千克以内的重量按照首重价格计费，超过 0.5 千克的部分则按照续重价格进行收费。因此，实际运费等于首重价格加上续重价格。

此外，国际快递公司均采用体积重量和实际重量取较大者计费的方式，计泡比为 5 000，计算公式为：体积重量（千克）= 长（厘米）×宽（厘米）×高（厘米）/5 000。

（2）整体清关能力一般。与国际 EMS 相比，国际快递公司的通关能力弱。

（3）收取的附加费较多。收取包括住宅地址递送附加费、更改地址附加费、燃料附加费等，某些地区还收取较高的偏远附加费。

（4）对所托运的物品限制比较大。很多特殊商品会被拒收。

课堂笔记

科技赋能

中国邮政利用智能算法
精准匹配包装方案

二、三大国际快递公司对比分析

动画：带你快速了解三大国际快递公司

作为出口跨境电商卖家，在实际选择国际快递渠道发货时所考虑的因素要更多一些，会详细对比不同快递公司的优势线路、货物运费、发货时效、货物种类、清关能力、被退概率等因素。下面将对三大国际快递公司的网络情况、优势线路等进行对比分析。

（一）UPS

UPS 全称为美国联合包裹运送服务公司，于 1907 年在美国西雅图创立，已有百年发展历史。2022 财年 UPS 收入为 1 003 亿美元，截至 2023 年 8 月 22 日其市值为 1 439.7 亿美元，按快递物流行业市值排名，位列世界快递业第一。UPS 的业务分为美国国内包裹、国际包裹、供应链业务三大板块。

1. 网络情况

UPS 投资 30 亿美元建成自动化和一体化的全球智慧化网络。在美国完成了道路综合优化和导航系统（其代号为：猎户座系统）的部署；以“世界港”路易斯维尔机场为 UPS 的核心枢纽，在美国、欧洲、亚洲、加拿大、拉丁美洲建立了 12 个航空枢纽，形成通达全球的航空网络；拥有超过 261 架自营飞机、320 多架租赁飞机、1 800 多个运营设施、3 万多个快递取寄件服务点、800 多个全场现场库存点，这些运输工具和网点共同构建了 UPS 的全球智慧物流网络，保障日均超 2 000 万件包裹的快速流转。

2. UPS 的特有优势

（1）价格优势。

通过 UPS 快递发重货价格优势明显，特别是 60 千克以上的大件重货的快递价格比其他所有快递都便宜；从中国发到北美地区的轻小件货物也有价格优势。

（2）时效优势。

UPS 快递正常 2~5 个工作日可送达全球，美国全境 48 小时以内送达。

（3）区域优势。

UPS 快递的强势区域为美国和加拿大，其具有性价比最高、定点定时跟踪、提供详细查询记录等优势。

（4）承运优势。

UPS 快递是世界四大商业快递公司中邮寄限制最少的，皇家物流是 UPS 国际快递一级代理商，能拿到 UPS 快递优质渠道资源，推出了 UPS 敏感货渠道，可以稳定邮寄仿牌、电子产品、食品、化妆品、液体产品等敏感货物。

绿色物流

作为物流行业的领头企业，UPS 通过以下三个策略促进跨境物流的绿色和可持续发展，为实现全球绿色发展目标贡献自己的力量。

（1）优化运输网络。UPS 致力于在每个站点递送更多的包裹，以增加单条路线的包裹递送量，进而降低整体的碳足迹。UPS 通过借助智能规划工具、算法和机器学习等创新技术持续优化运营。UPS 首席数字和技术官也表示通过不断优化运营，能够直接减少排放量，实现可持续发展。

（2）创新空运技术。UPS 正在积极投资创新型初创公司，如 BETA Technologies（贝塔技术公司），以推动未来递送业务的电气化。截至 2024 年，BETA 的电动飞机已能够在 UPS 设施内灵活垂直起降，以 170 英里的时速运输 1 400 磅①货物。这一创新将减少车辆排放、降低运营成本和缩短运输时间，同时提高递送速度。

（3）促进全球可持续发展合作。UPS 通过绿色出口商计划与中小型企业合作，共同进入全球市场。UPS 利用其规模和专长，鼓励企业做出更环保的选择，以推动全球可持续发展。这一战略旨在帮助企业在追求经济利益的同时，也积极承担环保责任，共同推动全球经济的绿色发展。

（二）DHL Group

2023 年 7 月，DHL Group，德国邮政敦豪集团更名为敦豪集团，旗下拥有 DHL 和德国邮政两大品牌。DHL 旗下拥有五大业务板块，分别为德国邮政包裹、快递、电商、全球货运代理和供应链管理服务，业务遍布 220 个国家和地区。2022 财年，德国邮政敦豪集团营业收入 993 亿美元。截至 2023 年 8 月 23 日其市值约为 535 亿欧元。

1. 网络情况

美国辛辛那提枢纽、德国莱比锡枢纽和中国香港枢纽是其三大国际航空枢纽。截至 2022 年 12 月 31 日，DHL 的快递业务遍布 220 个国家和地区，在全球拥有约 14. 8 万个快递服务点、3 500 个处理中心、22 个国际分拨中心、300 多架货运飞机，覆盖全球 500 多个机场，拥有约 200 个货运站以及约 1 500 万平方米的仓储和运营空间。快递网络主要负责运输时效性强的文件和物品，其核心业务是国际时效件。

2. DHL 的特有优势

（1）价格优势。20 千克以内特别是 5. 5 千克以下的轻小件货物价格优势明显，比其他几家快递公司的运费便宜很多；30 千克以上的大货发欧美地区也有价格优势。

（2）时效优势。正常情况 2 ~ 5 个工作日可送达全球，欧洲国家一般 3 个工作

① 此单位非法定计量单位，1 磅 = 0. 4536 千克。

课堂笔记

日，北美地区 2~5 个工作日，东南亚地区一般 2 个工作日。

（3）区域优势。欧洲、东南亚和北美区域在清关、时效、价格上都有优势；从中国寄件到非洲 DHL 的价格比其他快递公司有较大优势。

（4）承运优势。皇家物流作为 DHL 国际快递一级代理商，提供众多优质 DHL 特惠渠道，可承接普货、电池、仿牌、化妆品等敏感货品，时效稳定，旺季不排仓。

（三）FedEx

FedEx 的中文名称为联邦快递，1971 年在美国阿肯色州小石城成立，1973 年总部迁往田纳西州孟菲斯，1978 年上市。FedEx2023 财年营业收入为 901.6 亿美元，截至 2023 年 8 月 22 日市值 653.8 亿美元。FedEx 主要业务类型包括航空快递、陆运包裹和零担货运。

1. 网络情况

国际快递包裹作业组织流程

FedEx 全球网络按业务部门主要分为快递、陆运、货运三大板块。FedEx 的网络以孟菲斯为核心枢纽，遍布全球 220 个国家和地区，在全球拥有约 7.4 万个投递点、696 架飞机和约 8.6 万辆汽车，在美国和加拿大拥有 680 多个分拣和配送设施、160 个全自动车站以及第三方合作公司提供的超过 10 万辆汽车。除了全球航空网络，FedEx 还在北美、欧洲、中东、亚洲、澳大利亚和南美运营公路网络，其中，欧洲的公路网络通过 19 个交通枢纽和 540 多个站点，连接 40 多个国家和地区。

2. FedEx 的特有优势

（1）价格优势。对于相同地区的同等重量货品，FedEx 的快递价格往往比其他快递公司便宜。尤其是 21~99 千克重量区间的货品价格优势明显。5 千克以内能装入 FedEx 快递袋的小货不计体积重量，也有明显的价格优势。

（2）时效优势。正常情况 2~6 个工作日可送达全球；东南亚时效更快，2~4 天即可完成派送。

（3）区域优势。FedEx 在东南亚地区有较大区域优势，在美洲和欧洲地区的价格较有竞争力。

三、国际商业快递物流作业组织流程

国际快递公司执行国际商业快递物流作业的流程（图 6-3-1）。

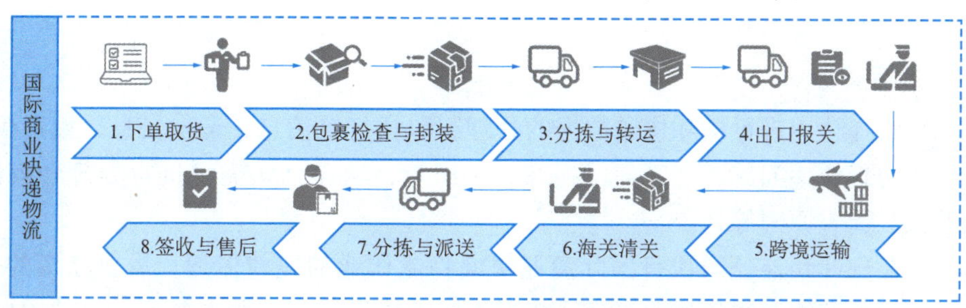

图 6-3-1　国际快递公司执行国际商业快递物流作业的流程

1. 客户下单与收件

客户通过线上平台（如官方网站、手机 APP）或线下渠道（如营业网点）提交快递服务请求。国际快递公司进行客户需求分析，包括货物品类、重量、目的地、时效等因素，确定国际商业快递服务方案。双方达成一致后，客户准备好货物和箱单发票等，快递员上门取件，或者客户自行送货到指定地点。

2. 包裹检查与封装

为确保包裹在运输过程中的安全，快递员或快递公司将对包裹进行数量和重量的确认，并检查包裹内物品是否符合国际运输标准，对于违禁品或限制物品，将不予承运。检查之后，包裹将被妥善封装，以防止物品在运输过程中受损或泄漏。快递员或快递公司打印电子面单，包括发件人、收件人信息，包裹重量，运费等关键信息，并让客户核对确认。

3. 包裹分拣与转运

包裹被运送至分拣中心，根据收件人地址进行分类和分配。分拣中心会对包裹进行扫描和称重，以确保信息的准确性。

4. 出口报关

货物离境前，国际快递公司需要进行出口报关，向海关申报货物，提交相关证明文件。海关会进行检查和审核，确保货物符合相关规定且安全合法。

5. 跨境运输

国际快递公司进行国际商业快递运输，主要运输方式为空运。

6. 海关清关

货物到达目的地后，需要进行海关清关，国际快递公司需要向海关申报货物，并支付关税。包裹在海关进行查验，确保寄递的物品符合当地法律法规的规定，并确保物品与报关信息相符。如果货物不符合规定，海关将扣留货物，并要求补充或更正相关文件。

7. 派送

如果查验无误，包裹会被放行，放行后的包裹会由快递公司进行目的国派送，将货物送到收件人手中，收件人签收货物，确认收到货物。派送可以通过快递员上门送货、快递柜自取等方式完成。

8. 售后服务

国际快递公司进行国际快递数据的处理，包括订单信息、运输信息、派送信息等。如果出现快递问题，如丢失、损坏、延误等，快递公司需要进行处理和解决，包括赔偿、追查原因等。

以上是国际快递公司执行国际商业快递物流作业的完整流程。需要注意的是，具体的国际商业快递物流作业流程可能因不同的快递公司、服务类型、目的国要求等而有所差异。

课堂笔记

法制基石

在国际贸易交往中，法治精神是保障贸易活动规范有序进行的基石。在全球范围内，国际间流通的货物均须遵循统一的海关商品编码体系，这彰显了国际社会对于合作与规则的高度认同。贸易主体须严格依照法律规定，如实申报商品编码等关键信息，这既是履行贸易责任与义务的体现，也是维护贸易秩序的重要保障。同时，商品编码的精准确定，有助于海关部门准确判定关税及其他税费的使用，这既是税收法治的具体实践，也是维护国家经济利益的必要举措。

此外，各国海关依法对特定商品实施进出口限制或禁令，这既体现了国家主权，也是保护国家经济安全的应有之义。通过这些管理，国际贸易得以在法治的轨道上稳健前行，推动各国实现共同发展与繁荣。

任务实施

小磊在为客户 F 推荐合适的国际商业快递服务方案和具体实施过程中遇到了一些问题，请以小组为单位共同探讨完成以下任务，帮小磊梳理出一套完整的客户服务方案。

任务 1：仔细考量各大国际快递公司的服务特点，列出至少三家可选的国际快递公司，并简要介绍它们的特点和优势

国际商业快递公司	网络情况	公司优势	优势线路

任务 2：计算该货物的体积重量，并根据货物的体积重量、实际重量确定最终的计费重量，写出详细的计算过程

任务 3：分析哪家国际快递公司最符合客户 F 的需求，写出选择的理由

任务 4：为该客户写出国际快递公司完成国际商业快递物流作业的全流程，及每个环节应重点注意的内容

任务评价

本任务采取自我评价、组间评价、教师评价相结合的方式，主要从团队协作、任务完成的完整度、方案质量、任务的逻辑性、专业知识的掌握和应用、方法和能力的提升几个方面进行评价。任务完成后，请填写任务考核评价表（表 6-3-1）。

课堂笔记

表 6-3-1 任务考核评价表

任务名称：________ 专业：________ 班级：________第________小组

组长：________ 小组成员（姓名、学号）：________

成员分工						
评价维度	评价内容	分值	自我评价（20%）	组间评价（30%）	教师评价（50%）	得分
任务实施情况	国际快递公司优劣势分析完整、清晰，特点描述正确，描述错一处扣 2 分	15				
	体积重量计算正确；能够根据货物体积重量和实际重量正确判定计费重量，判定错误扣 5 分	15				
	能够结合目的地等因素选择最适合该客户的国际快递公司，考虑因素的列举合理、清晰、全面，有理有据	15				
	能够完整写出国际快递公司完成国际商业快递物流作业的全流程，要求流程完整，能够涵盖主要作业要点和注意事项；漏或缺一项扣 2 分	25				
小组汇报	PPT 制作逻辑清晰、排版美观、内容完整；汇报声音洪亮、表述清楚，回答问题准确、熟练，能反映本小组设计思路、特点	10				
学习表现	团队成员分工明确，任务完成过程中的协同性好，按时提交设计方案	10				
	遵守课堂纪律、实训规章制度	10				

课堂笔记

【课后小测】

一、单选题

1. 以下哪个不是国际快递公司的优势？（　　）

A. 全球化服务　　B. 速度更快

C. 价格低廉　　D. 多元化服务

2. 国际快递公司一般采用（　　）作为计费重量单位。

A. 克　　B. 斤　　C. 千克　　D. 0.5 千克

3. 美国联合包裹运送服务公司的简称为（　　）。

A. DHL　　B. UPS　　C. FBA　　D. EMS

4. 德国敦豪集团的简称为（　　）。

A. DHL　　B. UPS　　C. FBA　　D. EMS

5.（　　）快递公司在美国国内拥有道路综合优化和导航系统。

A. DHL　　B. UPS　　C. FBA　　D. EMS

二、多选题

1. 出口跨境电商卖家在选择国际快递渠道时，通常会考虑（　　）。

A. 货物运费　　B. 发货时效　　C. 清关能力　　D. 货物种类

2. 下面属于国际快递公司的是（　　）。

A. FBA　　B. UPS　　C. FedEx　　D. DHL

3. 客户在准备快递服务时，需要提供的信息包括（　　）。

A. 货物品类　　B. 货物重量　　C. 目的地地址　　D. 货物价值

4. 出口报关时，国际快递公司需要向海关提交（　　）文件。

A. 商业发票　　B. 海关申报单

C. 快递员的身份证　　D. 货物的原产地证明

5. 包裹封装时，快递员或快递公司需要（　　）。

A. 打印电子面单　　B. 封装包裹以防损坏

C. 检查包裹内是否含有违禁品　　D. 为包裹拍摄宣传照片

三、判断题

1. UPS、DHL 和 FedEx 都是国际知名的快递公司，且都拥有各自的航空枢纽和全球物流网络。（　　）

2. UPS 国际快递收费包括：基本收费、燃油附加费、派送附加费、清关相关费用、其他费用、特殊服务需求收费、声明价值费用、进口国加收目的地关税等。（　　）

3. 美国辛辛那提枢纽、德国莱比锡枢纽和中国香港枢纽是 EMS 三大国际航空枢纽。（　　）

4. 选择国际商业快递服务，出口跨境电商卖家不用再缴纳关税。（　　）

5. 跨境运输环节结束后，包裹会直接送达收件人，无须再进行海关清关。（　　）

四、综合题

1. 简述国际商业快递的含义。
2. 简述国际商业快递的计费规则。
3. 简述国际商业快递的优劣势。
4. 简述国际商业快递的组织作业流程。

五、综合应用题

请根据所学内容，完成以下任务。

某出口跨境电商企业需要寄一批样品（同一款产品，普货），要求15天内将100件样品从中国深圳运输至德国汉堡。货物总重量为18千克，货物打包后体积为60厘米×60厘米×30厘米，货物价值为3 000美元。该客户希望选择一家国际快递公司，以确保货物能够快速、安全地到达，并且费用合理。

请结合本项目所学内容，为该出口跨境电商企业提供一份国际快递公司的跨境物流方案，方案中需要包括以下内容。

1. 列出可选的国际快递公司名单，比较其各自提供服务的优劣势。
2. 计算该货物的体积重量，并根据货物的体积重量、实际重量确定最终的计费重量。
3. 选择合适的快递公司完成本次国际商业快递作业组织的实施流程，写出具体的作业步骤，以及每一步骤的主要作业要点。

参考文献

[1] 李佑珍．运输管理实务 [M]. 2 版．北京：高等教育出版社，2020.

[2] 郭冬芬．跨境电商物流管理 [M]. 3 版．北京：人民邮电出版社，2024.

[3] 苏兆河．货运代理 [M]. 北京：中国劳动社会保障出版社，2021.

[4] 孙韬．跨境物流及海外仓市场、运营及科技．[M]. 北京：电子工业出版社，2020.

[5] 朱长征．网络货运平台．[M]. 北京．北京：清华大学出版社，2022.

[6] 杨占林．国际货运代理实务精讲 [M]. 2 版．北京：中国海关出版社有限公司，2016.

[7] 王艳丽，王帆，王彬．《配送中心布局与管理》（内部使用）．实训指导书：石家庄邮电职业技术学院，2022.